全国高职高专旅游专业工学结合规划教材

导游业务

（第二版）

主　编　叶华胜
副主编　胡晓红　詹海珍

人民邮电出版社
北京

图书在版编目（CIP）数据

导游业务 / 叶华胜主编. —2版. —北京：人民
邮电出版社，2010.10
　全国高职高专旅游专业工学结合规划教材
　ISBN 978-7-115-23809-2

　I. ①导… II. ①叶… III. ①导游—高等学校：技术
学校—教材　IV. ①F590.63

　中国版本图书馆CIP数据核字（2010）第165585号

内容提要

　　本书以项目和任务的形式，系统地阐述了导游员应具备的基本素养、知识和行为规范，深入浅出地讲解了导游业务的工作程序以及事故处理方法，具体内容包括导游业务概述、导游员应具备的素养、导游员应具备的礼貌礼节、导游员带团程序等九个项目。本教材注重系统性、实用性与创新性的结合，案例丰富，体例新颖，可读性强。

　　本书可作为高职院校旅游管理专业和相关本科专业的教材，同时也可作为旅游企业对导游员进行资格培训的教材。

全国高职高专旅游专业工学结合规划教材
导游业务（第二版）

◆ 主　　编　叶华胜
　　副 主 编　胡晓红　詹海珍
　　责任编辑　王莹舟
　　执行编辑　王楠楠

◆ 人民邮电出版社出版发行　　北京市崇文区夕照寺街14号
　　邮编 100061　电子函件 315@ptpress.com.cn
　　网址 http://www.ptpress.com.cn
　　北京铭成印刷有限公司印刷

◆ 开本：700×1000　1/16
　　印张：18　　　　　　　　　　2010年10月第2版
　　字数：250千字　　　　　　　2010年10月北京第1次印刷
　　　　　　ISBN 978-7-115-23809-2

　　　　　　定　价：30.00元
读者服务热线：（010）67129879　印装质量热线：（010）67129223
反盗版热线：（010）67171154

全国高职高专旅游专业工学结合规划教材
编辑委员会

主任：胡德华

委员：（以姓氏笔画为序）

叶华胜　包锦阳　刘秀峰

邱云美　李志强　苏北春

沈　杨　陈丽荣　陈　昕

沈忠红　程旭东　蔡敏华

潘　燕　魏洁文

第二版总序

　　"全国高职高专旅游专业规划教材"自2006年出版以来市场反响强烈，获得了广大读者的好评，并被国内众多院校采用，对高职高专旅游管理类专业的教学起到了很好的促进作用。

　　随着改革开放的不断深入和发展，我国旅游业也迎来了新的机遇，尤其是2008年北京奥运会、2010年上海世界博览会等大型国际性盛会的举办进一步推进了我国旅游业的跨越式发展。为适应旅游业新的发展变化，迎接挑战，满足社会对新型旅游人才日益扩大的需求，使当前的旅游专业课堂教学内容与形式紧密结合，根据教育部进一步提高高职高专教育教学质量的相关文件和精神，我们对本套教材进行了全新的改版，编写成为了"全国高职高专旅游专业工学结合规划教材"。在本套教材的改版过程中，我们始终坚持"以能力为本位，以就业为导向"的指导思想，把"工学结合"作为高职高专教育人才培养改革的重要切入点，紧紧围绕现阶段高职高专教育人才培养目标从"培养能够与企业工作岗位对接的'制造型人才'向培养能够适应旅游产业结构升级和工作岗位变换的'创造型人才'"转型这一实际要求，采用"工学结合、任务驱动、项目导向、顶岗实习"的模式，融"理论、实务、案例、实训"四位一体，全面提高学生的实际操作能力。

　　"全国高职高专旅游专业工学结合规划教材"的改版原则与特色如下。

　　1. 以学习目标为导向，采用任务驱动型教学理念。以学习任务的形式进行编写，明确知识目标、技能目标、案例目标和实训目标，改变了传统教材的理论式灌输，使学生首先明确在该学习任务中的技能要求，从而有方向、有针对性地展开学习。

　　2. 以学习任务为目标，重新梳理整合知识体系。通过对学习任务的分析和整理，提炼学生需要掌握的学习性工作任务，以岗位操作的要求指导教学。

　　3. 以同步案例为引导，融入丰富的教学资源。在大部分学习任务之前设置"想一想，做一做"栏目，以典型案例的形式引导出该学习任务的内容。

　　4. 提供同步实战演练，激发学生学习兴趣。在技能要求的知识点中，设置相应的同步实战演练，要求学生及时进行实务分析与操作，达到理论与实践的统一，并通过操作有效激发学生的学习兴趣。

5. 进行综合实训操作，强化学生专业技能。同步演练与综合实训操作既是对任务知识的运用，也是对业务技能的训练，能有效强化学生的操作技能。

6. 搭建校企合作平台，强调教、学、做合一。学习任务来源于企业的实际工作要求，又回归到企业的实践中去，强调教、学、做合一。

7. 引入科学准确的数据，注重资料的时效性。数据、资料列有出处，并介绍了本学科最新的研究成果和国内外的先进经验，以便能够反映出现代旅游业发展的新要求。

由于我们的经验有限，教材中难免存在不妥和疏漏之处，我们期待着旅游界的同行、专家、学者和广大读者的批评与指正，以便我们能够紧跟旅游业发展的新形势，及时修订和出版更新、更优秀的旅游系列精品教材。

胡德华

2010年6月

前　言

　　《导游业务》一书于2006年7月第一次出版。出版以来,编者收到了很多读者的来信,他们对本书给予了积极的评价,认为它是一本与实践教学联系紧密的高职高专导游专业教材。另外,也有一些朋友对本书提出了更高的要求,希望在导游业务技能实践训练方面适当做些加强。作为本书的编者,我们在此书出版以来也一直就社会各界对它的反映进行跟踪调查,希望得到朋友们更多建设性的意见,进一步完善本教材。根据这几年收集来的信息,我们发现本书在知识结构方面已滞后于当前高职教育的发展步伐,特别是与当前各类职校中兴起的项目教学存在一定距离。因此,本书编委会决定对本书进行修订。

　　在此次修订过程中,我们力求做到在保留前稿优点的基础上更加重视教材知识结构的项目化。首先,我们把每章前面的学习目标细分为知识目标、技能目标、案例目标、实训目标四个部分,就每个目标提出了具体要求,使读者一打开教材就能明白学习本项目内容所要达到的效果;其次,根据每个小章节的学习内容,在每项学习任务后面均编排了"实践要点"、"实战演练"两个模块,让使用该教材的读者轻松地掌握该小节导游业务技能实践训练的要点和方法,从而实现了导游业务理论与实践的有机结合、学与练的有机结合,达到了使读者在学中练和在练中学的编写目的;第三,我们对本教材的章节标题进行了全面修改,使修改后的教材体例更加符合教学体系,也使每个知识点间的包含关系更加明确;第四,在每个项目后面均增加了"知识梳理"、"主要概念"两块内容,目的是帮助读者对所学内容进行梳理,达到巩固学习效果的目的;第五,修订教材时充分考虑到教材内容与当前旅游业发展步伐的协调性,引用了一些最新的行业数据和提法。修订后的教材更适用于高职高专旅游管理专业和本科相关专业的教学,也可作为旅游企业、旅游行政管理部门的职业技能培训教材。

　　本书分九个项目,其中项目1导游业务概述、项目4导游员带团程序、项目5散客旅游服务、项目6导游服务工作技能、项目7游客个别要求的处理方法由叶华胜老师编写,项目2导游员应具备的素养、项目3导游员应具备的礼貌礼节由胡晓红老师编写,项目8旅游事故产生的原因、处理与预防措施、项目9导游业务相关知识由詹海珍老师编写。在本书编写过程中,编者学习、参考并吸收了许多同志的科研成果、资料及图片，由于篇幅有限，无法一一注明，在此表示衷心的感谢。此外，我们还要感谢那些给编写本书提供大量帮助和指导的旅游界资深人士及旅游企业一线的工作人员。由于编者水平有限，书中难免有疏漏和错误之处，欢迎广大读者和旅游界人士批评指正。

目　录

项目 **1** 导游业务概述

■ 学习目标

■ 知识目标

通过本项目的教学，使学生了解国内外导游业务的发展过程及我国导游员的分类、各类导游员的职责、导游工作在旅游业中的地位和作用；掌握导游工作的性质、特点及导游服务中所应遵循的原则。

■ 技能目标

通过本项目的技能训练，让学生能在导游活动中熟练地运用各种原则进行导游服务。

■ 案例目标

通过本项目案例的教学，让学生掌握导游业务的特点及原则，了解其对于今后做好导游工作的重要意义。

■ 实训目标

通过实训活动，使学生熟悉导游工作中的各种原则和导游工作的特点，并能在今后工作中正确地运用各种原则。

■ 教学建议

1. 运用课件把世界旅游业及中国旅游业的发展过程清晰地描绘出来，使学生对旅游业的发展史有感性的认识，进而使其对导游业务的发展进程有全面的掌握。

2. 向学生放映一段导游工作过程的视频，让学生根据视频的内容总结出导游工作的特点。

学习任务 ❶ 导游业务发展简史

【想一想，做一做】

新中国60多年来百姓旅游变迁

新中国成立60多年来，中国人出行越走越远，初期下苏杭，现在游欧美；中国人的出游道路愈行愈宽，早年搭慢行火车，如今乘飞机翱游……旅游的步伐不断加快，最初的奢侈消费如今已变成一项平民的生活元素。

从陌生词语到生活元素，从外事接待的组成部分到国民经济的重要产业，60多年来，中国旅游业从无到有、由小到大逐步发展繁荣。曾有记者从国家旅游局以及周围老中青三代旅游爱好者处了解到新中国成立60多年来旅游业变迁简史。

20世纪50、60年代

新中国成立初期，人们对旅游还很陌生，从一地去往另一地多是由于工作、探亲等缘故，尚无旅游概念。

热门目的地：北京；

主要交通工具：火车、轮船；

旅途花费案例：大连—长春硬座慢车火车票12.5元，故宫门票3角。

20世纪70年代

直到1978年以后，我国旅游业才从外事接待工作中分离出来，逐渐发展成为一个独立的经济产业。

热门目的地：杭州、苏州、桐庐；

主要交通工具：轮船、火车，或向公交公司租借公交车集体出游；

旅途花费案例：上海—北京火车票约20元，黄山免门票。

20世纪80年代

这个时期我国国际旅游市场高速成长。1986年，我国正式将旅游业确立为国民经济体系中的一个支柱产业。出境游市场也在同一时期开启。

资料来源：天天新报电子版，20091008期。

分析与提示

以上资料反映出，随着社会经济的不断发展、交通条件的不断改善，中国的旅游业也不断地成长壮大，旅游活动日益成为人们日常生活的重要组成部分。请学生们结合本地社会、经济发展状况，谈谈当地旅游业发展的历程，并总结当地发展旅游业所具备的优势或阻碍当地旅游业发展的原因。

知识储备

　　旅游活动作为一种时尚，无论是在中国还是在国外自古就有。随着人类社会的不断进步、社会生产力的不断发展、社会财富的进一步增多、人们思想文化水平的进一步提高，人们参加旅游活动的激情越来越高，游客的队伍越来越大，旅游活动所涉及的范围越来越广，现已成为一种社会性的活动。

　　但是旅游业作为一个独立的经济产业出现还不到二百年，与旅游业紧密相联的导游业务的存在历史就更短了。在历史上，随着旅游活动的发展，出现了为游客提供服务的"早期导游"——向导。这些人往往是旅游地熟悉当地情况的僧侣、樵夫、马夫、店小二等。他们不仅为那些士大夫领路，还会向他们介绍当地的地理情况及风俗民情。这些向导的行为已经具备了当今导游员某些方面的特征，但是由于古代参加旅游活动的人局限于上层社会的帝王、士大夫、学子等，游客的人数非常少，又由于当时的科技落后、社会交通不发达，旅游活动的范围很小且不固定，因而古代的向导不能够以此作为谋生的职业，他们只不过临时性地充当一下向导的角色，赚取一点"酒钱"或"盘缠"。由于角色和收入的不稳定性，世界上绝大多数国家在1846年以前没有出现专业的导游队伍。

1.1　世界导游业发展简史

　　导游服务最先出现在当时世界上最发达的工业国家——英国。18世纪60年代英国率先进行了工业革命。英国工业革命中有很多科技成果与交通紧密相连，其中，瓦特发明的蒸汽机被运用到交通工具上，成为近代交通的驱动力。蒸汽机首先被用在内河运输上，1802年英格兰的内河里出现了蒸汽机驱动的轮船。接着蒸汽机又用于改良陆上交通，1804年蒸汽机车也在英国问世。

　　经济的快速发展和交通工具的进步为近代旅游业的发展提供了经济与物质条件，特别是交通工具的进步解决了当时新兴资产阶级想外出旅游而又不能成行的矛盾，人们可以进行较长距离的旅行了。但尽管如此，人们外出旅行还是有诸多不便，主要原因是当时的服务系统还非常落后，这使得人们外出一次不容易。就在人们愿望与现实之间存在着矛盾的同时，矛盾中也孕育着无限的商机。第一个发现这个商机的人是英国的托马斯·库克。1841年7月5日，他包租了一列火车，运送570名游客从莱斯特前往拉夫巴勒参加一次禁酒大会。这次的行程为35英里，往返票价为1先令，并事先粘贴海报进行宣传招徕。这是一次非常成功的活动，被公认为世界上第一次商业性旅游活动，标志着近代商业旅游活动的开始。

在这次成功活动的激励下，托马斯·库克更坚定了创业信心。他于1845年创办了世界上第一家旅行社——托马斯·库克旅行社，并把"为一切旅游公众服务"作为旅行社的服务宗旨。托马斯·库克旅行社的创立成为近代旅游业诞生的标志，他本人也成为世界旅游业的鼻祖。

1846年，托马斯·库克旅行社组织了350人旅行团，由托马斯·库克亲自带队，乘火车和轮船到苏格兰旅游。旅行社为这次旅游活动作了周全的安排，向每个成员发放了一份活动日程表，并配备了专门的向导。这是世界上第一次有商业性导游员陪同的旅游活动。随后，托马斯·库克旅行社又组团到欧洲国家旅游，在出团前向游客收取旅游费用。这样就出现了国际间旅游活动和"包价旅游"的雏形。

托马斯·库克开创了世界近代旅游业的先河，并探索出许多成功的经营模式。欧洲及北美洲等地的旅游商人借鉴他的模式组建旅行社、招聘向导、组织游客集体参与国内外参观游览活动。从此，旅游业不断发展壮大，导游员队伍也逐渐形成。

第二次世界大战结束以后，世界旅游业进入到现代旅游业阶段。由于世界经济得到迅速恢复与发展，人民生活水平普遍提高，旅游作为大众性的活动普遍开展起来，从而促进和加速了现代旅游业的腾飞，并形成了一个完整独立的旅游经济体系，成为国民经济中的一个重要组成部分。西方国家的导游员队伍也随之快速壮大起来。

1.2 中国导游业发展简史

中国近代旅游业起步较晚。1840年以后，中国社会进入了半殖民地半封建社会，与西方列强签订的一系列不平等条约和对外"门户开放"政策，使得中国成为外国冒险家的乐园。西方国家的商人、传教士、学者和冒险家纷纷来到中国，而与此同时，中国的一些爱国之士为了寻求救国救民的真理也纷纷走出国门考察或求学。另外，19世纪60年代开始的"洋务运动"使中国出现了"留学热"。正是在这种出入中国门户的国际性旅行和旅游活动日益频繁的情况下，中国近代旅游业逐渐萌芽并发展起来。

19世纪末期，上海租界区就已形成了专门为外国游客提供服务的民间旅游组织。20世纪初，西方一些旅游企业，如英国的"通济隆"、美国的"运通"等旅行社陆续进入中国市场。但它们主要是为外国来华旅游者提供服务的，而中国人外出又必须依靠外国旅行社。当时，中国人在外出旅行中常会受到外国人的歧视，因此，有骨气的中国人希望有中国人自己的旅游业。1923年，银行家陈光圃先生在上海商业储蓄银行内设立了"旅行部",专门为中国人办理出国手续和代订车船票,组织国内和出国旅游活动,例如,旅行部于1924年春组织了第一批旅游团赴杭州游览,又于1925年2月组织了第一批国际旅游团——赴日本的"观樱团"。1927年春,旅行部出版了我国第一本旅游杂志——《旅行杂志》,同年6月,旅行部重新申请执照,单独挂牌,更名为"中国旅行社"。尽管当时它在中国社会经济地位中无足轻重,但它毕竟标志着中国人自己的旅游业的开始。

中国旅游业真正得到发展是在新中国成立以后,我们称之为中国的现代旅游业。它大体上分为三个阶段:开创阶段、改革振兴阶段和全面发展阶段。

1.2.1 开创阶段(1949~1977)

这段时间是中国现代旅游业的开创阶段。这个阶段有两个主要标志:第一个是"华侨服务社"和"中国旅行社"的成立标志着新中国旅游业的诞生;第二个是"中国旅行游览事业管理局"的建立、中国客源市场的转移及游客构成的变化标志着新中国现代旅游的拓展。

新中国成立之初,国家赋予我国导游员的重要使命就是宣传中国、扩大影响、拓展民间外交。这一时期我国旅游战线上的每一位工作人员都是"民间大使",旅游接待以"政治接待"为主,不讲经济效益,也不计成本。随着新中国在国际社会上的地位越来越高,世界各国的人民对古老的中国充满了兴趣和好奇心,他们纷纷自费来华参观游览。入境游客结构和层次的变化也使我国旅游接待任务开始发生变化,在完成政治接待任务的同时还要兼顾经济效益。为了驾驭对旅游业的领导和管理工作,国务院决定于1964年7月22日成立"中国旅行游览事业管理局",并将其作为国务院管理全国旅游事业的直属管理机构。该机构成立仅仅一年,就接待外国自费游客12 877人次。

1.2.2 改革振兴阶段(1978~1989)

在党的十一届三中全会以前,我国旅游业基本上实行以外事接待工作为管理对象、以行政管理为主要手段、决策权高度集中、政企合一、统负盈亏的管理体制。各地旅行社作为一个负责外事接待的事业单位而存在。旅行社既没有经营自主权,也没有经营压力,旅游业在国民经济中的地位和作用也没有得到应有的重视。随着改革开放政策的逐步深化,国家发展旅游业的目的也随之发生根本性的改变,旅游业作为一个综合性的经济事业的性质得到肯定。

在这个阶段,国家对旅游业的改革措施主要体现在以下两个方面。

首先,逐步完善旅游管理机构,形成从中央到地方的一整套管理体制,制定一系列有关发展旅游业的方针政策。1981年4月1日,国务院重新组建了"旅游工作领导小组"，把有关旅游业的发展规划、统筹协调以及旅游业各项工作纳入国家统一计划。同年10月，国务院作出了《关于加强旅游工作的决定》，指出我国旅游业的发展方针是"积极发展、量力而行、稳步前进"。为了进一步加强对全国旅游业的统一领导，全国人大常委会于1982年8月23日将"中国旅行游览事业管理总局"更名为"中华人民共和国国家旅游局"，随后各省、自治区、直辖市也相继建立了地方旅游局，从而形成了从中央到地方的一整套旅游行政管理体制。其次，通过一系列措施，打破高度集中的旅游业管理格局，引入竞争机制，加速旅游业的发展。主要措施有：一是企业化，使旅行社由原来的行政事业单位向自主经营、自负盈亏的企业转变，从外事接待型转变为经营型；二是实行多元化的经营体制，形成国有、集体、个体、中外合资、合作经营等多种形式并存的竞争态势；三是简政放权，在经营方式上由过去封闭式的等客上门转向开放式的招徕客人，主要表现在外联权下放和允许非旅游部门办旅行社，且旅游业集团化经营组织已经开始形成。这个时期是我国导游员队伍成长壮大较快的时期，全国导游员人数由改革开放前的几千人，发展到近两万人。

1.2.3　全面发展阶段（1990年至今）

这一时期，我国旅游市场结构和旅游供给结构开始了历史性的转变。首先，对国内旅游的态度由改革开放初期的"不鼓励、不支持、不反对"到1993年中央提出"搞活市场、正确引导、加强管理、提高质量"的国内旅游发展方针，这使得国内旅游市场与入境旅游市场日渐融洽，为旅游产业更加规模化地发展创造了条件。其次，国内民众对出境旅游的期盼及国家对出境旅游的支持使得中国成为当今世界上一个重要的旅游客源地。这样，我国旅游业就形成了三大旅游市场——入境旅游市场、国内旅游市场和出境旅游市场。这一时期我国导游员队伍无论是在数量上还是在质量上都得到了空前的发展。

导游业已经成为我国国民经济中的一个重要组成部分，对我国社会经济发展和社会稳定都起着不可忽视的作用。

实 践 要 点

1. 注意宣传内容的选择，既不要政治语言太浓，也不能不讲政治。
2. 注意宣传讲解方式，应与客人进行平等的交流而不是说教。

实 战 演 练

1. 实训项目
民间大使角色训练。

2. 实训内容

导游员在与外宾沟通时如何宣传中国。

3. 实训目的及要求

通过实训使学生掌握与外宾交流时的注意事项及宣传方式、尺度，培养学生的爱国精神。

4. 组织实训

（1）把学生按照男女性别搭配组合成4个小组（最好每组10人）；

（2）训练地点设置在导游实验室或课堂上；

（3）学生两人一组，分别充当导游员和外国游客，充当导游员的学生要主动介绍中国的改革开放政策，同时还要回答客的各种提问。

学习任务 ❷ 导游工作的性质、特点及服务原则

【想一想，做一做】

某旅行社导游小张带一个由散客组成的国内旅游团前往新、马、泰十五日游，这些客人中除了王小姐二十多岁外其他游客都是离退休干部。由于年龄相仿，导游小张与王小姐很是聊得来，在国外旅游期间，两人形影不离。团内其他游客看到导游小张对王小姐这样热情友好，而把自己晾在一边非常生气。一天，一位游客实在忍不住了，就对导游小张说："小张，你是不是看我们都是些老头子、老太太，没有什么意思啊，我建议你打电话让你们社再派一位导游来陪我们这些老头子、老太太，你专门陪王小姐一个人游好了。"小张听了这位游客的话才恍然发现，自己无意的行为已经引起了很多游客的不满。

出现本案例这种结果的原因是导游小张没有处理好少数游客与多数游客之间的关系，在工作中没有充分注意到要与所有的游客保持"等距离"。

分析与提示

试分析在这个案例中导游员小张的行为有哪些不妥？如果你是小张该如何应对此种情况？

知识储备

导游工作是整个旅游服务过程的灵魂。如果说从迎接游客到欢送游客，旅游接待过程就像一条环环相扣的链条的话，那么，向游客提供的住宿、餐饮、交通、游览、娱乐、购物等服务便像这条链条中的一个个环节，是导游员的导游工作把这些环节连接了起来，使相应部门产品和服务的销售得以实现，使游客在旅游过程中的种种需要得以满足，使旅游目的地的旅游产品得以进入消费。导游工作在这个过程中实现其经济价值、社会价值，并发挥其特有的政治功能。对导游工作的性质、价值和特点的充分认识是做好导游工作的意识基础。导游工作繁重纷杂，服务范围广泛，有自身的特点，为此，提出导游职业准则作为导游工作的指导。

2.1 导游工作的性质

无论所在国的政治、经济制度怎样，世界各国的导游工作都具有以下六种属性。

2.1.1 政治性

每个国家的导游工作都具有政治属性，这是由导游工作的特性所决定的。无论哪个国家的导游员都是该国的民间大使，他们在工作中都会有意或无意地对外宣传本国的政治、经济、文化等各方面的制度，这就使得导游工作带有明显的政治特征。由于各国的社会制度、意识形态和民族文化存在很大的差异，因此各国导游工作的政治属性各不相同，中国的导游工作必须坚持社会主义国家的本质属性。

2.1.2 社会性

导游工作的社会性主要体现在以下两个方面。第一，旅游活动具有社会性。当今世界旅游活动是规模最大的社会经济现象，参加旅游的人来自不同的国家、属于不同的阶层、从事不同的职业、有着不同的年龄和性别，而处于旅游接待中心位置的导游员通过自己的服务推动着旅游活动的进行。第二，导游工作既是一种社会性职业，对导游员个人来说又是其谋生的手段。

2.1.3 文化性

导游工作是传播文化的重要渠道，导游员通过讲解以及与客人的日常交流，在无形之中影响着游客，他们的一言一行都在向游客传递着本地区、本民族的传统文化和现代文明的信息，同时也在吸收着各国、各民族的传统文化和现代文明。而游客也通过各种导游活动和与导游员的交流来了解目的地国的政治、经济和文化情况。因此，导游工作起着沟通、传播精神文明以及为人类创造精神财富的桥梁作用。

2.1.4　服务性

作为旅游业的重要内容，导游服务是第三产业的一部分，属于非生产性劳动。它主要是通过向游客提供一定的服务，如导游讲解、向导、翻译、旅行生活安排等，满足游客游览、审美的愿望和安全、舒适旅行的需求。但导游服务与其他一般简单的技能服务不同，它创造的是一种具有特殊使用价值的劳动。它的劳动与客人的消费是同时进行的，是一种复杂的、高智能、高技能的高级服务。

2.1.5　经济性

导游工作与其他各类服务在本质上是相同的，即都是劳动，都是通过交换来体现自身价值的。因此，导游服务也具有经济性。它的经济属性主要表现在以下四个方面。

1. 吸收外汇，回笼货币

这是导游服务直接创收的方式。导游员直接为游客提供导游讲解服务、翻译服务、旅行生活服务以及各种代办服务，收取服务费和手续费。在国内旅游过程中，优质的导游服务会进一步激励游客积极主动地参与各种消费活动。可见导游工作本身就可以为国家建设创收外汇、回笼货币，积累建设资金。

2. 扩大客源，间接创收

游客是旅游业生存和发展的先决条件，没有游客也就没有旅游业。因此，所有旅游目的地国家和地区都在千方百计地吸引游客。这些国家和地区的旅游企业和旅游业管理部门投入大量资金用于广告宣传、招徕游客，而导游员则是每个旅游目的地的活广告。他们亲自向客人介绍当地旅游资源的特色，引导客人体验在当地旅游的乐趣。特别是那些优秀的导游员，他们凭借高超的导游技能和优质的服务水平，帮助当地旅游企业建立信誉，增强了竞争力。因享受到优质服务而满意归去的游客会向他的亲朋好友介绍自己在异国他乡的经历，向他们推荐自己游览过的国家和地区，游客的现身说法是最好的、最有效的，也是最经济的旅游宣传，在招徕回头客、扩大客源方面起着不可忽视的作用。

3. 促销商品

旅游商品和纪念品的开发、生产与促销是发展旅游业的重要组成部分，各国对此都非常重视，并将其视为吸引游客和增加收入的重要手段。当游客初到一地时，他对旅游商品的情况并不十分地了解，这会影响游客的购买行为。这时导游员耐心细致的介绍就会起到关键作用。导游员在促销商品、当好购物参谋时，应注意做好以下几项工作：

- 思想重视，态度积极；
- 熟悉商品，热情宣传；
- 了解对象，因势利导；
- 运用恰当的推销原则。

4. 促进经济交流

随着我国社会主义建设事业不断进步，我们需要大量的外部资金和先进技术。而海内外游客中不乏企业家、经济学家，他们也想通过参观活动了解相关信息，寻求商机和投资伙伴。导游员在服务过程中了解到他们的愿望后可及时向有关单位汇报，起到牵线搭桥的作用，从而促进中外及地区间科技与经济的交流。

2.1.6 涉外性

新中国旅游业发展之初的主要方针就是开展民间外交，因此我们接待的对象基本上是外国游客、港澳台同胞及海外侨胞；改革开放之初，为了为国家赚取经济建设急需的大量外汇，我国继续大力提倡国际旅游。直至今日，国际旅游仍然是我国旅游业的重头戏。因此，接待海外游客的导游工作具有涉外性。

为游客提供服务的导游员在增进世界各国人民之间的相互了解和友谊、促进世界和谐方面起着不容忽视的作用。作为我国的一名导游员，在工作中主要肩负着以下三个任务。

1. 宣传中国

为了向世界人民展示中国和平发展的伟大成就，宣传中国和平发展对世界进步的重大意义，帮助来自世界各地的游客正确认识中国，导游员肩负着义不容辞的义务和责任。事实上，无论是在国内接待外国游客，还是作为海外领队带团出国旅游，导游员的导游讲解、与游客聊天或与国外当地居民的交流，都在有意无意地宣传着中国。正因为这样，导游员应在宣传工作方面加强自觉性和主动性，力求将自己的宣传工作做得有声有色。

为了将宣传工作做得更好，导游员在导游讲解和宣传中须遵循以下几个原则：

- 积极主动，因势利导；
- 实事求是，内外有别；
- 有的放矢，生动自然；
- 不卑不亢，求同存异。

2. 了解外国

为了更好地做好民间大使和发展我国旅游业，导游员应做好基础工作，全面了解外国的风俗习惯。游客的社会地位、文化水平、生活习惯、宗教信仰、兴趣爱好等是导游员安排旅游活动的重要依据。导游员只有了解了服务对象国的概况、社会动态、风俗民情、生活方式、礼节习俗等，才能向游客提供令人满意的导游服务和旅行生活服务。另外，为了进一步提高我国旅游业的发展水平，还应当了解外国旅游企业的经营模式、旅游产品的组合及销售方式、各国游客的流向及原因、不同客源国在中国的不同需求等，以便我国旅游从业者制定恰当的销售策略，提供具有针对性的旅游商品和服务，满足不同国家游客的需求。

3. 当好民间大使

旅游可以促进人际交往，增进各国、各地区、各民族人民之间的相互了解和友谊，消除因相互隔绝而造成的误解、猜忌，加强团结，促进世界和平。在这方面，导游员起着极为重要的作用。

在游客心目中，导游员是一个国家、一个地区的代表，是友好的使者，是"民间大使"。导游员可利用旅游活动群众性、广泛性的特点广交朋友，可利用接触游客面广、机会多、时间长、无语言障碍又比较熟悉外国和游客等有利条件与他们进行广泛接触，进行感情上的交流，增进彼此间的友谊。

2.2 导游工作的特点

导游工作是一种高智能、高技能、面对游客的全方位的服务工作。导游员将多种服务行为综合运用于整个旅游活动过程中。同时，导游员的工作始终围绕着游客进行，因而是旅游服务中具有代表性的服务。导游工作的基本特点可归纳为以下五点。

2.2.1 独立性

导游是需要导游员独当一面的工作。导游员接受旅行社委派的任务后，就要独立完成旅游过程中的各项工作。他要独立地宣传讲解，执行国家相关方针政策，要独立地按照旅游接待计划组织旅游活动，在出现问题或发生旅游事故时，导游员要独立地、合情合理地、以恰当的方式处理解决。

2.2.2 复杂性

导游工作不同于一般的旅游服务，它是一项脑力劳动与体力劳动高度结合的服务性工作，任务繁重，内容庞杂。它的复杂性可集中从以下六个方面反映出来。

1. 工作服务对象复杂

导游员所接触的对象来自不同的国家和地区、不同的社会阶层，从事着不同的职业，他们有着不同的性格。这些情况都会影响到导游员旅游行程的制定和活动的安排。另外，导游员在落实旅游计划时还要与各旅游企业打交道，如果某些关系没有处理好势必影响旅游计划的顺利进行。导游工作集体之间的关系也是比较复杂的，他们分别代表各自单位的利益，因此处理好导游集体之间的关系也是一件非常不容易的事。

2. 工作面广

导游员不仅要落实旅游计划、安排游客食、住、行、游、娱、购等方面的活动，还要做好与各相关单位的联系、沟通以及旅行社内部各部门之间的协调工作等。

3. 难度高、流动性大

导游员在旅游计划执行过程中，往往没有工作时间的限制，没有工作量的限制，没有工作程序上的限制，无内外之分。遇到团队多的时候，导游员是整天、整月地在外工作，无法休息。在旅游过程中，导游员既要进行导游讲解，又要走路爬山，还要照顾好客人，防止走失。特别是全程陪同，导游员要带领旅游团从一个城市前往另一个城市，中间没有休息时间，正常的家庭生活秩序很容易被打乱。

4. 讲解内容繁杂

导游员讲解内容极其广泛，上至天文下至地理，大到世界各地的政治事件，小到人们日常生活中鸡毛蒜皮的小事。现场导游翻译具有"快、急、难、杂"的特点，存在理解方面、知识方面、表达方面及语言方面的种种困难，这要求导游员具备随机应变的能力。

5. 导游员身份的双重关系

导游员既是旅行社的代表，要维护旅行社的利益，又代表着游客的利益，要时刻想着游客，特别是在游客的合法权益受损的情况下，导游员应与有关各方交涉，竭力维护游客的权益。

6. 国际旅游是涉外活动，政策性强

接待外国游客的导游员从事的工作具有涉外性、政策性强的特点。外事无小事，即使是很小的事，稍有疏忽，问题也会很大，甚至演变为国家间的外交纠纷。

2.2.3 脑体高度结合

导游工作是一项脑力劳动和体力劳动高度结合的服务工作。一方面要求导

游员具有广博的知识和综合运用知识的能力，以满足不同游客求知、求新的要求，还要能够运用智慧处理各种突发事件，这是一项艰苦而复杂的脑力劳动；另一方面，导游员在为游客提供导游服务的过程中，常常要陪着游客跋山涉水、翻山越岭、出入山洞等，有时甚至还要带团到自然条件恶劣的环境中去，到了旺季还要连团而不能正常休息，这些要求导游员具有良好的身体素质。可以说导游带团是一项高强度体力劳动和复杂脑力劳动同时进行的特殊工作。

2.2.4 跨文化性

导游工作是传播文化的重要渠道。由于世界各国、各民族之间，中国国内各地区、各民族之间存在着文化、风俗民情、禁忌习惯等方面的差异，其思维方式、价值观念、思想意识等也各不相同，这些就决定了导游工作具有跨文化性的特征。导游员必须在各种文化的差异中以及各民族、各地区文化的碰撞中工作，因此要求导游员尽可能多地了解中外文化和中国各民族、各地区文化之间的差异，圆满完成传播文化的重任。

2.2.5 面对物质诱惑和精神污染

旅游活动的发展一方面有利于增进各民族之间的相互了解，促进文化交流，但另一方面也会产生不健康的"精神污染"，会把一些不健康的思想意识和生活作风带进来。面对这些精神污染，如果没有坚强的意志和自制能力，就会或多或少地受到一些不健康思想和生活方式的腐蚀。

因此，各级旅游行政管理机构和教育机构以及每一个导游员对此都应引起足够的重视，千万不要掉以轻心，稍有疏忽就有可能酿成不堪设想的后果。

2.3 导游服务原则

导游工作是一个极其讲究人际关系的工作。如何与人打交道是一门艺术，导游员在导游服务过程中稍有不慎就可能引来很大的麻烦，招致游客的投诉，使旅行社的利益受损。因此，导游员在工作中应遵循以下四个原则，以规范自身的服务行为。

2.3.1 "宾客至上"原则

服务业离不开顾客，顾客是服务行业存在、发展的前提和保证。旅游业属于服务行业，它也需要大量的游客，从事旅游业务的旅游企业都在千方百计地扩大客源。同样，对于导游员来说，没有了游客也就失去了存在的基础。因此，每一位导游员在工作中都应该始终把"宾客至上"、"顾客是上帝"作为座右铭。

如何使游客感到"宾至如归"呢？这需要导游员在工作中不仅要完成自己的本职工作，还要提供超常服务，做到"笑迎天下客"，让每一位游客在与导游员的接触中感受到温暖、亲切,并体会到和谐融洽的氛围。

2.3.2 "服务至上"原则

"服务至上"既是导游员的一条服务准则,也是导游员职业道德中一项最基本的行为规范,还是导游员在工作中处理问题的出发点之一。遵循该原则的关键在于关心人,导游员要始终将游客放在心上,时时、处处为游客着想。

导游员要在工作中做到这一点,就要时刻考虑游客的利益和要求,不要过多地强调自己的困难和旅行社的得失,不得以任何借口拒绝游客合理、正当的要求;对游客的投诉,导游员应从"宾客至上"、"服务至上"的原则出发,以不损害各方利益为原则,妥善处理投诉,合理解决问题和困难。

2.3.3 "等距离"原则

导游员的服务对象是全体旅游团成员。每一位团员都是平等的服务对象,不管他们的身份如何、社会地位怎样,在同一个旅游团中,他们的权利和义务是相同的。如果导游员在带团过程中不按照"等距离"原则办事,而是偏爱旅游团队中的一部分成员而冷落另一部分成员,必然会导致旅游团内部关系紧张,产生猜疑和嫉妒。旅游团中一旦出现这种情况,就会引起部分团员的不满,使他们对导游员的工作不予配合,甚至是抵制,从而为导游员自身的工作制造了许多不必要的障碍和麻烦。因此,导游员必须坚持"等距离"原则,对所有团员都要做到一视同仁,不厚此薄彼,要时刻记住每个客人所交的团费都是相同的,他们享受的待遇也应是相同的。

2.3.4 "合理而可能"原则

"合理而可能"原则既是导游员服务原则,也是导游员处理问题、满足游客要求的依据和准绳。游客外出旅游一般都会有一种求全心理,往往把旅游活动理想化,在生活和游览活动等各方面提出种种要求、意见和建议,有时甚至对旅游活动的安排横加指责。怎样处理游客的要求、意见、建议以及少数人的指责、挑剔关系重大,有时会影响整个旅游活动的成败,因此,导游员对此要有足够的重视。认真倾听游客提出的要求、意见和建议,冷静、仔细地分析,判断其是否合理和可能实现;对游客的指责和挑剔也要认真对待,分析其是否合理,千万不要对此置之不理,更不能断然拒绝、严厉驳斥。凡是合理且可能实现的,对游客来说就是正当的,导游员应当努力去做并要做好。对那些不合理或不可能实现的要求和意见,我们要耐心解释,做到实事求是、通情达理,让客人心悦诚服。

以上四个原则是相互关联、互为补充的。它们既是导游员优质服务的准则、处理各种问题的基本原则，也是衡量导游员服务态度、服务质量及工作能力的标准。导游员应认真学习这些原则并将其融会贯通，灵活运用到实际工作中。

实践要点

1. 正确区分游客利益与旅行社的利益。
2. 把握好同时作为游客利益维护者与旅行社利益维护者的关键点。

实战演练

1. 实训项目

导游员双重身份的训练。

2. 实训内容

导游员怎样在维护游客利益的同时维护旅行社的利益。

3. 实训目的及要求

通过实训使学生进一步熟悉导游员在带团时如何把握好自己所具有的双重身份，掌握既维护客人的利益又不让旅行社利益受损的正确方法。

4. 组织实训

（1）把学生按照男女性别搭配组成4个小组（最好每组10人）；

（2）训练地点设在导游实验室或课堂上；

（3）学生2人一组，分别充当导游员和游客，充当导游员的学生要根据教师所设计的情况来解决游客提出的要求；

（4）由教师设计几类旅游者个别要求，然后让学生根据教师设计的在旅游过程中出现的各种案例进行演练，最后，教师对每组学生的演练情况进行点评。

学习任务 ❸ 导游员

【想一想，做一做】

小王是某旅行社新招聘的导游员，他将所在城市游览点的导游词背得滚瓜烂熟，对自己的工作充满信心。

一天，他带领游客去游览岳王庙。在正殿，小王讲解道："这天花板上绘的是松鹤图，共有372只仙鹤，在苍松翠柏之间飞翔，寓意岳飞精忠报国精神万古长青。"一游客听了后，就问小王："为什么是372只仙鹤，而不是

371只或是373只？这有讲究吗？"小王倒是很爽快，回答说："这个我不清楚，应该没什么讲究吧！"

来到碑廊区，小王指着墙上"尽忠报国"四个字，说这是明代书法家洪珠所写。团中一位年轻人不解地问小王："为什么前面正殿上写的是'精忠报国'，而这里写的是'尽忠报国'呢？"小王考虑了一会儿，支支吾吾道："这两个字没什么区别，反正它们都是赞扬岳飞的。"那游客还想说些什么，小王却招呼："走了，走了，我们去看看岳飞墓。"

来到墓区，小王指着墓道旁的石翁仲讲解道："这三对石人代表了岳飞生前的仪卫。"游客们没有听懂，要求小王解释一下"仪卫"是什么，小王犯难地说："仪卫吗，就是为岳飞守坟的。"游客反问道："放几个石人在这儿守坟有什么用呢？"小王说："这个我不知道。"

　　资料来源：浙江旅游局导游考评办公室. 旅行社服务案例分析（试用）

分析与提示

此案例中小王工作中出现了一问三不知的情况，这样的导游员给游客的感受就是此次旅游不值得，因为导游员的导游讲解质量太差。假如你是小王，你在今后的工作中如何改进？

知识储备

导游员是导游工作的主体。导游服务质量的高低、效果的好坏，主要取决于担负此次导游工作的导游员的素质、能力及经验。随着科学技术的进步，科技手段正在被越来越广泛地应用于导游服务中。但是，单凭高科技手段，游客就会失去由导游员所带来的更加主动的、更加富有个性化的、更有人情味的旅游体验。另外，导游员本身就是游客观察和体会旅游目的地文化、风俗和民情的窗口，正因为如此，导游员所提供的服务不仅不会被现代科技手段所取代，而且会向更高的水平发展。21世纪，导游工作的主体仍然是导游员，但是，随着游客旅游知识和经验越来越丰富、旅游活动内容越来越多样化、旅游信息越来越灵通，对导游员的要求也会越来越高。新世纪的导游员必须面对新环境的挑战，必须向更高的目标努力，必须在思想、文化、能力、身心各方面具备更高的素质。

3.1 导游员的概念

导游员是指按照《导游员管理条例》的规定取得中华人民共和国导游员资格证书，并接受旅行社的委派，为游客提供向导、讲解和相关旅游服务的人员。

　　参加全国导游员资格考试的人必须符合以下条件：遵守宪法、热爱祖国、坚持四项基本原则，具有高级中学、中等专业学校或者以上学历，身体健康、掌握适应导游工作所需要的基本知识和语言表达能力的中华人民共和国公民。

　　取得全国导游员资格证书后，必须与旅行社签订劳动合同或在导游服务公司登记，再持所签订的劳动合同或登记证明，向省、自治区、直辖市人民政府旅游行政管理部门申领导游证。只有取得了导游证的人才可以从事导游工作。导游证的有效期为三年，有效期满后还想继续从事导游工作就必须向省、自治区、直辖市人民政府旅游行政管理部门申请办理换发导游证手续。全国导游员资格证书全国通用。

　　《导游员管理条例》还规定，具有特定语言能力的人员，虽未取得导游资格证书，旅行社需要聘请临时导游员的，由旅行社和省、自治区、直辖市人民政府旅游行政管理部门申请领取临时导游证，有效期为三个月，且不能延期。

3.2　导游员的类型和职责

　　导游员的业务范围、工作内容不同，服务对象和使用语言各异，工作性质、接待方式也不尽相同，所以对导游员的称呼很多。即使是同一个，由于他所从事的导游工作的性质不同，所扮演的角色的名称也会随之变换。另外，不同的国家和地区对导游员的称呼不尽相同，因此对导游员的称呼在世界上也没有一个统一的标准。本书将根据我国旅游业的实际情况，从导游员的业务范围、职业性质、技术等级、工作语言四个方面对其进行分类。

3.2.1　按业务范围分类

　　按业务范围分类，导游员可分为出境领队、全程导游员、地方导游员、景区景点导游员四类。

　　1. 出境领队

　　出境领队（简称"领队"）是指受具有经营出境旅游业务资格的国际旅行社的委派、全权代表该旅行社带领旅游团从事旅游活动的工作人员。他既是组团社的代表，又是旅游团的领导和代言人。其主要职责如下。

　　● 介绍情况、解答疑问、全程陪同

　　领队在旅游团出境前，要召集全体成员开会，向他们介绍旅游目的地国家和地区的概况、风俗民情以及注意事项，解答游客提出的各类问题，消除游客对目的地的疑虑，纠正对目的地的不正确的看法。领队最重要的一项任务就是全程陪同游客在境外的参观游览活动，帮助游客解决各类问题，协助当地导游处理问题和事故。

• 监督境外接团社旅游计划的实施，维护游客的权益

旅游团出境以后，领队就要全面肩负起组团社代表和游客代言人的责任。他一方面要积极配合当地接待社的导游员开展工作，另一方面要监督接待社保质保量地执行旅游计划，使旅游合同得到全面落实，使游客的权益得到维护。

• 做好组织、协调工作

游客出境后，远离祖国，面对陌生的异国他乡心里多少有点紧张感，因此领队应当细心地照顾好每一位游客，关心他们，调动他们的积极性；多做提醒工作，使游客的言行适度，维护好中国人在国外的形象；积极主动地担当起组织游客的任务，协调好游客之间的关系，维护旅游团内部团结，使旅游活动顺利进行。

• 联络工作

做好联络工作是领队的一项极其重要的工作内容。具体工作有做好与旅游目的地国家或地区接待社的联络工作，及时向接待方传达游客的建议、要求、意见和投诉，维护游客的正当权益，遇到麻烦和问题时积极出面斡旋、解决。

• 维护游客的人身和财物安全

领队带团在外要时时刻刻把游客的安全放在心上，处处做好提醒工作，时刻与游客在一起，要勇于保护游客的人身和财物的安全。

2. 全程导游员

全程导游员简称为全陪，指受国内组团社委派、作为组团社的代表、在领队和地方导游员的配合下实施接待计划、为游客提供全程陪同服务的导游员。他的职责具体有如下几个方面。

• 实施旅游计划

全陪的首要任务是按照旅游合同的规定实施旅游接待计划，协助各地方接待社落实各项服务工作，监督各地接待社的接待质量。

• 联络工作

在旅游过程中，负责做好与组团社及各地接待社的联系工作，做好上下站间的联络。

• 组织协调工作

做好旅游团的组织工作，照顾好游客的旅行生活；协调领队、地陪、司机等各方接待人员的合作共事关系，减少相互间的摩擦，使旅游活动顺利进行。

• 维护安全、处理问题和事故

全陪还有一项非常重要的任务是在整个旅游行程当中竭尽全力维护游客的人身和财产安全，及时转达游客对整个旅游活动的意见、建议、要求和投诉。这过程中一定要注意与领队和地陪的紧密配合。

● 做好宣传和调研工作

全陪在向游客介绍中国的文化和旅游资源时可以帮助游客了解中国，同时也帮助中国旅游企业了解国外旅游企业的经营状况及策略，了解外国或外地游客的需求，这样就有助于我们改进旅游产品的设计，开发适销对路的旅游产品。

3. 地方导游员

地方导游员简称地陪，是受地方接待社委派、代表地方接待社实施旅游计划、为游客安排当地旅游活动、提供导游讲解和翻译服务的导游员。其主要职责有如下几个方面。

● 具体安排当地旅游活动

地方导游员根据接待计划，结合当地旅游实际情况合理安排游客在当地的旅游参观活动。

● 做好接待工作

具体负责落实旅游团队在当地的各项旅游活动；在领队、全陪的配合下，做好当地的旅游接待工作。

● 导游讲解和翻译

地方导游员负责游客在当地参观游览期间的导游讲解和翻译，解答游客的询问，介绍当地旅游信息，传播当地的文化。

● 维护安全、处理问题

地方导游员对游客在当地旅游期间的人身和财产安全负有不可推卸的责任，应认真做好事故预防和安全提醒工作，维护游客在当地旅游过程中的人身和财产安全；积极主动地处理各种问题和突发事件。

4. 景区景点导游员

景区景点导游员简称为讲解员，是指在某一景区或景点内为游客进行导游讲解服务的导游员。其主要负责景区、景点内的导游讲解和安全提醒工作。

3.2.2 按职业性质分类

按职业性质分类，导游员可分为专职导游员和兼职导游员两类。

1. 专职导游员

专职导游员是长期受雇于某家旅行社、为该社正式职员的导游员，也称"固定职业导游员"，目前他们是我国导游员队伍的生力军。

2. 兼职导游员

兼职导游员也称业余导游员，是不以导游工作为主要职业，而是利用业余时间从事导游工作的人。在西方，还有一种导游员，他们以导游工作为主要职业，但不是某家旅行社或旅游公司的正式雇员，而是通过签订合同为多家旅行社服务，他们是一批真正意义上的"自由职业导游员"，构成了西方大部分国家导游队伍的主体。中国目前也有为数不多的导游员与西方的"自由职业导游员"相似。另外，国内一些旅行社为了降低经营成本，不愿雇用太多的专职导游员，而希望在旅游旺季时请一些兼职导游员带团，也许这类导游员将是中国导游队伍的发展方向。

3.2.3 按技术等级分类

按技术等级分类，导游员可分为初级导游员、中级导游员、高级导游员和特级导游员四个等级，经考试、考核合格后发相应的等级证书（如图1-1）。

图1-1a 导游员等级证书封面

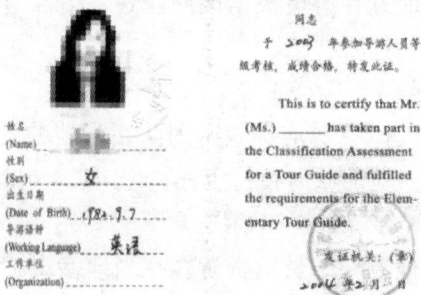

图1-1b 导游员等级证书内页

1. 初级导游员

从业人员获取导游员资格证书一年后，有关单位就技能、业绩和资历对其进行考核，合格者自动成为初级导游员。

2. 中级导游员

中级导游员是获取导游资格证书两年以上，业绩明显，考核、考试合格者，他们一般都是旅行社的业务骨干。

3. 高级导游员

高级导游员是取得中级导游员资格四年以上，业绩突出、导游水平较高，在国内外同行和旅行商中有一定的影响，经考核、考试合格者。

4. 特级导游员

特级导游员是取得高级导游员资格五年以上，业绩优异，有突出贡献，有高水平的科研新成果，在国内外同行和旅行商中有较大影响，经考核合格者。

3.2.4 按工作语言分类

按工作语言分类，我国导游员可分为普通话导游员、外语导游员、地方语导游员和少数民族语言导游员四类。

我国目前已建立了一支掌握世界各主要语言、颇有实力的导游翻译队伍，他们的主要任务是接待来自世界各地的国际游客。而普通话导游员、地方语导游员以及少数民族语言导游员主要接待港澳台同胞、海外侨胞和外籍华人以及内地游客。目前我国主要的地方语导游员有粤语、闽南语、客家话导游员三类。

3.3　导游员在旅游业中的作用

导游员在旅游业中处于什么样的地位、起什么样的作用是每一位从事旅游业的人员必须清楚的问题，因为只有清楚了这个问题，才能使旅行社明白导游员队伍建设的重要性，导游员个人才能自觉地提高自己的导游水平和服务质量。

那么，导游员在旅游业到底起着怎样的作用呢？在旅游接待工作中，导游员是处于第一线的关键人员，他是导游工作的主体。在游客的整个旅游活动中，导游员处于中心地位，起着导演的作用。为了强调导游员作用的重要性，国际旅游界将导游员称为"旅游业的灵魂"、"旅行社的支柱"和"参观游览活动的导演"。导游员之所以在旅游接待工作中起着不可或缺的作用主要有如下几个原因。

3.3.1　导游服务质量决定着旅游产品的价值

对于这一点我们可从两个方面来理解：一方面，尽管旅游活动六要素的完成需由多个部门密切配合才能够实现，但对于中间环节和运作情况，游客是不清楚的，甚至不想了解，他们看的是结果，也就是他们在整个游程中是否得到了热情周到的服务、游程安排是否合理等；另一方面，旅游团到某地或某国旅游参观，为他们进行导游讲解、提供生活服务、为他们沟通语言和文化的是导游员，导游员始终伴随他们左右，而其他旅游接待部门提供的服务对于一个旅游团而言只是一次性的。一次性服务如果存在质量问题还可以通过其他高质量的服务，特别是高质量的导游服务来弥补，而导游服务出现质量问题却是无法补救的。一旦导游员提供的服务出现重大的质量问题，其他部门做的工作再好也会在游客的心里大打折扣。这势必影响旅行社的声誉，甚至是整个旅游地旅游业的声誉。

3.3.2　导游工作是各项旅游服务联系的纽带和桥梁

旅行社是旅游接待工作的轴心，而旅行社接待服务中的关键人物是导游员。旅行社与游客之间、旅行社与其他旅游企业之间的第一线联络人是导游员。在整个旅游接待过程中，导游员在所有的接待部门之间起到了承上启下、连接内外、协调左右的作用，协助相关服务部门与单位完成产品和服务的销售并确保服务质量。

3.3.3　导游员的工作质量影响东道国旅游产品的销售

旅游产品既有有形的、物质的，又有无形的、非物质的，而以无形的、物化的劳务为主，其中尤以导游服务最为明显。

导游员的素质决定着导游服务的质量，导游服务质量的高低则在很大程度上决定了旅游产品的使用价值，游客往往就是根据其使用价值来购买某一旅游产品的。卓有成效的导游工作不仅可使游客满意而归，而且还可以起到良好的宣传作用，许多游客就是在有亲身体验的亲友的推荐下而去某地或某国旅游的。反之，导游服务质量不高，甚至是恶劣的导游服务，不仅使游客无法产生重游的欲望，而且还会因为他们的抱怨而使周围潜在的游客听而却步，从而影响到本地区旅游产品的销售。

3.4　对导游员的管理

服务质量是导游工作的生命线，尤其是在旅游市场逐渐进入有序竞争阶段后，导游服务质量就成了人们外出旅游关注的重点。由于导游服务属于服务产品范畴，具有生产与消费不可分离及异质性等特点，所以，对服务质量的理解与评价相当复杂，相应地，对导游服务的质量要求也不同于对实体产品的质量要求。导游服务质量的高低不但与导游员是否提供了标准化的服务有关，更与导游员是否为游客提供了其所需要的个性化服务密切相关，而且导游服务质量最终要取决于游客的满意程度。

由于导游工作对旅游业的影响大，且导游工作又有相对独立的特点，因此要想保证导游员的服务质量，就必须加强对导游员的管理力度。一般来说，对导游员的管理主要是由政府旅游行政管理部门和旅游企业两个渠道进行的。

3.4.1　旅游行政管理部门对导游员的管理

旅游行政管理部门对导游员的管理主要是从宏观上进行的，主要包括导游员资格证书管理、导游证管理、质量监督、年检四个方面的管理。

1. 导游员资格证书管理

对导游员资格证书（如图1-2）的管理是旅游行政管理部门对进入导游服务业的准入管理，是从源头上提高导游从业人员素质的举措。一方面，国家对参加导游员资格考试的人员有严格的条件限制，规定已获取导游资格证者在取得证书三年内必须从事导游工作，如果三年后仍然没有从事导游工作，则其所取得的资格证就会自动失效；另一方面，带团不能全凭资格证带团，导游员必须在取得导游证后才能从事导游工作。

图1-2a　导游员资格证书封面

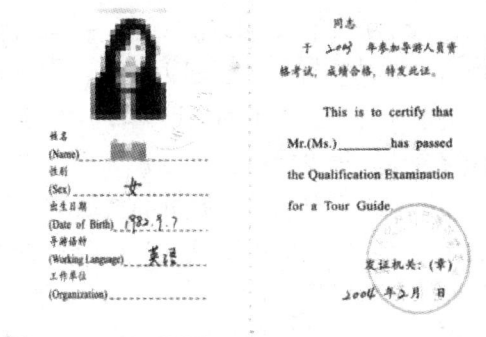

图1-2b　导游员资格证书内页

2. 导游证管理

《导游员管理条例》规定，导游员上岗必须携带导游证（如图1-3）并佩戴胸卡。导游证有效期为三年，临时导游证有效期为三个月，并不得延期。而想获取导游证，必须持有与旅行社或旅游公司签订的劳动合同。

3. 质量监督

旅游行政管理部门在内部设立了旅游质量监督所，专门负责处理游客对导游员及旅游企业的投诉和监督。质监所人员还会到旅游景点进行不定期的检查，导游员不得以任何理由拒绝检查或逃避检查。这是管理部门对导游员管理最主动的方式。

图1-3　导游证样本

4. 年检

《导游员管理条例》明确规定，导游员必须参加每年一次的年度检查并参加年检培训，参加年检培训时间不得少于56个小时。对那些在上年导游工作中存在质量问题的导游员，旅游行业管理处将视情况分别给予通过年检、暂缓通过年检、不予通过年检的处理。

3.4.2　旅游企业对导游员的管理

旅游企业对导游员的管理是一种最具体、最直接的管理，也是最为重要和最有效的管理。对导游员的管理工作是旅游企业内部管理的一个重要组成部分，但导游工作的独立性使得旅游企业对导游员的管理也存在一定的难度，因此旅游企业必须在如何管理好自己的导游员上下工夫。现在国内旅游企业对导游员的管理方法和手段主要是以下几种。

1. 签订劳动合同

20世纪90年代中期以前，由于大部分旅游企业不太重视对导游员的管理，很少与导游员签订劳动合同，结果，导游员与旅游企业之间的关系非常松散。一旦由于导游员工作上的失误导致游客的利益受到损害，往往承担赔偿责任的是旅游企业，很少能够追究导游员的责任。这样一来，旅游企业的利益和声誉都受到损害，而对当事导游员的教训却不是很大，导游员队伍的质量不能得到保证和提高。同时，由于没有劳动合同的约束，一部分旅游企业不能给予导游员合理的劳动报酬，导游员的正当权益受到侵害。

现在《旅行社管理条例》规定，旅游企业在使用某个导游员前必须与之签订劳动合同。这样就从法律上明确了导游员与旅游企业之间的责权关系，既可维护旅游企业的利益，又可维护导游员的正当权益，更为重要的是避免导游员做出损害游客利益的行为，从而达到维护游客利益的目的。

2. 下达《任务单》

《旅行社团队接待计划单》也叫《任务单》，实际就是旅游企业对导游员带团行为的一种认可或证明。导游员需要按照《任务单》去带团，这样可以避免导游员不经旅行社同意私自带团，从而防止某些不法导游员做私团，欺骗游客，扰乱旅游市场，损害旅游企业的利益，这也就维护了本企业和当地旅游业的声誉。

3. 发放《游客意见表》

导游服务质量的好坏，游客作为当事人是最有发言权的。游客对导游员工作态度、服务质量的监督是最有效、最直接的方式。旅游企业通过《游客意见表》了解导游员在外工作的情况，并作为对导游员考核和晋升工资的依据之一。

现在出现了部分导游员伪造《游客意见表》的现象，因此各旅游企业应当注意意见表的回收方式，把由本企业导游员直接带改为由组团社寄回或由游客寄回，这就在一定程度上保证了《游客意见表》内容的真实性和客观性。

目前我国旅游企业在管理方法和手段上还较落后，这在某种程度上制约了我国导游员队伍素质的提高和旅游业的发展。2006年，国内旅游市场对国外旅游企业实施了全面开放，国内旅游企业面临着来自西方旅游企业的更为激烈的竞争，探索更为合理、科学的管理方法和手段已成为国内旅游企业不可回避的课题。

实践要点

1. 商品特点和作用的介绍。

2. 商品真伪辨别方法的介绍。

3. 把握好原则，不得强迫或误导客人购物。

实 战 演 练

1. 实训项目

导游员促销商品的训练。

2. 实训内容

导游员促销商品的技巧。

3. 实训目的及要求

通过实训使学生掌握导游员在带团时正确引导游客进行消费的技巧。

4. 组织实训

（1）把学生按照男女性别搭配组合成4个小组；

（2）训练地点设在导游实验室或课堂上；

（3）学生5人一组，分别充当导游员和各种类型的游客；

（4）先由教师告诉学生相关旅游商品的促销技巧，然后让学生根据教师所教授的技巧针对不同的游客进行宣传促销，最后教师对每组学生的演练情况进行点评。

本项目总结

知识梳理

1. 导游业务发展简史

① 世界第一次商业性旅游　② 世界第一家旅行社　③ 中国第一批旅游团
④ 中国第一本旅游杂志　　⑤ 新中国旅游业诞生的标志

2. 导游工作的性质

① 政治性　② 社会性　③ 文化性　④ 服务性　⑤ 经济性　⑥ 涉外性

3. 导游工作的特点

① 独立性　② 复杂性　③ 脑体高度结合　④ 跨文化性　⑤ 面对物质诱惑和精神污染

4. 导游服务原则

① "宾客至上"原则　② "服务至上"原则　③ "等距离"原则　④ "合理而可能"原则

5. 导游员的类型

① 出境领队　② 全程导游员　③ 地方导游员　④ 景区景点导游员

6.导游员的等级

① 初级导游员　② 中级导游员　③ 高级导游员　④ 特级导游员

主要概念

1.导游员　2.出境领队

知识习题与技能训练

1.我国导游业经历了哪几个阶段？每个阶段有什么特点？

2.导游工作有哪些性质？具有哪些特点？

3.导游服务中应遵循哪些原则？

4.导游员的概念是什么？导游员是如何分类的？

5.全陪、地陪、出境领队的职责分别有哪些？

项目 **2**　导游员应具备的素养

■ 学习目标

■ 知识目标

通过本项目的教学，使学生掌握作为导游员所必须具备的知识素养、道德素养、能力素养等方面的基本内容，为日后从事导游工作奠定良好的素质基础。

■ 技能目标

通过本项目的技能训练，使学生掌握提高自身知识素养、道德素养和能力素养的方法和途径。

■ 案例目标

通过本项目案例的教学，让学生充分认识到不断提高自身的知识素养、道德素养和能力素养对于做一名合格导游员的重要性，从而促使学生自觉地加强知识、文化方面的学习，重视道德、能力方面的培养。

■ 实训目标

通过实训活动，使学生将从课本上学到的理论知识运用到实践当中，体会在今后的工作和生活中知识素养、道德素养和能力素养的重要性。

■ 教学建议

1. 建议在每章节授课前先让学生学习与本章节内容相关的案例，以实现未见树先见林的教学目的。

2. 教授本章内容时应多让学生参与相关观点的讨论，通过讨论的方式使学生接受相关观点并牢记在心。

现代导游既是一种服务，又是一门艺术。导游员是旅游行业的一线工作人员，不仅是一个旅行社的代表，还是一个地区、一个国家形象的代表。导游服务质量的高低直接影响到旅行社的声誉，甚至影响到地区和国家的形象。只有具备高素质的导游员才能提供高质量的服务，所以导游从业人员应当注重不断提高自身各方面的素养，我们认为作为一名导游员最起码应具备的素养是知识素养、道德素养和能力素养这三个方面。本章将向广大从业人员具体介绍这三方面的内容。

学习任务 ❶ 导游员的知识素养

【想一想，做一做】

走上百家讲坛的女导游

赵英健，现任清东陵文物管理处副处长、高级导游员，中国紫禁城学会、中国清宫史学会、河北省博物馆学会会员。她没有过人的资历，导游出身，却走上了央视名牌栏目《百家讲坛》。她终日围于清东陵方圆百里之地，却让联合国世界遗产委员会专家回国后念念不忘，专门写信表示赞赏。

"要给游客一碗水，导游自己必须有一桶水。"赵英健回忆自己刚上班时，一般的导游员每人每天带2~3个团，而她的最高记录却是半天就带4个团。她以"特有成就感"来形容自己的工作热情。正是凭着对本职工作和东陵博大历史文化的深深热爱，赵英健多年来学习和研究了大量旅游专业知识，探索了不同层次的游客心理，写下了几万字的读书笔记和心得体会，为做好导游服务打下了坚实的基础。为了将正史与野史巧妙地结合起来，使自己的讲解更有知识性和趣味性，在学习了大量清史资料的同时，她还遍访了本地守陵人的后裔，丰富了自己的知识积累。

2000年1月，清东陵申报世界文化遗产项目进入关键时刻，可就在联合国专家即将前来现场考察的燃眉之际，负责古代建筑介绍的工程师突遇车祸住院，遵化市委、市政府临时决定把古建筑介绍和清史介绍这两项任务一并交给赵英健。当时，离专家组来东陵仅剩下20天。20天的时间内必须准备好对清东陵古建筑的全面汇报，要准确地介绍清东陵涵盖的清史资料，且汇报工作的好坏直接影响到申报的成功与否，这让临危受命的赵英健感到了空前的压力。但她没有退缩，而是勇敢地挑起了这副重担。20天的时间里，她夜以继日地工作。

　　艰辛的努力终有回报。联合国世界遗产委员会专家、国际古迹遗址理事会秘书长让·路易·卢逊先生在清东陵考察期间，赵英健将清东陵源远流长的历史和精美的古建筑有机地结合在一起，准确到位地将历史信息传达给贵宾。让·路易·卢逊先生对清东陵的文物保护和管理工作非常满意，对赵英健的讲解汇报给予了高度评价，回国后专门写信来称赞"在清东陵给我留下了深刻印象的儒雅导游赵女士……"2000年11月30日，经联合国世界遗产委员会批准，清东陵等被正式列入世界文化遗产名录。

　　资料来源：中国经济网·人物周刊

分析与提示

　　人们常常把导游员称为是上知天文、下知地理的"杂家"。在本案例中，赵英健正是这样一个典型的代表。她刻苦钻研，不满足于现状，大量走访，实际调查，收集素材，因团而宜，针对游客的不同需求、不同层次而采取不同的讲解方式。一改导游员只能"背词"，不能言之有物、言之有理的形象。《百家讲坛》编导孟庆吉曾评价赵英健道，她表达能力强、学术根基深，具有亲和力。

　　作为一名优秀的导游员，具备一定的文化修养是最起码的条件。在游客心目中，导游员不仅是"学者"、"老师"，还是"万事通"。所以，具备活到老、学到老，善于钻研、勤学好问的治学态度和精神，有利于导游员养成一个好习惯，即凡事都要弄懂、弄清楚，不能不懂装懂，更不能敷衍了事，要为每一位游客负责。随着时代的发展，人们已不满足于食、住、行、游、购、娱这几项最基本的旅游要求了，还想通过旅游活动增长见闻、获取知识。这就对导游员提出了更高的要求。只有像赵英健一样，知识面广，具有真才实学，在讲解时以渊博的知识为后盾，才能征服游客，从而获得更多的机会。

知识储备

　　游客外出旅游除了消遣，更多的还想通过旅游这项活动来增长知识、扩大视野。随着时代的进步，人们更加趋向于追求旅游活动中的文化内涵。进入了新世纪，随着旅游活动的大众化，人们的旅游经历日渐丰富，游客求新、求美、求知的需求在广度和深度上都将有更大的提高。游客需求水平的提升要求导游员必须具备相当广博的文化知识，这样才能满足游客的需要，因此导游员只有提高自身的知识素养才能胜任这项工作。在旅游过程中，导游员的讲解是游客获取旅游地知识的主要来源，而深厚的文化素养是导游工作的前提。导游员只有具备了真才实学，才能使得导游内容丰富，言之有物，导游员的知识面越广、信息量越大、对相关知识理解得越透，就越有可能把导游工作做好，才能最大程度地满足游客的需求，从而成为一名优秀的导游员。导游员要具备的基本知识素养主要包括以下两个方面。

1.1 导游员必备的知识

1.1.1 扎实的语言知识

语言是传递信息的一种符号，是人们表达感情、交流思想的工具。导游作为一种社会职业，与其他社会职业一样，在长期的社会实践中逐渐形成了具有职业特点的语言——导游语言。导游语言是一项综合性的口语艺术，要求有很强的口头表达能力，是导游员用来从事导游服务工作的重要手段和工具。导游员掌握的语言技能在很大程度上影响甚至决定着导游服务效果的好坏。而导游员掌握的语言知识越丰富，驾驭语言的能力就越强，信息传递的障碍就越小，游客就越容易领悟。通常所说的导游语言知识包括外语知识和汉语知识。

随着国际旅游业的发展，海外游客的数量急剧增加，而作为"民间大使"的导游员，掌握并熟练运用外语是进行文化交流的最基本的要求。因此，涉外导游员应勤练内功，在熟练交流的基础上，进一步了解目的国的民俗风情、社会禁忌等知识，以便更好地为国际游客提供导游服务。外语导游员的语言表达不仅要符合该语种最基本的语法要求，而且要符合该国国民使用该语言的习惯。在我国外语导游队伍中，有些导游员在语言方面存在不少问题，主要表现在以下几个方面：一是词汇贫乏，讲解单调枯燥、令人生厌；二是语法错误过多，有些导游讲解时听似流利，但语法错误连篇，有哗众取宠之嫌；三是怪腔怪调，让人听了别扭，不知所云；四是语言不流畅，甚至连不成句子，让游客听得着急难受；五是乱用词汇，生造句子。这样的导游讲解一般无法起到传情达意的作用，谈不上导游语言的委婉、高雅，更谈不上语言艺术了。

汉语是中国几千年的文化积淀，其博大精深是世界所公认的，可以这样说，汉语是世界上表词达意最为丰富的语种。同样的一个词、一句话，在不同的语言环境中及以不同的语音、语调发出就表示不同的意思。导游员如果没有扎实的语言功底，就不能确切地表达出想要表达的意思，也不可能成为当地文化的传播者。因此，每一位导游员都应练好这一基本功，并潜心研究导游讲解艺术，使自己的导游服务水平不断提高。

1.1.2　深厚的史地文化知识

史地文化知识是导游员应掌握的最基本的知识，也是最为重要的知识之一。导游员是旅游业的代表，是一个景点、一个城市、一个地区甚至一个国家文化的传播者。一位优秀的导游员，应该是一个有着深厚的文化底蕴、广博的知识的人。导游员要通晓的知识一般包括历史、地理、宗教、民族、民俗风情、风物特产、文学艺术、古建园林等诸方面的知识，因为这些知识是导游讲解的素材，是导游服务的原料，是导游员的看家本领。导游员还要善于将本地的风景名胜与历史典故、文学名著、奇人轶事等有机地结合起来。同时，导游员在讲解中应不断地提高自身的艺术素养，使自己的讲解层次大大提高，这有利于更好地扮演文化使者的角色。

史地文化知识贫乏是我国当前导游队伍中普遍存在的又一个严重问题。这些问题主要集中在以下几个方面：一是有些导游员的知识平平，只会死记硬背一些导游词，照本宣科，似和尚念经，平淡无奇，更为严重的则是出现"百病一方、一视同仁"，不管什么样的游客，导游词只有一种；二是有些导游员只会用枯燥的、干巴巴的语言以及几个呆板的数字介绍景点，令游客昏昏欲睡，导游员自己也无精打采，不知所云；三是部分导游员对所介绍的景点一知半解，讲解时常常三言两语，敷衍了事，只起带路的作用，对游客的提问往往是一问三不知，最后弄得自己也很尴尬，游客也不高兴；四是有些导游员不求踏实上进，而走歪门邪道，导游讲解时以"虚"代实、夸夸其谈、空洞无物、哗众取宠，更有甚者，竟杜撰史实、张冠李戴、胡言乱语、欺骗游客。这些行为皆为导游员的职业道德所不允许，也是为中国人的良知所不许的。

1.1.3　广博的政治、经济、社会知识

在旅游过程中，游客特别是国际游客对旅游目的地国家的某些政治、经济和社会问题比较关注，经常就此询问导游员，有些游客还常常把自己国家或地区的情况同目的地国家或地区的相比较。此时，如果导游员对此类问题没有充足的准备，就不可能给游客以满意的回答，甚至会让外国游客对中国社会的政治、经济、社会制度产生误解，从而得出不符合实际的结论，形成错误的认识，这会对我国在国外的形象产生极为负面的影响。因此，导游员应了解我国国情，熟悉我国政治、经济体制及改革发展方向，关注社会热点问题，了解当地的风俗民情，尽最大可能对游客的提问给予正确、合理的解答，让客人通过我们的宣传对我国有一个全面、客观的认识。

另外，在旅游活动中，游客来自不同的国家和地区，有着各自不同的宗教信仰、价值观和民俗习惯，而这些往往与旅游目的地居民以及导游员的信

仰、价值观和风俗习惯不尽相同，甚至截然不同，如果导游员不了解和不理解这种民族间、地区间的文化差异，就不可能处理好由此引起的矛盾与冲突。所以，导游员除应了解本国、本地区的政治、经济和社会知识外，还应了解旅游客源国（地）的历史、地理、文化、民族、风土人情、宗教信仰和民俗禁忌等。

1.1.4　必备的政策法规知识

导游员在工作中是国家政策的具体执行者。对旅游活动中出现的种种问题，导游员要以相关法律、法规为准绳来正确处理，导游员自己也必须在法律、法规所规定的范围内行事。必备的政策法规知识对导游员来说，其重要性主要表现在以下三个方面：首先，政策法规知识是导游员工作的指针。导游员在导游讲解、回答游客对有关问题的问询或同游客讨论有关问题时，必须以国家的方针政策和法规为指导，不能为迎合一些游客的口味、兴趣，而做有悖于国家政策法规的宣传讲解，以免误导游客，甚至给国家造成损失；其次，导游员自身的言行也要符合国家政策法规的要求，遵纪守法，做游客的表率；再次，对于在旅游过程中出现的有关问题，导游员要根据国家政策和有关法律、法规的规定予以处理，这样才能保证我们的处理行为具有合法性和正确性。

1.1.5　基本的心理学知识

导游员的工作是与人打交道的工作，工作对象主要包括形形色色的游客、工作伙伴以及各旅游部门的工作人员。除了因不同的个性，在不同的环境下，人们会处于不同的心理状态外，在导游的整个过程中，这三类工作对象以及导游员还会因为不同的立场、利益而产生矛盾和冲突。因此，在现实工作中要求导游员随时了解游客的心理活动，有针对性地提供心理服务，从而使游客在心理上得到满足，在精神上获得享受。同时也要在整个旅游过程中，不断地转换自身角色，调整自己的心态以适应不同的工作对象，注意心理策略，以便建立良好的合作关系，保证工作的顺利进行。因此，导游员必须具备基本的心理学知识，了解各种性格游客的心理特征以及他们的行为表现，以便在实际导游工作中处理好这些复杂而多变的人际关系，保证旅游活动的顺利开展。

1.1.6　一定的美学知识

旅游是每个人前往异地以寻求审美和愉悦为主要目的而度过的一种具有社会、休闲和消费属性的短暂经历。旅游活动是一项综合性的审美活动。游客希望通过导游员的指引、阐述来获得对旅游吸引物最大的审美体验。一名合格的导游员要懂得什么是美、知道美在何处，并擅于用生动形象的语言向具有不同审美情趣的游客介绍美。这就要求导游员本身要有较高的美学修养和审美鉴赏能力，从而能使游客得到审美上的满足和情感上的陶冶。同时，导游员还应用美学知识指导对自身仪容仪表的修饰，因为导游员是一个地区乃至国家的"窗口"，其本身也是游客审美的对象。

1.1.7　各种旅行知识

在带领旅游团的整个旅游行程中，导游员在为游客提供导游服务的同时，还要随时帮助游客解决旅行过程中的种种问题。导游员熟练地掌握旅游服务的各种规程和知识，不仅有利于提高工作效率，而且对保证旅游活动的顺利进行有着十分重要的作用。导游员应掌握两方面最基本的内容：一是旅行常识，包括入（出）境知识、海关知识、交通知识、通信知识、货币知识、保险知识、卫生防病常识以及旅行急救常识等；二是生活常识，包括卫生防疫知识、待人接物知识、选购商品知识等。对于这类知识的掌握要靠导游员在工作中和日常生活中做个有心人，不断留意身边的人、事、物，不断积累相关知识，使自己成为一个旅行知识丰富的行家。

1.2　导游员应养成的学习习惯

导游员要想具备广博的知识和社会经验，就必须有很好的学风修养。古人云：人要"活到老、学到老"。学海无边，永无止境。导游工作是一项知识密集型的服务工作，导游员不能只将导游工作作为一种谋生手段，更应将其看作自己的事业。导游员应精益求精、有所作为，即便将其作为谋生的手段，也应尽心尽力，为游客提供优质的导游服务，帮助他们获得美的享受，努力使他们满意而归。导游员只有通过不断的学习才能提高自身的导游服务水平。导游员学习时，需端正学习态度，努力做到以下几点。

1.2.1　勤奋刻苦，贵在坚持

"书山有路勤为径，学海无崖苦作舟"，这是我国古人对学习经验的总结。做学问是非常艰辛的，治学必须勤奋、刻苦，且必须长期坚持。只有具备了持之以恒的学习精神，才能有知识的积累，才能获得真才实学。

古人还说："天道酬勤"、"勤能补拙"。这些话充分说明了要学好知识、掌握本领，就必须刻苦钻研、奋斗不息。学习要做到"五勤"：勤动眼，要博览群书，注意观察；勤动嘴，外语导游员要多读、多说、多问；勤动手，要作摘记，写心得，多做总结，写文章；勤动腿，多跑图书馆、多请教他人、多去实践、多做调查研究；勤动脑，多思考、多记忆、多回忆、多比较、多问几个"为什么"，这样才能去伪存真，获得真才实学，也可少犯错误、少闹笑话。

1.2.2 博览群书，多学多问

导游员要想丰富自己的知识，就必须向书本学习、向社会学习，在实践中得到真知。导游员只有博览群书，涉猎各类书籍，才能使自己的知识结构更趋完整、合理。

导游员不仅要通过书本学习知识，更要常向他人学习。孔子曾说："三人行，必有我师焉。"导游员一定要彻底打消自己的知识已经相当丰富、没有必要向别人请教或不好意思向别人请教的念头。世上每一个人都有自己的长处，同时也存在短处。只有愿意把不懂的东西拿出来向朋友、同事、上级或下级请教，才能够把不明白的问题变成明白的问题，才能不断增加新知识。

仅仅有学习的行动还不够，学到的知识不运用到实践中，就不能说你真正掌握了该门知识。只有通过实践的检验，才能证明你所学的知识具有真实性及实用性；也只有通过参与实践活动才能不断锻炼导游员各方面的能力，使导游员的导游技能、语言技能逐渐完善。

1.2.3 严谨认真，循序渐进

导游员对于学习首先要有一个认真的态度，要脚踏实地地去学，不能弄虚作假，要实事求是，要"知之为知之，不知为不知"，绝对不能不懂装懂。如果你为了所谓的面子，既没有好学的态度，又没有好问的习惯，你不懂的东西就会永远不懂。

学习是一个长期不断渐进的过程，没有捷径可走，你省掉学习的时间，那就会减少你的知识内容。一个人初做导游员，往往感到无所适从、不得要领，唯一的办法就是将主要的景点逐一弄清楚，不求多但求精，娴于表达，若持之以恒，定能成功。在现实生活中，好高骛远者必定一事无成。

1.3 导游员应具备的文化修养

一个人的文化修养在其人生道路上发挥着重要的作用。一位文化修养高的人，当事业处于低潮或失败之际，不仅能毫不气馁，而且能够勇敢地面对现实，发扬其文化素养之长，敢于去更激烈的事业竞争中一显身手；在事业成功之时，他也不居功自傲、固步自封，而是能居安思危，不忘"资本"的积累。当今社会需要这样的人，我们的旅游事业更需要这样高素质的导游员。

文化修养的内涵丰富，知识、艺术鉴赏能力、兴趣爱好、审美情趣、礼节礼貌等都属文化的范畴。我国的导游员要重视自身的修养，要"吾日三省吾身"，强调"慎独"；导游员要培养高尚的情趣和美好的情操，努力使自己成为一名衣着整洁、举止端庄、谈吐文雅、文质彬彬、落落大方、严于律己、宽以待人、受广大游客欢迎的导游员。

小技巧2-1

如何积累导游知识

　　孟子故乡——山东邹县的一家旅行社有一位优秀的导游员，名叫小路，她能把当地的文物古迹讲得有声有色、逼真动人。在孟母三迁处，人们看到的只是一块竖起的石刻碑记，然而小路却能把孟母三迁的故事讲得活灵活现，使游人听得津津有味、兴致盎然。每到一处，她都把文物的年代及其价值，还有与人有关的传说故事等，绘声绘色地讲给游人听，她能把古代碑文讲得通俗易懂，又能把诗文、警句背诵得滚瓜烂熟。对游客的提问，她都能对答如流。小路之所以能成为优秀的导游员，与她刻苦好学、钻研业务分不开。为了对孟子和儒学有所了解，她专门请老师给她讲《孟子》《论语》，此外还读了很多历史、文学等相关书籍，并经常记卡片、剪贴资料，积累知识。

实践要点

1. 在导游工作中应当掌握的政治、经济、历史、地理等方面的知识。

2. 在导游讲解时如何将这些知识合理地联系起来。

实战演练

1. 实训项目

导游员知识文化素养训练。

2. 实训内容

导游员知识结构的构建、各类知识的综合运用。

3. 实训目的及要求

通过实训使学生进一步熟悉导游员在带团时所要具备的知识素养及如何正确地运用这些知识。

4. 组织实训

（1）把学生按照男女性别搭配组合成4个小组（最好每组10人）；

（2）训练地点设在导游实验室或课堂上；

（3）学生2人一组，分别充当导游员和各类知识层面的游客。充当导游员的学生要根据游客的知识层次来进行某个景点的讲解，还要回答游客的各类提问；

（4）先由教师告诉学生在导游活动中经常运用到的各类知识，并设计4类旅游团，然后让学生根据教师提出的在旅游过程中出现的各种案例进行演练；

接着让学生说说实际带团中由于导游员知识结构匮乏而让游客对导游员的服务质量感到不满的感受；最后，教师对每组学生的演练情况进行点评。

学习任务 ❷ 导游员的道德素养

【想一想，做一做】

缺少职业道德的导游行为所带来的负面影响

一散客旅游者打算去某一旅游风景区旅游，因对该景区不熟，所以请该风景区所在市的一家小有名气的旅行社为其派一名全程导游员，该社为其派了一位导游员。一路上导游员带领他参观游玩，兴致颇高，他对这位导游员的讲解艺术和热情服务较为满意。可是当他要离开该风景区时，听到旁边有游人谈论起某景点而自己却没去过，心里犯起了嘀咕：我付了钱，总不会被骗了吧。后来一打听才知道，果然，导游员根本就没带他去。这导致该旅行社在游客心里的形象大打折扣。

分析与提示

1. 随着旅游业的发展，各地都在不断完善各项旅游配套服务设施，硬件上去了，可软件却跟不上，以致出现"拉客、宰客没商量"的怪现象。一些导游开口闭口要小费、服务费，该带游客参观的景点都不去，还自作聪明，认为少去一两个景点游客也不知道。这种行为极大地损害了旅游工作人员的形象，更损害了其所在旅行社的信誉。

2. 导游员必须具有待人真诚的品质，无论是对游客还是对旅行社，都必须讲求信誉，做到言必信，行必果，一切事情必须做得光明正大，不得背着旅行社同游客、中间商或其他旅行社做私下交易，更不能欺骗游客，损害游客的利益。本例中导游小姐少带游客去景点的做法是导游职业道德所不允许的，这样做既不公平也不明智，结果只能让游客对导游员产生不好的印象，自己酿的苦酒，最终还得自己喝。

3. 职业道德教育不可忽视。旅行社要经常教育导游员树立强烈的爱国主义观念和法纪观念，培养和督促导游员在旅游接待过程中严格遵守旅游职业道德。职业道德教育应结合实际情况，采用多种方式，例如，宣传旅行社的优良传统、发展目标、企业文化内涵和社规社纪等，表彰奖励优秀职工，严肃处理社内员工重大责任事故及违纪、违法行为，以及积极开展日常的思想政治工作等等。

知识储备

进行社会交往的人必然要受到道德的约束。导游员既要在提供服务的过程中与游客打交道，又要在其职业活动中与同行共同相处，因此既要遵守职业道德，又要服从社会道德规范的要求。

2.1 思想道德

思想的主体是人，是人的大脑、心智对其周围的环境、人与事的所思、所想。道德是随着人类历史不断发展的一种特殊的社会意识形态，是依靠社会舆论、传统习俗、人们的内心信念等力量来调整人与人之间、个人与社会之间关系的行为规范的总和。联合国教科文组织曾邀集著名专家对"21世纪需要什么样的人才"进行研讨，专家们一致认为"高尚的道德永远居于首位"。可见，在任何时代、任何国家，人的道德品质总是处于最重要地位的。导游员的思想品德高尚与否不仅关系到导游员的个人形象，而且代表一个国家、一个地区居民的基本素质。导游员要严格要求自己，保证做到以下几点。

2.1.1 热爱祖国

爱国主义是社会主义精神文明建设的重要内容，是作为一名合格的导游员所需具备的首要条件。首先，导游员的导游工作是祖国社会主义事业的一部分，祖国培育了新一代的导游员，并为其创造了良好的工作条件，因此导游员在向游客提供导游服务时，要自觉维护祖国的利益和民族的尊严。其次，导游员向游客介绍的内容应是祖国的灿烂文化、壮丽河山、祖国人民的伟大创造和辉煌成就。没有这些内容，导游员的讲解就成了无源之水、无本之木。如果一个导游员对自己的祖国没有一种发自内心深处的爱，他是不可能把祖国美好的自然景观和悠久的历史文明恰如其分地介绍给中外游客的。最后，每一位导游员的一言一行都与祖国（家乡）的荣辱息息相关。尤其在海外游客的心目中，导游员是一个国家和地区的形象代表，游客正是透过导游员的思想品德和言行举止来观察与了解一个国家和地区的。因此，导游员必须具有很强的社会责任感和民族自尊心。

作为一名合格的导游员应正确处理好国家、集体和个人利益的关系，任何时候都应把国家利益摆在第一位，时时处处自觉维护国家和民族的尊严，绝不能以损害国家、民族的利益和荣誉来讨好游客，获取私利。

小·技巧2-2

导游员巧妙地体现爱国精神

我国导游界著名专家陈蔚德先生在《锦心绣口，求其友声——谈导游的应变能力》一文中举了这样一个例子：一个旅行团中的一位天文学家在言谈中颇为傲慢，认为只有英国的天文学、英国的格林威治天文台才是世界一流的，其他都不值得一提。导游员听后并不正面与客人发生冲突，而是向客人请教，为什么要研究哈雷彗星，客人高兴地作了详细解说。然后，导游员话锋一转，问："据您所知，世界上最早关于哈雷彗星的记载在哪儿？"客人沉默了一下，然后笑了："你很聪明，你是个爱国者，我也是。"原来，最早关于哈雷彗星的记载为公元前613年，见于孔子的《春秋》，由此可见中华民族关于天文学的研究历史是很早的。

导游员的爱国主义精神应体现在日常的带团工作中，但同时也要注意技巧和方法，本案例中，导游员巧妙地引导客人，使傲慢的客人恢复了理智，维护了国家和民族的尊严。

2.1.2 全心全意为游客服务

全心全意为人民服务是社会主义道德的本质特征之一。每一位导游员都应在心中树立为游客服务的思想意识，要充分意识到导游工作的服务性，要正确认识导游员在导游服务工作中的服务角色。事实上，社会上每一个人在为别人服务的同时也享受着别人对自己的服务，工作性质的不同只不过是社会分工的结果，并不能说明哪种工作更高尚，也不能说明从事导游工作的人就比其所服务的对象低一等。导游员要正确认识这些道理，安心为游客提供热情的服务。

游客离开常住地去异国他乡旅游，希望得到社会各方面的关心、尊重和帮助，尤其是导游从业人员的热情接待和周到服务，以保证他们旅游生活的安全、方便、舒适和愉快。导游员要发扬全心全意为人民服务的精神，并把这一精神与"宾客至上"的旅游服务宗旨紧密结合起来，真诚地为海内外游客提供服务。

2.1.3 遵纪守法

遵纪守法是每个公民的义务。从事导游工作常会面临各种诱惑，导游从业人员如果没有很强的法律意识，就会很容易被一些精神糟粕所腐蚀，个别导游员甚至会不顾自己的人格和尊严，出卖国家和民族的利益，做出损公肥私的违法行为，使国家和集体的利益受损。因此，导游员作为旅游行业的形象与代表，应树立高度的法纪观念，不仅要自觉地遵守国家的法律、法令，遵守旅游行业的规章，执行导游服务的质量标准，而且要严格遵守旅行社的劳动纪律。在旅游活动中，导游员应严格按照《旅行社管理条例》、《导游员管理条例》等法规从事导游活动。在导游讲解中，要自觉宣传国家的大政方针，在政治问题上不能信口开河、歪曲历史事实，更不能散布反动言论。在处理国家、集体、个人三者之间的利益关系时，要做到先国家，再集体，最后才应是个人。

2.1.4　遵守公德

导游员在日常生活和导游工作中都要遵守社会公德、讲究文明礼貌，尤其在导游讲解过程中，要注意用语文明，不宣传封建迷信的东西，不讲低级庸俗的故事，不开黄色玩笑，不参与"黄、赌、毒"活动，也不带领游客到这些场所。导游员自始至终要有明辨是非、识别善恶、分清荣辱的能力，自觉抵制形形色色的精神污染和物质诱惑，力争做到"财贿不足以动其心，爵禄不足以移其志"。

2.2　职业道德

由于从事某种特定职业的人们有着共同的劳动方式，经受共同的职业训练，因而往往具有共同的兴趣爱好、习惯和心理传统，易结成某种特殊关系，从而产生特殊的行为规范和道德要求。职业道德是指人们在一定的职业活动范围内所遵守的行为规范的总和。旅游职业道德是指从事旅游职业活动的人在其工作劳动过程中必须遵循的行为规范和行为准则的总和。旅游职业道德不仅是每个导游员在工作中必须遵循的行为准则，而且也是人们衡量导游员的职业道德行为和服务质量的标准。

2.2.1　敬业爱岗

如果导游员连自己所从事的职业和岗位都不热爱，就更不用说为旅游业献身了。热爱本职工作，热爱自己所从事的事业，是一切职业道德最基本的要求。它要求导游员明确自己工作的目的和意义，热爱自己从事的工作，干一行，爱一行，忠实履行自己的职业职责；把自己从事的工作看成生活的目的、生命的一部分，并把自己的心血倾注于所从事的工作中去。为此，导游员应培养顽强的职业品质，即吃苦耐劳、不怕困难、情绪稳定、乐观向上，并能适应导游工作的复杂性、繁重性、重复性和严格性。

2.2.2　宾客至上

宾客至上是指把游客放在首位。导游员是主人，游客是宾客，要摆正主、宾之间的关系，一切为游客着想，努力为他们服务，满足他们一切正当而合理的要求。克服冷淡、粗暴、懒散等违反旅游职业道德的行为，做到文明礼貌、微笑服务、敬语称道。导游员还要牢记"只有游客才有我"这一道理，将"令游客满意"作为导游服务成功的首要标准。

2.2.3 真诚公道

真诚公道是旅游职业道德的重要规范，也是正确处理旅游业与游客之间实际利益关系的一项行为准则。所谓真诚就是真实诚恳，讲究信用，信守承诺和合同，不弄虚作假，不欺骗或刁难游客。所谓公道，就是公平合理，买卖公道，价格公平，收费合理，不"宰"客，不牟取暴利，按等级标准服务，不巧立名目，不变相涨价，同时又要维护旅游企业的利益。

2.2.4 不卑不亢

不卑不亢是指既不自卑，也不高傲。它是国际交往和人际交往中的一项行为准则。这就要求导游员在接待游客的过程中，既要谦虚谨慎、稳重大方、热情服务、尊重客人，尽到自己的责任，又要自尊自爱、自信自强，表现出导游员的主人翁精神。同时，导游员在服务态度、服务行为上对待任何游客都要一视同仁，不厚此薄彼，不论客人来自哪个国家和民族，也不论他们的身份和社会地位怎样，都应热情接待，切忌以貌取人、以钱取人、以肤色取人。同时导游员在工作中要注意维护自己的人格和国家的尊严，坚持自己的信念。要谦虚谨慎，但不妄自菲薄；为游客提供热情周到的服务，但不低三下四；热爱祖国，但不妄自尊大；学习先进，但不崇洋媚外。

2.2.5 团结协作

要想高质量地完成一次旅游活动需要多个单位共同协作。导游员在工作中必须处理好与各协作单位之间的关系，调动一切积极因素为旅游活动的开展服务。团结协作是旅游业内部处理同事之间、部门之间、行业之间以及局部和整体、眼前和长远利益之间相互关系的行为准则。旅游接待服务是由诸多环节组成的综合性服务，每一个环节的服务质量都会对整个接待服务产生影响。导游员在旅游服务过程中，要处理好与有关旅行社及其他接待单位的关系，更要处理好地陪、全陪、领队、司机及其他接待人员之间的关系。碰到特殊情况、遭遇突发事件，能够从大局出发，通力协作，迅速妥善处理，克服本位主义，杜绝推诿责任的现象发生。

2.2.6 优质服务

优质服务是指导游员所提供的、能满足游客需要的、良好的服务态度、服务方式、服务技巧等，是一个极其具有行业特点的道德规范，也是导游服务的最终目标。导游员的优质服务应该是规范化服务和个性化服务相结合的服务，这就要求导游员树立全心全意为游客服务的思想意识。在旅游接待过程中，不但要不折不扣地按照合同规定提供服务，还需根据游客的心理需求提供个性化服务，帮助游客解决旅途中的问题和困难。

2.2.7　文明礼貌

文明礼貌是服务人员最重要的行业规范之一，是衡量服务人员工作态度的重要标准。它要求导游员在服务过程中，做到"德诚于中，礼形于外"，即对待游客要有源自内心的真诚，讲究礼貌服务，使用礼貌用语，面带微笑，服务周到，杜绝导游服务中"冷、硬、顶"等服务态度恶劣的现象，不得歧视有身体缺陷的游客，更不能有打、骂游客的事件发生。同时，导游员要尊重每一位游客，特别要尊重他们的宗教信仰、民族风俗和生活习惯。

2.2.8　钻研业务

钻研业务是指导游员刻苦学习，以达到用丰富的业务知识、熟练的职业技能以及过硬的基本功为游客提供优质服务、尽到自己的职业责任、为旅游业的发展作出贡献的目标。它是导游员做好本职工作，为游客提供高水平、高质量服务的关键。对于那些在工作中不思进取、不求上进和满足于一般化的思想都应在职业道德建设中加以克服。

实 践 要 点

1. 真正理解各职业道德的含义。

2. 把握好真诚公道与保守企业秘密之间的度、团结协作与互相包庇之间的区别。

实 战 演 练

1. 实训项目

导游员职业道德素养的训练。

2. 实训内容

宾客至上、真诚公道、团结协作等素质在带团时如何体现。

3. 实训目的及要求

通过实训使学生进一步熟悉导游员在带团时所要具备的素质并能正确把握这些素质的度。

4. 组织实训

（1）把学生按照男女性别搭配组合成4个小组（最好每组10人）；

（2）训练地点设在导游实验室或课堂上；

（3）教师先把各类职业道德的正确含义告诉学生并设计4类旅游团，然后让学生根据教师提出的旅游过程中出现的各种案例进行演练；接着让学生说说实际带团中由于导游员没有正确理解和把握各种道德素养而可能给游客与协作团体带来的负面影响；最后，教师对每组学生的演练情况进行点评。

学习任务 ❸ 导游员的能力素养

【想一想，做一做】

某旅行社的男导游员小王接待了一旅游团，在饭店用完餐后，小王刚准备带游客去游览，就有游客当面向他提出下午的游览是否可请旅行社安排一位女导游。小王听后觉得很委屈，随即打电话给旅行社，请旅行社重新安排一位导游员。但旅行社经理告诉他，社内导游员已全部出团，换导游员是不可能的，并要求小王沉住气，尽力做好说服游客的工作和导游服务工作。于是小王就没好气地跟游客说："现在是旅游旺季，别说女导游，就是男导游都调不出来，只能请你们委屈一下了。"由于小王觉得游客太不给他面子了，因此在导游服务中始终提不上劲来，游客对他的表现很不满意，游兴大减。

分析与提示

案例中导游员小王面对客人的要求表现出的情绪严重地影响到他后面的工作。如果你是小王，将采取怎样的方式来处理客人的要求？这个案例说明了导游工作具备哪些特点？

知识储备

导游员的能力源于素养。导游员的能力是指导游员运用所掌握的知识和经验为游客服务的方式与能力。导游的能力素养主要是指导游服务技能，它所涉及的范围较广，主要包括独立工作能力、人际交往能力、组织协调能力、较高的导游能力和业务开拓能力等。总之，凡是在导游过程中能为游客提供服务、使游客的旅游活动安全并顺利进行的技能，导游员均应学习和掌握。

3.1 独立工作能力

对一名导游员来说，独立工作能力的强弱决定了他今后导游工作发展的前途。导游员接受任务后，要独立组织参观游览活动，要独立作出决定、独立处理问题，要独当一面；且导游员接触的对象是形形色色、各种各样的游客，旅游活动丰富多彩，出现的问题也各不相同，导游员在工作时就不能墨守成规；相反，要根据不同的时空条件，采取相应措施予以合理处理，使绝大多数客人满意。导游员的独立工作能力主要表现在以下三个方面。

3.1.1 独立带团的能力

具体地讲，独立带团能力就是指导游员独自为旅游团安排吃、住、行、游、娱、购等方面的工作能力。导游员一旦带团外出旅游，就是他独立完成工作任务的开始，也只有通过自己的独立工作才能完成自己承担的任务。因此，导游员在外出带团期间要有信心、有能力把本职工作做好，使旅游接待计划顺利进行。检验导游员独立带团能力的强弱主要看他的工作是否让广大游客满意和能否令旅行社的利益得到很好的维护。导游员应在旅游活动安排中根据游客的年龄、职业、性格等方面的差异作有针对性的安排，要让由不同个体组成的团队成员都感到满意。

3.1.2 独立宣传讲解的能力

导游员在与游客接触的过程中，要积极主动地宣传自己的家乡、自己的国家与民族，要宣传讲解我们现行的方针政策，介绍我国在社会主义建设和改革中所取得的伟大成就及我国的悠久历史文化与古老文明；还要介绍我国的各类旅游资源，回答游客的各类提问，帮助游客进一步了解中国。因此，这就要求导游员不仅要熟悉国家的各类方针政策，更要有正确的政治头脑，对各类方针政策有正确的认识，对各类问题要做到准确无误地回答。可以这样说，一名优秀的导游员不仅是一位知识渊博的"杂家"，还应当对政治问题具有高度的敏感性和警惕性。特别是在回答游客有关中国政治的问题上，导游员的回答一定要能够正确地传递信息，使国外游客对我国社会政治制度有一个正确的看法。只有那些具备了良好政治素质的导游员才能担当起这种独立宣传讲解的任务。

3.1.3 独立分析问题、解决问题的能力

导游员带团在外，相对来说是比较孤立的，在带团过程中会遇到形形色色的问题和事故，这些都要由导游员独自处理、解决。导游员不能一出现问题和麻烦就向旅行社打电话请求协助和提示，任何旅行社的负责人都不希望

自己的导游员是一个遇事就要求帮助的人。事实上，有时导游员在带团过程中遇到了问题和困难，即使打电话给旅行社领导，也很难得到具体的指导，还是得自己独立处理。因此，导游员在带团过程中无论遇到怎样的问题，首先要保持冷静，对出现的问题和事故沉着分析，最后要能够果断作出决定，正确地予以处理。

3.2 人际交往能力

导游员的工作对象是广泛而复杂的，这就要求导游员要具备与各类游客进行交往的能力，这也是导游员比较重要的素质之一。与层次不同、性格各异的中外游客打交道，要求导游员必须掌握一定的公共关系学知识并能熟练运用，具备灵活处事的态度和较强的理解能力，并能适应不断变化的氛围，随机应变，努力维护好各方面的关系。导游员具备一定的公关能力就能在待人接物时更自然、得体，能动性和自主性的水平也会更高，这有利于提高导游服务质量。

导游工作的特点决定了从事导游工作的人应是活泼、外向的人，应是永远精力充沛、精神饱满、热情大度和风趣幽默的人，是一个有能力解决问题、值得信赖的人。导游工作最不欢迎的就是那些性格内向、不愿与人交往的人。

3.3 组织协调能力

导游员要具备较强的组织协调能力是由以下两方面因素决定的。

第一，导游员要对旅游团全体成员的人身和财物安全负责，如果导游员没有较强的组织管理能力，就不能把游客很好地组织在导游员周围，也不能使游客按预先设定的旅游计划进行活动，这势必影响旅游行程的正常进行。特别是一些游客，自由主义较为严重，对导游员的管理置之不理，一味地按照自己的意愿行事，如果导游员不能善加劝导，往往会出现安全事故，给游客自身和旅行社带来极大的损失。因此，导游员只有具备了较强的组织管理能力，才能把所有的游客团结在自己的身边，使广大游客自觉自愿地配合导游员的工作，服从导游员的管理，这样才能保证旅游接待计划的正常进行，也才能避免各类旅游事故的发生。

第二，旅游团在外旅游，涉及旅游的各个环节，需要相关单位通力合作才能使旅游活动进展顺利，才会让游客感到满意，这也就需要导游员具备相当的工作协调能力，恰如其分地处理好与各方的关系，调动一切可以调动的力量为旅游团的活动服务，从而保证旅游接待工作按照导游员设想的方向进展；否则就会在整个旅游活动过程中处处碰壁、事事不顺，最终导致旅游服务质量下降，引起游客的不满，甚至招致投诉。

3.4　导游能力

导游员的语言、知识和技能是构成导游能力的三要素，缺一不可。只有将三者有机地结合起来，导游员的服务才能称得上是高质量的服务。业界经常说一名优秀的导游员应具备指挥家的水平和演员的本领。导游员恰到好处地处理与领队及游客间的关系、合理地安排旅游节奏以及声情并茂、随机应变、生动灵活的导游技能可以调动游客游览的主观能动性，使他们顺着导游员的思路去分析、判断、理解、欣赏、感受整个旅游过程，进而获得美的享受。导游员运用丰富的知识、风趣幽默的语言、抑扬顿挫的语调进行导游讲解，能使游客陶醉在旅游审美的愉悦之中。

但作为导游从业者要明白导游员的技能与其本身的工作能力和所掌握的知识有着密切关系，要在实践中培养和发展。一个人的能力是在掌握知识和技能的过程形成的，同时能力的进步又可促使你更快、更好地掌握知识和技能。因此，导游员在学习知识的同时，要不断地总结导游方法、技巧，形成符合自己性格特点的独特的导游风格。

3.5　业务能力

这里所说的业务能力是指组团能力和计调能力。国内旅行社业发展到今天，旅行社的经营者特别是那些中小旅行社的经营者对导游员的能力提出了新的要求，那就是一个好的导游员不仅仅是一个为游客提供导游、讲解等服务的工作人员，更要成为一名全能的旅游业务工作者，也就是要求每一个导游员都要在熟练掌握导游业务技能的同时，具备对外组团和内部计调的能力，这样才能充分开发员工的工作潜力、提高工作效力、降低经营成本、增加企业利润。

导游员要时刻记住自己不仅是一名导游员也是旅行社的一名业务员，一方面在带团过程中，导游员要通过自己优质的导游服务，为自己所在的旅行社树立一个良好的形象，在游客心中留下一个美好的印象，以扩大旅行社在游客中的知名度和美誉度，为旅行社争取更多的回头客；另一方面努力学习旅游业的相关营销知识，熟知旅行社所开发的旅游产品的类别及特点，熟练地根据游客的需要为其策划旅游活动，向游客提出合理的建议，帮助游客选择符合他们兴趣爱好的旅游项目，使本旅行社推出的旅游产品更接近游客的需求，也能够熟练地给出正确合理的报价。

导游员还要精通旅行社的内勤业务，如订票、订房、订餐、安排旅游车辆、组织旅游娱乐活动以及导游员的调度等。

总之，要成为一名合格的导游员，特别是一名优秀的导游员，就必须通过努力学习以及在工作中不断探索和积累各类经验，使自己成为一个具备多方面知识和能力的综合性旅游人才。

实践要点

1. 使导游员将独立工作能力中的独立带团、独立宣传讲解、独立分析及解决问题这三个方面的能力体现出来。

2. 掌握带团过程中的人际交往能力和组织协调能力。

实战演练

1. 实训项目

处理客人对住宿不满的投诉事件。

2. 实训内容

（1）对投诉的处理；

（2）对客人不满情绪的安抚；

（3）如何消除全陪的不满情绪；

（4）如何争取客人的谅解。

3. 实训目的及要求

要求学生通过实训熟悉导游员外出带团时必须具备的各项能力，并通过实训锻炼培养学生这方面的能力。

4. 组织实训

（1）准备好道具：旅游车（学校的校车）、车载话筒、学校实习宾馆大堂；

（2）把学生分为几个小组（一般10人为一组较好），每个组选派4名学生分别扮演地陪、全陪和领队的角色，其余学生均充当游客（有时充当国内游客，有时充当国外游客）。

5. 检验实训效果

通过书面测验和情景模拟来检查学生对所学知识和技能的掌握程度。

本项目总结

知识梳理

1. 导游员必备的知识

① 语言知识 ② 史地文化知识 ③ 政治、经济、社会知识 ④ 政策法规

知识　⑤基本的心理学知识　⑥美学知识　⑦旅行知识

2.导游员的思想道德素养

①热爱祖国　②全心全意为游客服务　③遵纪守法　④遵守公德

3.导游员的职业道德素养

①敬业爱岗　②宾客至上　③真诚公道　④不卑不亢　⑤团结协作
⑥优质服务　⑦文明礼貌　⑧钻研业务

4.导游员的能力素养

①独立工作能力　②人际交往能力　③组织协调能力　④导游能力　⑤业务能力

主要概念

1.思想道德　2.职业道德

知识习题与技能训练

1.导游员的知识素养要求有哪些?

2.旅行知识包括哪些内容?

3.导游员如何培养自己的学习风气?

4.导游员应该具备哪些道德素养?各素养包含哪些内容?

5.导游员的能力素养包括哪些内容?

6.导游员的独立带团能力体现在哪些方面?

项目 3 导游员应具备的礼貌礼节

■ 学习目标

■ 知识目标

通过本项目的教学，使学生掌握导游员在服饰、仪容、言行举止、日常交际等方面的礼貌礼节。

■ 技能目标

通过本项目的技能训练，让学生能够正确地穿戴和修饰打扮，恰当地运用日常交际礼仪，做到言行举止文明优雅。

■ 案例目标

通过本项目案例的教学，使学生体会到会见、拜访、交谈和打电话等礼仪的重要性，并且使学生体会到各种礼仪的操作细节，提高学生学习的积极性。

■ 实训目标

通过实训活动，进一步加强学生对本项目知识的理解和掌握，使学生能把所学的相关礼貌礼节知识正确运用到工作实践中。

■ 教学建议

1. 先通过案例，让学生体会到见面、拜访、电话礼仪的重要性。
2. 通过视频直观地向学生展现握手、名片交换、接打电话等礼仪细节。
3. 让学生分组进行见面、拜访、打电话等礼仪的实践练习。

礼貌是人们交往时，相互表示谦虚、恭敬和友好的言行规范。礼节是人们日常生活中，相互表示尊敬、问候、祝颂、慰问以及给予必要协助与照料的惯用形式。讲究礼貌礼节是中华民族的优良传统，也是旅游行业文明服务的基本原则。旅行社是旅游活动的组织者、安排者和联系者，在整个旅游活动中处于核心地位。在旅游接待中，导游员处在旅游接待的第一线，其工作独立性强、涉及面广、工作量大、关联度高，其礼貌礼节关系到整个旅游接待工作的顺利完成和游客的满意程度，关系到旅行社的形象和声誉，进而关系到本地旅游业的健康发展。因此，导游员应注意发扬我国礼仪之邦的优良传统，尊重各国、各地区、各民族的风俗习惯，了解他们不同的礼貌礼节，做到热情友好、不卑不亢、以礼相待，从而使游客满意。

学习任务 ❶ 导游员的服饰

【想一想，做一做】

导游员小李为了展现当代导游员的风采，在接团前精心打扮了一番，做了个波浪式的发型，戴了一条金项链、一对钻石耳环，还有一条精美的手链，并且服装和手提包也都是名牌。

到了机场，小李就觉得团队的游客对她"视而不见"，出口处就只有她一个导游员，可客人们还是四处张望，直到小李打着旗子走过去问他们是哪个团的，他们才看了她一眼。上车后，小李发现大多数女游客都是斜着眼看她，似乎对她有些不满。游览活动开始后，无论是小李的自我介绍，还是曾在导游大赛中得奖的沿途景观介绍，都没有得到客人的一点掌声。小李不知道个中原因，以为是自己还不够有魅力，于是第二天又换了一套更好的服装，戴上了更名贵的项链。可这次不管小李讲什么，客人们还是一声不响，只有领队重复时间的时候，客人们才应了几声。

在送别游客的检票口，团长转身对小李说："你的讲解很好，这几站你数第一。不过，你的首饰也是数第一的！大家是出来旅游的，不是来看你的首饰的，你的穿戴抢了你导游讲解的风头！"

分析与提示

导游员小李出色的讲解却没能得到游客的赞扬，是因为小李的衣着打扮太过讲究，把游客给比下去了，这引起了游客的不快并对她产生不满情绪。我们对这个案例进行分析：小李在这次导游活动中有哪些做法违背了导游员的行业准则？自己今后在导游工作中应怎样做才能避免同样情况的发生？

知识储备

　　服饰是指人的服装和饰品。导游员的服饰在整个旅游服务中有着举足轻重的作用，它不仅代表着一个人的形象，而且体现着一个国家、一个民族的精神风貌。因此，导游员在服饰方面必须讲究规范、整洁、协调和适度。

1.1　着装原则

1.1.1　着装的基本原则

　　着装是指人的穿着打扮，一个人的着装不仅可以从一个方面反映其个性、身份、职业、教养、家庭背景等，也可以反映出该地区或该民族的文化特点。导游员应依照人际交往中约定俗成的原则进行着装，以获得游客的好感。首先，衣着打扮要整齐清洁。整洁是着装最基本的要求，即导游员的衣裤要清洁无污垢、无异味。其次，服装要合身、协调，穿衣应根据自己的体形合理搭配，不应随意搭配。

1.1.2　着装的配色原则

　　导游员的衣着也是游客审美的对象之一，所以导游员在穿衣过程中应讲究衣装的颜色搭配。一般的服装配色原则有：上浅下深、上深下浅、近色搭配、反色搭配等。在服饰搭配中导游员应根据自身条件合理搭配。在众多的颜色搭配中，有些颜色属于大众色，如黑、白、灰三色，它们最容易与其他颜色搭配，并适合绝大多数人穿着；另外，颜色的冷暖也对穿衣有一定的影响，导游员如能正确运用这些原则，就可以达到令人满意的效果。如果导游员比较胖，可选择深色服饰，它会给人以消瘦感。导游员要根据自身的具体情况，如肤色、身材、脸型，并考虑外部条件如季节、场合等的需要，有针对性地选择适合自己身份的着装色彩。

1.1.3　着装的"TPO"原则

　　导游员在导游活动中，着装必须符合目前国际上公认的"TPO"衣着原则。"T"（time）指时间，通常也用来表示日期、季节、时代；"P"（place）代表地点、环境；"O"（occasion）指场合。"TPO"原则要求人们着装因时间、地点和场合的不同而作出相应的调整。人们着装应根据季节交替所形成的气候条件并考虑自己的年龄、体态等因素进行选择，并与一定的时代潮流相吻合。人们的服饰必须与环境保持统一，否则就会显得格格不入，甚至被环境所排斥。

导游员工作时的着装应符合自己的身份特点，切不可马虎随便，也不可高贵华丽、喧宾夺主。场合主要指上班、休闲、社交三大场合。上班时，人们的衣着要整洁大方；社交时，人们的衣着要时尚流行；休闲时，人们的衣着要舒适得体。导游员上团时衣着应整洁大方、庄重得体。

1.2 具体服式与穿戴

1.2.1 服式

服式指服装的款式，涉及剪裁及色彩等方面的要求。导游员如果配上款式得体的服装，则显得高雅、庄重且有魅力；反之，衣冠不整、穿着随便、奇装异服、不伦不类，则会给人以漫不经心、马虎草率、不够庄重的印象，令人产生一种不信任感。

导游员在工作时，应穿制服，或穿比较正式的服装并佩戴导游标志。通常，男性导游员的制服为上下同色同质的毛料中山装或西装，配黑色皮鞋；便服则为各种式样的外衣与长西裤，配颜色相宜的皮鞋、旅游鞋或布鞋。女性可按季节与活动性质的不同，穿西装（下身为西裤或裙）、民族服装、中式上衣配长裙或长裤、旗袍、连衣裙等，夏天也可穿短袖配裙子或长裤。穿无袖的衣衫或连衣裙时，要注意修剪腋毛。

衣服要勤换勤洗，熨平整，裤子要熨出裤线，保持服装美观、朴素、大方、整洁。对于不同款式的服装，穿着有不同的要求。西装袖长以达手腕为宜，衬衫袖长应比外衣袖长1~2.5厘米，与领头露出的衬衣大抵相当，以映衬西装的美观；西装上衣两侧的衣袋，一般只做装饰用，不可装体积较大的物品，上衣胸部的小口袋仅供插折叠成花式的手帕，随身携带的物品可装在西装上衣内侧的衣袋里。关于西装的穿法，有段颇流行的口诀可供参考："上下都不扣——潇洒；上扣下不扣——豁达；上扣下也扣——端庄；下扣上不扣——流气。"穿中山装时，要特别注意扣好领扣、裤扣。穿长袖衬衫时，要将下摆塞入裤内，袖口不要卷起，长裤不要卷起。女性导游员穿着的裙子不宜过长，也不宜过短。

1.2.2 衬衫和领带

衬衫和领带的色泽相互协调才能给人以美感。一般说来，白色的、条纹的或是方格子的面料衬衫适合于穿西装系领带。穿粗花呢或随便一些的服装，衬衫的花纹可粗犷一些，可不系领带。衬衫配领带的普遍规则是：有花纹的衬衫配素色花纹的领带。领带不可太细，太细显得小气，也不可太松，太松显得散漫。领带的长度一般为130~150厘米，系好后的领带以大箭头一端垂到裤腰处为标准。

小·技巧3-1

怎样穿着西服才算得体

西服是一种国际性服装。一套合体的西服，可以使着装者显得潇洒、精神、风度翩翩。人们常说："西服七分在做，三分在穿"，那么，怎样穿西服才算得体呢？

1. 讲究规格。西服有二件套、三件套之分，正式场合应穿同质、同色的深色毛料套装。穿二件套西服时在正式场合不能脱下外衣。按习俗，西服里面不能加毛背心或毛衣。在我国，至多也只能加一件"V"字领羊毛衣；否则显得十分臃肿，破坏了西服的线条美。

2. 穿好衬衫。衬衫为单色，领子要挺括，不能有污垢、油渍。衬衫下摆要放在裤腰里，系好领扣和袖扣。衬衫衣袖要稍长于西装衣袖0.5~1厘米，领子要高出西装领子1~1.5厘米，以显示衣着的层次。

3. 系好领带，戴好领带夹。西装驳领间的"V"字区最为显眼，领带应处在这个部位的中心，领带的领结要饱满，与衬衫的领口吻合要紧凑，领带的长度以系好后下端正好触及腰上皮带扣上端处为最标准。领带夹一般夹在衬衫第三粒与第四粒扣子间为宜。穿西装系好纽扣后，不能令领带夹外露。

4. 用好衣袋。西服上衣两侧的口袋只做装饰用，不可装物品；否则会使西服上衣变形。西服上衣左胸部的衣袋只可放装饰手帕。有些物品，如票夹、名片盒可放在上衣内侧衣袋里。裤袋也不可装物品，以求臀位合适、裤形美观。

5. 系好纽扣。双排扣的西服要把纽扣全部系上，以示庄重。单排两粒扣，只扣上面一粒纽扣，三粒扣则扣中间一粒，坐下时可解开。单排扣的西服也可以全部不扣。

6. 穿好皮鞋。穿西服一定要穿皮鞋，而且裤子要盖住皮鞋鞋面。不能穿旅游鞋、轻便鞋或布鞋、露脚趾的凉鞋，也不能穿白色袜子和色彩鲜艳的花袜子。男士宜着深色线织中筒袜，切忌穿半透明的尼龙或涤纶丝袜。

1.2.3 鞋袜

导游员一般应穿着素雅、端庄、大方的黑色皮鞋。皮鞋必须勤擦，保持皮鞋的光亮，应与裤子、袜子相协调。黑色皮鞋一般应配比较深色的裤子，若袜子有刺绣花纹，也应以深色为宜，浅色的或鲜艳颜色的花纹显得轻浮。男性导游员应穿黑色或深蓝色不透明的袜子，以免在坐下时露出皮肤和腿毛，不宜穿花袜子。女性选择袜子时，色彩可适度鲜艳，也可穿素色的长筒袜，避免露出袜口，夏天不可光脚穿凉鞋。

1.2.4 饰品

饰品是指个人的装饰和佩戴。导游员的装饰、佩戴有严格的要求。女性导游员可略施黛粉，以美化自己，但切忌浓妆艳抹。男性导游员切不可出现怪异的首饰佩戴行为，如鼻环、耳环（少数民族导游员除外）。女性导游员首饰不宜戴得过多，把自己打扮得珠光宝气、花枝招展，反而显得矫揉造作，盖了游客的风采，且不合身份。装饰佩戴的基本要求是：美观、大方、得体。

小·技巧3-2

著名旅游管理专家王连义先生提倡的导游服饰

1. 在导游员岗位上形成的穿着传统为：男士衣服必有领子，女士衣服必有袖子。所以男导游不能穿圆领汗衫，女导游不能穿吊带上衣。

2. 衣着以穿单位工作服为好，服装一定要简洁、大方，在导游讲解时，以不戴饰物为佳。

3. 夏天男导游不应穿短裤，女导游不宜穿短裙。男女导游员导游时均不能穿拖鞋、背心。

4. 进入室内，男导游员应摘帽，男女导游员都应脱下大衣、风雨衣，室内更不能戴太阳镜。

5. 导游员坐、立、站都应端正、自然，不能懒散随便。

实践要点

1. 注意着装的场合。
2. 掌握衣服的配色原则。
3. 掌握着装与所处环境相一致的原则。

实战演练

1. 实训项目
着装训练。
2. 实训内容
（1）参加宴会时的着装；
（2）参观烈士陵园时的着装；
（3）在景点游览时的着装。

3.实训目的及要求

要求学生通过实训熟悉并掌握着装的基本原则和注意事项等，尤其要掌握具体服饰的穿戴方法。

4.组织实训

（1）准备好道具：学校实习宾馆或宴会厅、学校模拟导游实训室、西装礼服、职业装等；

（2）把学生分为几个小组，每个组按要求做好三种场合下的着装示范。

5.检验实训效果

通过书面测验和情景模拟检查学生对着装方面知识掌握的熟练程度。

学习任务 ❷ 导游员的仪容卫生

【想一想，做一做】

某旅行社导游员小李接到一个接待模特观光旅游团的任务。小李拿到计划单后特别激动和兴奋，因为她对模特工作特别向往，由于家人的反对才没有去报考模特学校，现在她竟然要接待一个由模特组成的旅游团，她决定要好好地表现一下，于是特意在商场里买了最时髦的露脐裳、低腰裤。在上团的那天，她很早就起床进行了精心打扮，并且把平时难得一戴的金银首饰也全部戴上了，使整个人看上去就像一个时装模特儿。小李带着兴奋和自信去接团，可是当她接到旅游团时，发现这些模特儿们的穿戴都很休闲，打扮也非常质朴，并没有电视中模特儿那样的派头，倒是自己在这群模特儿中显得很突兀，这时小李非常后悔自己这样穿着打扮。

分析与提示

试分析导游小李为什么会感到后悔，她犯了哪些导游工作中的大忌？

知识储备

仪容主要指人的容貌及修饰。仪容是一个人精神面貌的外观体现，它与一个人的道德修养、文化水平、审美情趣有着密切关系。注重仪容卫生是导游员尊重宾客的需要，也是讲究礼貌礼节的一种具体表现。

2.1 仪容的重要性

2.1.1 良好的仪容是导游员的一项基本素质

导游接待服务工作是直接面对四方来客的，而游客的第一印象往往来源于导游员的仪容仪表，因此，端庄大方的仪容既是员工自尊自爱的体现，又是其对岗位工作具有高度责任感与事业心的反映。同时，这也有利于导游员自身敬业、乐业、勤业完美形象的塑造，从而显示出对宾客的尊重，给宾客留下一个可信、可近、可亲的美好形象。

2.1.2 良好的仪容是尊重宾客的需要

注重仪容是尊重游客的需要。游客追求的是一种比日常生活更高标准的享受，其中包含美的享受，即视、听、嗅等感官的美好感受。导游员所展现出的精神饱满、充满青春活力的形象，常常能够唤起游客视觉的美感，令其获得赏心悦目的感受。同时，也会使游客在着装大方、容貌端庄、注重礼貌礼节的导游员的接待中感到自己是受人尊敬的人，得到心理上的满足。

2.1.3 良好的仪容是树立企业形象的需要

当前旅游行业的竞争十分激烈，导游员保持良好的仪容，不仅是树立企业形象的途径之一，也是旅游企业管理水平与服务质量较高的重要标志。

2.2 导游员的仪容卫生

导游员的面容修饰和头发洗理是十分必要的，它是仪容美的重要内容。其基本要求是：端庄、整洁、自然。

2.2.1 发型

发型美是仪容美的重要方面之一。发型是指头发的造型艺术，体现了人们的审美需求和性格情趣的直观性形象，是自然美和修饰美的有机结合，同时也反映了人们在物质、文化生活上的水平和精神面貌。女性导游员的发型要符合美观、大方、整洁、实用的原则，要与脸型、体型、年龄相协调。女导游员的头发应该体现导游员活泼开朗、朝气蓬勃、干净利落、持重端庄的行业特色。切不可把头发染成怪异的颜色，以免引起游客的反感与排斥。男导游员的发型要与脸型相配，长脸型不宜留过短的发型；宽脸型不宜留短发、蓄鬓角。男导游员鬓发不过耳，后发不过衣领，不烫发、不染发，力求给人以稳重、成熟之感。

2.2.2　面部化妆

注意面部的清洁与适当的修饰，这是导游员塑造自身形象的一个重要环节。为使自己容光焕发、充满活力，男导游员胡须要剃净、鼻毛应剪短、鬓角要刮齐，不留小胡子和大鬓角。女导游员可适当化妆，但以浅妆、淡妆为宜。化淡妆的原则如下：首先，要淡雅，切不可浓妆艳抹，不能采用社会上流行的时尚妆、交际妆、宴会妆，否则与导游员身份不符，给人以不务正业的感觉；同时要避短，化妆的目的是美化自己的容貌，既要扬长，即展示自己的优点，又要避短，即巧妙地掩饰自己的缺点、弥补自己的不足；工作妆重在避短，而不在扬长，因为过分的扬长，则有自我炫耀之嫌，易引起客人的反感。

2.2.3　口腔

保持口腔的清洁，是讲究礼仪的重要方面。导游员要坚持每天早晚刷牙，以减少口腔细菌、清除牙缝里的残渣积物、防止牙石沉积、清除口中异味。有条件者可每半年去口腔医院洗牙一次，及时去除牙石、牙渍。导游员在带团过程中，应避免食用一些会产生口腔异味的食品，如蒜、葱、韭菜等。口腔有异味时，与人交谈要保持一定的距离，切不可唾沫四溅，以免引起游客反感。

2.2.4　鼻腔

导游员要保持鼻腔的清洁，应经常清理鼻腔、修剪鼻毛。切忌在他人面前挖鼻孔、擦鼻涕或打喷嚏。擦鼻涕、打喷嚏宜在无人场合或立即用手帕或纸巾辅助，并尽量保持轻声进行，切不可弄得声响大作，令人反感。

2.2.5　手指甲

双手清洁与否与一个人的文明礼仪密切相关，反映了一个人的修养与卫生习惯。导游员要随时清洁双手，经常修剪和洗刷指甲，保持指甲的清洁，不留长指甲，女导游员不涂深色或怪异色的指甲油。

2.2.6　公共卫生

导游员应养成不随地吐痰、不乱扔果皮纸屑的良好习惯，为保护旅游区环境起好带头作用，成为游客的榜样。导游员还应注意不在客人面前修指甲、挖鼻孔、剔牙齿、掏耳朵、抠眼屎、打哈欠、搔痒、脱鞋袜、化妆等，以保持导游员在游客心中的良好形象。

2.2.7　饮酒

酒从来就是少饮为益，贪杯害人。饮酒切莫贪杯，以免失礼。导游员在上团前最好不要喝酒，以免满脸涨红、酒气熏人，一开始就给客人以不稳重之感。导游员在旅游活动中应尽量避免喝酒，在难以避免时，喝酒也不能超过自己酒量的1/3，以免酒后失态，既影响工作，又影响自己的形象。女导游员更应在这方面多加注意，因为个人的酒量与身体状况息息相关，导游员在旅游旺季时，连续作战，体质属于较弱期，此时的酒量不能与平时相提并论，因此更应注意饮酒的尺度。

总之，导游员在上团前，应按上述仪容卫生要求，全面检查一遍，认真做好接待服务的准备。

实践要点

1.发型与脸型相配。

2.面部化妆要与导游工作特点相符。

3.注意口腔、鼻腔、手指甲等方面的卫生保持方法。

实战演练

1.实训项目

导游员仪容卫生。

2.实训内容

发型、面部化妆、口腔、鼻腔、手指甲的修饰模拟训练。

3.实训目的及要求

通过实训使学生进一步熟悉导游员的个人仪容卫生方面的注意事项。

4.组织实训

（1）把学生按照男女性别搭配组合成4个小组；

（2）训练地点设在导游实验室或课堂上；

（3）先由教师把各类仪容的正确要求通过视频示范给学生，然后再让学生根据教师的示范动作进行演练；接着教师指出实际生活中存在的各类仪容卫生方面的问题并要求学生根据教师的指点进行演示，再让没有参加演练的学生说出自己的感受；最后，教师对每组学生的演练情况进行点评。

5.检验实训效果

主要通过以下两种方法来检验实训效果。

（1）书面知识测验；

（2）教师设计日常见面时出现的各种情况，由学生根据教师设计的情况进行模拟，以此来考察知识的扎实性和动作的规范程度。

学习任务 ❸ 导游员的言谈举止

【想一想，做一做】

　　导游员小王要接待一个规模较大的旅游团，这天她精神饱满地奔赴酒店为当日的旅游接待工作作准备。出发时，小王微笑着站在车门旁边协助游客们上车，接着按程序开始清点人数，"1、2、3、4……"小王在心里默念着，同时用手指点数游客。人数齐了，游客们都很准时，没有迟到的。在旅游过程中，尽管小王的旅游知识很丰富，服务也很周到，但她发现游客们还是对她有些不满。小王百思不得其解，不知自己哪里出了错。后来，小王向经验丰富的导游员进行请教，回顾自己服务工作的每个环节，这时才恍然大悟。

分析与提示

　　在导游讲解服务过程中，最忌讳导游员用手指点游客，这是对游客极大的不尊敬。正确的做法是，在清点人数时，采用默数的形式，即用目光进行清点，在心里默记。

知识储备

　　俗话说："行为心表，言为心声。"言谈举止是一个人内心世界的外在表现和真实感情的自然流露，可以体现出一个人的文化层次、情操、志趣和道德修养。导游员的一言一行、一举一动、音容笑貌都直接关系到导游服务的质量。因此，导游员不仅要具有良好的仪容仪表，还应注意自己的言谈举止。

3.1 礼貌用语

3.1.1 礼貌用语的基本要求

　　礼貌用语是服务性行业的从业人员在接待宾客时需使用的一种礼貌语言。它具有体现礼貌和提供服务的双重特性，是导游员用来向游客表达意愿、交流思想感情和沟通信息的重要工具。其具体要求如下。

　　1. 态度诚恳

　　使用礼貌语言首先态度要诚恳，"言为心声"，人们通常是通过语言来表达和传递自己的感情的。因此，在旅游接待中导游员说话时的神态、语气、表情十分重要，绝不能嘴上讲得十分动听，而表情却冷若冰霜，让客人觉得你言不由衷、心口不一，从而引起客人对你的防备，甚至反感。

2. 使用好礼貌用语和敬语

在人际交往中，使用礼貌用语已成为衡量语言美的重要标志。在对客服务中，导游员应养成讲礼貌用语的习惯，例如，使用"您好"、"请"、"谢谢"等常用礼貌用语。在使用好日常礼貌用语的同时，导游员在服务中应尽量使用敬语，例如，称人时使用"您"、"先生"、"夫人"、"女士"、"小姐"等，与别人初次见面时用"请多关照"、"劳驾"等，来表达对他人的敬意。

3. 讲究说话时的语气

俗话说，"一句话使人笑，一句话使人跳"，它表明人在说话时语气的差别会产生不同的语言效果。这就要求导游员在接待游客的过程中要努力做到声音优美、动听、语气婉转、语法标准、音量适中，要让听者感到亲切自然。

4. 注意说话时的举止

在导游服务过程中，不仅要说得让客人感到入耳，而且行为要与之相称。如果在与客人交谈时，面无微笑、目光冷淡或目光游移，则即使使用了礼貌用语，也会令游客感觉受到冷遇与反感。在导游服务中应杜绝这种言行不一的行为。导游员在与游客讲话时应始终保持微笑，用友好的目光注视对方，认真听取游客的陈述，以表示对游客的尊重。

3.1.2 常用的礼貌用语

1. 称呼语

称呼是对人的称谓，指当面招呼对方、表明彼此关系的名称。称呼语是指导游员在日常工作中与游客交谈或沟通信息时应恰当使用的称呼。

• 一般称呼语。通常情况下，对男士，不论其年纪大小或婚否，可统称为"先生"；对女士的称呼有"夫人"、"太太"、"女士"、"小姐"。"夫人"是对身份较高的已婚女子的尊称；"太太"一词一般是在已知对方已婚的情况下对女子的尊称；对职业女性可称其为"女士"；"小姐"一词则主要是对未婚女子的称呼，有时在不了解女性游客婚姻状况时也可使用。

• 对国外皇室成员的称呼。对于皇帝、皇后、国王、王后，应称呼为"皇帝陛下"、"皇后陛下"、"国王陛下"、"王后陛下"；对亲王、王子或公主，应称呼为"亲王殿下"、"王子殿下"、"公主殿下"；对于公、侯、伯、子、男等爵位的人士，既可以称其爵位，也可称为"阁下"或"先生"。

• 对官员、使节和高级将领的称呼。对于政府官员、外交使节或军队中的高级将领，最好再加上"阁下"两字，以示尊敬，例如，"总统阁下"、"大使阁下"、"将军阁下"。

• 对教会神职人员的称呼。对于教会中的神职人员，可在其教会职称后加"先生"或其姓名后加职称，如"牧师先生"、"史密斯神父"等。

• 对于有职业、职位或学位的客人的称呼。遇到有职位或学位的先生，可在"先生"一词前冠以职位或学位，如"总裁先生"、"博士先生"、"教授先生"等。对于知道其职业的女性客人可亲切地称为"护士小姐"、"秘书小姐"等。

2. 问候语

问候语是指导游员在接待游客时根据时间、场合和对象，所使用的向游客表示问候的语言。

• 日常问候。在服务用语中，常用的"五声十字"礼貌用语，即"您好"、"再见"、"对不起"、"请"、"谢谢"充分体现了服务语言文明的基本形式，也是导游员对客服务的基本语言要求。

• 节日问候。遇到节日，导游员可向游客问好，如"新年好"、"祝您圣诞快乐"、"春节快乐"等。遇到游客生日、新婚时，可向游客说"祝您生日快乐"、"新婚愉快"等。

• 道别语。在向游客道别时可说"晚安"、"再见"、"祝您一路平安"等。

3. 应答语

• 对前来的游客说："您好，我能为您做什么"或"请问，我能帮您什么忙吗"。

• 接受游客吩咐时，应说："好，明白了"。

• 接待失误或给游客添麻烦时，应说："实在对不起，给您添麻烦了"或"对不起，以后不会再发生了"。

• 当游客表示感谢时，应说："不用谢，这是我应该做的"或"别客气，我乐意为您服务"。

• 当游客对自己表示赞扬时，应说："谢谢，您过奖了，不敢当"或"谢谢您的夸奖，这是我应该做的"。

• 当游客提出过分或无礼的要求时，应说："这恐怕不行吧"或"很抱歉，我无法满足您的要求"。

3.2　文明举止

人的言谈举止、音容笑貌都积淀着个人的文化与教养。在人际交往中，人们的感情交流和交往经常借助于人体的各种姿态，即人的"体态语言"。导游员应在旅游接待工作中恰当地使用这些"体态语言"。

3.2.1　站姿

规范的站姿要求"站如松",即站着要像青松一般端正挺拔,给人以舒展俊美、精神饱满、信心十足、积极向上的美好印象。导游员在接待工作中的站立服务要符合基本的礼仪规范。站姿的基本要领是:上身正直、头正目平、面带微笑、微收下颌、挺胸收腹、肩平腰直、两肩自然下垂、两腿相靠直立、肌肉略有收缩感。男导游员在站立时,要表现出男子刚健、英武、潇洒的风采,力求给人"阳刚"之美;女导游员站立时,则要注意突出女子娴静、典雅、亭亭玉立、楚楚动人的"阴柔"之美。导游员在与游客的交往中,站立时切忌出现斜靠他物、弯腰、斜腿、重心不稳、两手插兜等不雅之举。

3.2.2　坐姿

优雅的坐姿要求导游员就坐时"坐如钟",即坐相要像钟一样端正,给人以文雅自如之感。其具体要领为:入座时,轻而缓,走到座位前面转身,右脚后退半步,左脚跟上,然后轻稳地坐下。女子入座时,要用手把裙子向前拢一下。坐下后,上身正直,头正目平,嘴巴微闭,面带微笑,腰背稍靠椅背,只坐椅子的2/3;两手相交放在两腿上;两腿自然弯曲,小腿与地面基本垂直,两脚平落地面;两膝间的距离,男子以松开一拳为宜,女子则以不分开为好。导游员坐时要坐得端正、稳重、自然、亲切、给人一种舒适感,切忌前俯后仰、抖动腿脚。

3.2.3　走姿

正确的走姿要求"行如风",即走起路来要像风一样轻盈,从容稳健。走姿的正确要领是:上身正直不动,两肩相平不摇,两臂自然摆动,两腿直而不僵,步幅适中均匀,两脚落地一线。导游员在行走时应注意不大摇大摆、摇头晃脑。男导游员行走时不抽烟,女导游员行走时不吃东西。

3.2.4　手势

手势是人们在交往时不可缺少的动作,是富有表现力的一种"体态语言"。手势美是一种动态美。得体适度的手势,可增加感情的表达,能在交际和导游服务中起到锦上添花的作用。导游员的手势运用要给人一种庄重含蓄、彬彬有礼、优雅自如的感觉。其具体要求是:自然优雅、规范适度。具体要求如下。

- 在与游客交谈时,手势不宜过多,动作不宜过多,更不要手舞足蹈。
- 介绍某人或为客人引路指引方向时,应掌心向上,四指并拢,大拇指张开，以肘关节为轴，前臂自然上抬伸直。指示方向，上体稍向前倾，面带微笑，眼睛看着目标方向，并兼顾客人是否意会到目标。这种手势有诚恳、恭敬之意。切忌只用手指来指点，否则有教训人的味道，视为不礼貌之举。

• 在谈论自己时，可用手掌轻按自己的左胸，那样会显得端庄、大方、可信。

• 鼓掌时，如欢迎游客到来、他人发言结束或观看比赛、文艺演出时，应用右手掌拍左手掌心，但不要过分用力，时间也不宜过长。

3.2.5 蹲姿

在取低处物品或捡起落在地上的物件时，要注意下蹲的姿势。正确下蹲的姿势是：用左手捡物品时，右腿在前，上身基本正直，慢慢低下腹部拿取；右手捡物品时，左腿在前，下蹲后捡取。注意在下蹲时，不要弯腰曲背、低头翘臀。

实践要点

1. 正确的坐姿：落坐时要轻而缓，坐下后要注意保持上身正直、头正目平，只坐椅子的2/3。

2. 正确下蹲的姿势：下蹲时不要弯腰曲背、低头翘臀。

实战演练

1. 实训项目

日常生活中的文明举止。

2. 实训内容

模拟日常交往中男性与女性在不同场合的坐姿与蹲姿。

3. 实训目的及要求

正确掌握社交活动中的落坐姿态及其要点、下蹲姿势及其要点。

4. 组织实训

（1）让每位学生练习在沙发、木椅上的落坐姿势；

（2）让女学生分别练习穿长裤、长裙、短裙时的下蹲姿势。

5. 检验实训效果

通过学生在学校礼仪接待活动中的表现检验实训的效果。

学习任务 ❹ 日常交往中的礼仪

【想一想，做一做】

　　某旅行社导游员小李带领一出境团去往欧洲旅游，旅游期间发生了这样一件事。小李与游客一起在自助餐厅用餐时，团里有几个客人向他反映，当添加食物返回后，餐厅服务员却把他们用餐的餐具收走了，可别的团的客人去添加食物时却没有发生这种情况。小李听了解释说可能是服务员误认为你们已经吃完了，你们再去拿一份餐具吧。过了一会儿，小李自己添加食物回来后发现自己放在餐桌上的餐具也被服务员收走了，可看临桌上客人的餐具却还摆放在原位上。他看到这现象很不理解，但仔细观察发现，服务员收走的餐具都是把刀叉并排放在餐桌上的，而那些以八字形交叉放在餐桌上的餐具就不会被收走。于是，他就告诉团里的游客也像其他团的游客一样把刀叉按八字形交叉放在桌子上，果然服务员再也不会收起他们的餐具了。回国后，他把这事讲给同事听，同事听了笑着说："你怎么连吃西餐的礼仪都不懂？你把刀叉并排放在餐桌上表示你已经吃完了，不想再吃了，服务员当然会把你的餐具收走。"听了同事的介绍，他才明白其中的原因，并后悔自己的知识面太窄了。

分析与提示

　　请问导游员小李在工作上存在哪些不足？

知识储备

　　礼仪是表示礼节、礼貌的仪式。礼仪存在于人际交往的一切活动中，其中语言、行为表情、服饰器物是构成礼仪的最基本的三个要素。导游员作为对客服务的直接接待者，应注意在与客人交往中的礼仪规范，主动为游客提供文明礼貌的服务。

4.1　见面礼仪

4.1.1　招呼礼仪

打招呼是人们见面时最简单的礼节，是相互问候的一种方法，同时也是衡量一个人道德修养的标准之一。最常见的招呼语是"您好"、"早上好"、"上午好"、"晚上好"等。通常年轻者应先向年老者问候、身份低者应先向身份高者问候、男性应先向女性问候。在日常生活中，对熟人不打招呼，或者不回应对方招呼的行为都是失礼的行为。

4.1.2　致意礼仪

致意礼仪包括招手、欠身、脱帽、点头和微笑等。在与熟人第一次见面时应先问候，短时间再次见面时可致意。招手致意时，应伸出右臂，掌心向着被招呼者，轻轻挥动以示友情。欠身礼仪是服务礼仪中常用的一种，致意者以全身或身体某部分稍向前倾表示对他人的敬意；点头是同级或平辈间的礼节，一般用于日常匆忙间的致意，点头时致意者头向前微微一动，幅度不宜过大；微笑则是最常见的相互致意的方式，最主要的是真诚。

4.1.3　介绍礼仪

介绍是社交礼仪中的重要环节，正确的介绍方法可以使不相识的人之间消除陌生感、缩短心理距离，扩大人们的交际面。介绍包括自我介绍和介绍他人。自我介绍的内容主要包括自己的姓名、身份和工作单位。自我介绍时既要自信、不羞怯，又要有自知之明，对自己作出客观的评价，切忌自吹自擂。介绍他人时，首先要了解被介绍双方是否有结识的愿望，还要了解双方各自的身份、地位等情况。正式介绍时还应注意介绍的顺序，一般先将身份低者介绍给身份高者，先将年轻者介绍给年长者，先将男性介绍给女性，先将主人介绍给客人。在西方，还应先将未婚女子介绍给已婚女子，因为已婚女子在社会上的地位高于未婚女子。介绍时，一般被介绍双方都应起立，但身份高者、长者和女性可例外。

赠递名片是自我介绍中的一个常见环节。赠递名片时应用双手，目视对方，微笑致意，并把名片正对接受者，以方便对方迅速浏览名片。接名片时也应用双手，以示尊重，接过名片后不要马上装入口袋，更不要在手中把玩，而应认真看一遍，然后仔细地收好，若有名片夹就放到名片夹中，若没有名片夹则应放到上衣胸前的口袋中，女士可以放在手提包里，但不可放在裤子的口袋里。与西方人交往时要注意，他们一般不随意交换名片。

4.1.4　握手礼

握手礼是人际交往中最常见的礼节之一。它起源于原始社会，不同氏族部落的人相遇时，双方各自伸出自己的手掌，让对方抚摸，以表示自己手中没有武器，后来该礼节逐渐演化成握手礼，现已成为许多国家人们相互见面和离别时最常用的礼节。

- 握手的正确姿势

握手者应伸出右手，四指并拢，掌心向内，手的高度大致在对方腰部的上方。同时，上身略微前倾，目视对方，面带微笑，说问候语或敬语。

● 握手时的忌讳

握手时不可一边握手，一边左顾右盼；握手时切忌站在门口，一脚门里，一脚门外；握手不能强握；多人握手时注意不要交叉握手，因为在有些国家和地区视交叉握手为凶兆。

● 握手的顺序

主人、身份高者、年长者一般应先伸手；朋友、平辈间以先伸手为礼；男女之间，男方要等女方先伸手后才能握手，若女方无握手之意，男士只能点头或鞠躬致意。

● 握手的力度

握手以不握疼对方的手为限度，但应掌握适当的力度，太轻会使人感到冷淡，太重会使人觉得粗鲁。男士与女士握手可轻些，不要握满全手，只握其手指部分即可，握手时男性不可戴着手套与他人握手，女性可戴薄手套同他人相握，并不失礼。

● 握手的时间

初次见面时，相互握手应控制在3秒钟内，切忌握住异性的手久不松开，即使是同性握手，时间也不宜过长。老朋友或关系亲近的人则可以边握手边问候，甚至双手长时间相握。

4.1.5 拥抱礼

拥抱礼是欧美、俄罗斯等地区和国家熟人、朋友之间常见的一种亲密礼节。常用于官方或民间的迎送、祝贺和致谢等场合。

● 拥抱的方法

右手扶住对方的左后肩，左手扶在对方右后腰，以"左—右—左"交替的方式进行。即彼此将胸部各向左倾而紧紧拥抱，头部相贴，然后再右倾拥抱，接着再做一次左倾拥抱而止。

● 拥抱礼的规范

在欧美国家，父母子女亲吻脸和额头，平辈同事间只贴面颊，亲人、好友间可拥抱、亲吻脸、贴面颊。在公众场合，见面时拥抱亲吻以示亲热，但通常只是一种礼节。关系亲近的女士间亲吻脸；男士之间抱肩；男女之间只贴面颊；长辈一般可亲吻晚辈的额头；在西方，对地位高的女性，男士吻其手以示敬意。

4.1.6 鞠躬礼

鞠躬礼起源于我国古代，现盛行于日本、朝鲜、韩国等国家。它通常是晚辈对长辈、下级对上级以及同级之间的见面礼节。

- 鞠躬的正确姿势

行鞠躬礼时需脱帽，呈立正姿势，两眼目视对方，面带微笑，上身前倾15~30度。

- 鞠躬的标准

鞠躬可根据施礼对象和场合决定鞠躬的度数，一般迎宾15度、送客30度、表示感谢60度，而谢罪则用90度的大鞠躬。在我国，谢幕、演讲、领奖、举行婚礼、悼念活动及接待外宾时常采用鞠躬礼。

4.1.7　合掌礼

合掌礼又称合十礼，起源于佛教礼节，现盛行于信奉佛教的印度及东南亚国家。这是这些国家人们之间相互问候的日常礼节。

合掌礼的正确姿势如下：施礼时，五指并拢，两手掌在胸前对合，指尖向上，并与鼻尖基本持平，手掌略向外倾斜，头略低，神情安详、严肃；对年长者施礼时，双手举得越高越显有礼，但指尖不得超过额头。

4.1.8　抱拳礼

抱拳礼也称"作揖"。"拱手作揖"是我国的传统礼节。它源于我国古代，现常用于春节团拜、宴请宾客、正式晚会等场合。

抱拳礼的正确姿势是：抱拳礼，以右手攥拳、左手掌抱握在右拳上，两臂曲肘抬至胸前，目视对方，口中带说祝词。

4.2　日常交往行为规范

4.2.1　遵时守约

遵守时间，非特殊情况不得失约，这是人际交往中最起码的礼貌。失约是一种极不礼貌的行为。但在一些欧美国家也不提倡过早抵达约定的场所，因为这样可能会由于主人尚未完成准备工作而造成尴尬或不便。赴约迟到，会令他人因等候过久而抱怨，尤其是导游员，更应准时守约，万一因故不能准时赴约，应有礼貌地尽早通知对方。

4.2.2　尊重老人和妇女

尊重老人是我们中华民族的传统美德，在导游服务过程中，导游员应照顾老人，帮助他们提拿重物，协助其上下车。但对于来自欧美国家的老年人，则应注意协助分寸，因为他们崇尚独立，一般不喜欢受别人照顾。尊重妇女是西方国家的传统，在各种社交场合和公共场所，男士应处处表示出对女士的尊重，体现"女士优先"的原则。例如，进出大门时，男士应主动帮助女士开门、关门；同桌用餐时，应主动照顾女士，帮助她们入、离座位；上车、上船、进电梯时，要让女士先行，下车、下船、出电梯时，则要为女士开道并帮助她们等。

4.2.3　电话通信

电话是现代通信工具之一，具有简便、快速的功效。它不仅是一种通信手段，也是一种交际方式。因此，无论是发话人，还是受话人，都应注意掌握现代通信礼仪。

1. 拨打电话

拨打电话时应选择适当的通话时间。工作日，应在上班后10分钟至下班前10分钟这一时间段内拨打，中午休息一般不打公务电话；休息日，上午最好在9点以后，夜间应在10点以前，以免影响对方休息。

打电话前应先弄清对方的电话，并正确拨号，若一时打错了，应向接电话者表示歉意，不可将电话挂断了事；接通电话后，可先证实一下是否是自己要找的单位或家庭，然后再报受话人的姓名。若对方询问你的名字，一般应礼貌地告知，不可反问对方；若受话人不在，可请对方转告，或过后再打，并向接电话者表示感谢；若受话人在，请其接听电话，在通话结束后，礼貌地和受话人道"再见"，等其放下话筒后再轻轻地将电话挂断。

2. 接听电话

电话铃声响后，应尽快接听，不要故意延迟。一般应在铃响三次内接听电话，若铃响三遍后再接起，应说"对不起"或"让您久等了"。

拿起话筒后，先要问候招呼，并自报家门，然后再询问对方打电话的目的。接通电话后，若自己不是受话人，应负起代为传呼的责任。但不能在听筒未放下时，就大声叫唤："×××，你的电话！"这样做，显得缺乏教养。若要找的人不在，不能将电话一挂了事，而应主动询问是否需要转告或留言。若需要，则应耐心地询问对方姓名、电话号码与内容要点，做好记录并复述一遍进行核对。

电话通信，一般由发话人先结束谈话。接听电话者不要急于挂断电话，若对方还没有全部讲完，而自己先挂断电话，则是很不礼貌的行为。一般要等对方结束谈话、互道再见后，再轻轻放置话筒。

4.2.4　拜访

拜访是重要的社交活动之一，通过它可以联络感情、交流信息、增进友谊。拜访他人时，应事先联系，待对方同意后按时赴约。不速之客或冒昧登门都会使主人不快，应予以避免。拜访应尽量避免午睡时、吃饭时、清晨和深夜。一般情况下，拜访的时间不宜过长，应掌握在45分钟到1个小时左右，以不影响主人及其家人的休息为宜。已经约定的拜访因意外不能赴约时，要事先通知对方，以免对方久等；事后还应表示歉意，以免引起误会。

4.2.5 交谈

交谈是双方之间使用语言进行交流，从而增进友谊、促进信息沟通的形式。与客人交谈，谈话前，内容要事先有准备，以使谈话得体，有针对性。谈话时，思想要集中，表情应自然，语气要和气亲切，语言表达要准确、得体，态度要端庄真诚。交谈时可适当辅以肢体语言，但动作幅度不宜过大，不能手舞足蹈，更不能唾沫四溅。交谈中，不宜与对方离得太远或太近。以能相互听清说话的声音为准，一般与谈话者保持1米左右的距离较合适。对方讲话时，要注意倾听，不要左顾右盼、交头接耳或随便打断，更不要经常看手表。如果没有听明白对方的意思，可礼貌地再问一遍。若有急事需要离开，应向对方说明情况，并表示歉意。谈话完毕后，要礼貌告别，躬身后退一步，自然转身离开，千万不要扭头就走。

谈话的内容不要涉及疾病、死亡等不愉快的话题。不谈荒诞、离奇、耸人听闻、黄色淫秽的事情。交谈中不宜涉及他人隐私，如工资收入、家庭财产等话题，一般也不询问女性的年龄、体重、服饰、化妆等内容。男子一般不参加女性圈子的议论，也不要无休止地与女性攀谈，对女性要谦让、谨慎、有礼貌、不与之开玩笑，争论问题要有节制。

4.3 用餐礼仪

4.3.1 中餐

正式中餐宴会，一般采用圆桌形式（如图3-1），正对着门的位置为主人位，其右侧为主宾位置，其他依次而坐。主人举杯示意用餐开始，客人才能用餐。

图3-1a　中餐贵宾厅　　　　图3-1b　中餐大厅

用餐时，主客双方动作要文雅。夹菜要从自己附近位置开始，每次夹菜不宜太多。如遇他人夹菜应主动避让。进食时应细嚼慢咽，声响不宜太大；喝汤时不能用嘴吹汤，不要啜吸出声，应将嘴凑在汤勺内侧慢喝；吃带骨刺的食物时，应将骨刺吐在骨碟内。

在用餐过程中，如果嘴里正有食物，应避免与人交谈。进餐时，不要当众咳嗽、打喷嚏、擦鼻涕，万一不能控制，应转身用手帕或餐巾纸掩住口鼻，尽量压低声音，并向左右客人致歉。在席间、饭后，不能当众剔牙，必要时应用餐巾或手遮挡。进餐时，要尽量避免中途退席，万不得已时，要向主人及其他客人致歉。主人示意散席后，客人才能礼貌地道别告辞。

4.3.2 西餐

西餐一般采用长方形桌（如图3-2），正副主人分别坐在餐桌的两端。主人拿起餐巾示意用餐开始，餐巾应放在膝上或挂在胸前，主要用来擦手和嘴，不能用来擦汗和鼻涕。有事离席时，应将餐巾折好后搁在椅背上，若搁在桌上则意味着你已经不想吃了。用餐结束后，把餐巾放在桌上即可。

图3-2 西餐厅

西餐用餐时，右手拿刀、左手拿叉，桌面上的刀叉，要从外向里取用，这样的顺序正是西餐每道菜上桌的顺序。刀叉以八字形平摆在盘边，表示用餐尚未结束；刀叉朝自己并列摆放，表示应该撤盘。在使用刀叉时注意不要碰击盘子。

西餐用餐时，应保持优雅大方的仪态。例如，喝汤时不用嘴啜，以免发出声响；遇汤和咖啡太热时，可待稍凉后再饮，可用汤匙轻轻搅拌，但不能用嘴吹；喝汤时，不能拿盆直接喝，而要用汤匙；但喝咖啡则不用小匙，而是直接就杯喝，小匙只用来搅拌。

在用餐过程中不抽烟，除非女主人请大家抽烟。导游员作为翻译赴宴时，不得边翻译边抽烟。席间主人祝酒、致辞时不要吃东西，也不要取食物，应停止交谈并注意倾听。可在席间谈论一些令人愉快的话题。

以翻译身份赴宴时，导游员应注意几点：不得喧宾夺主，不要向客人祝酒，不随意为客人布菜，嘴里不要咀嚼太多食物，少吃带刺带骨的食物，要随时准备翻译。

4.3.3　自助餐

自助餐没有固定的席位（如图3-3），参加者可随意走动，站坐两便，不受拘束，便于彼此交流，形式活泼。自助餐中客人可随意取用菜点和酒水，但应注意一次不宜取太多，不够可以再次添加，切不可浪费。用餐时不能乱扔乱吐鱼刺骨头。席间交流应优雅大方，不能高谈阔论、大声喧哗。自助餐席间客人来去自由、不受约束。

图3-3　自助餐厅

4.4　导游员上团礼仪

4.4.1　导游员的个人礼仪

导游员在上团前应作好形象准备，在整个接待服务过程中保持精神饱满、乐观自信、端庄诚恳、落落大方的服务者形象。在服饰化妆方面，衣着整齐大方，符合导游员的身份与角色。化妆要自然，应尽量扬长避短，饰物佩戴要适度，不要太过华丽，不可喧宾夺主。导游员在上团时还应作好物质准备，佩戴好自己的胸卡，随身携带有效的导游证，手持导游旗，并带好扩音喇叭。

4.4.2　导游服务礼仪

● 导游员在机场、码头、车站接到游客后，要热情相迎。首先，导游员应礼貌地上前询问，主动认找自己的团队；其次，接到团队后，应简单介绍自己，并向游客致欢迎词；最后，带领团队有序离开机场（车站、码头）。

● 在与客人交谈中要使用礼貌用语和敬语，注意谈话的姿势，谈话中切忌采取双臂交叉相抱的姿势或双手插入裤袋等不礼貌的姿势。与游客或领队讲话应采用婉转亲切的语气，尽量少使用否定性的话语。

● 在上下旅游车时，导游员应站在车门一侧，协助游客上下车，尤其是小孩和老人。但对来自欧美的老年游客，协助要把握尺度。导游员应后上先下，等所有游客上车后再上车。

● 上车后导游员应协助游客就坐，并礼貌地清点人数，清点时可用手掌指向人清点或以心里默数的方式进行。切忌用手指直接指着人清点，因为用手指指人在一些国家习俗中有侮辱和责骂人的意思。清点完人数后，礼貌地向大家介绍司机。待全体游客坐稳后，才可示意司机开车。

● 在车上讲解时，导游员应有正确的站姿，一般应站在司机身后的位置，一手抓扶手，一手持话筒，微笑地面对全体游客进行讲解。

● 在调试话筒音量时，注意不能用手拍话筒，也不能用嘴吹话筒，以免引起客人的不快，应用问候语来试音量。在景点进行现场讲解时，应保持声音洪亮清楚，语言生动丰富，能不用话筒应尽量不用。

实践要点

1. 介绍的先后顺序。

2. 握手时间的长短和力度。

3. 拥抱礼、合掌礼的姿势。

实战演练

1. 实训项目

日常交往礼仪实训。

2. 实训内容

见面礼仪（介绍礼、握手礼、拥抱礼、合掌礼等）的模拟训练。

3. 实训目的及要求

通过实训使学生进一步熟悉与人交往的各种礼仪及运用这些礼仪的注意事项，掌握这些礼仪并能正确运用。

4. 组织实训

（1）把学生按照男女性别搭配组合成4个小组；

（2）训练地点设在导游实验室或课堂上；

（3）先由教师把各类礼仪的正确方式示范给学生，然后再让学生根据教师的示范动作进行演练；接着教师指出实际生活中各类礼仪存在的不规范之处并要求学生根据指点进行演示，再让没有参加演练的学生说出自己对不规范动作的感受；最后，教师对每组学生的演练情况进行点评。

5. 检验实训效果

主要通过以下两种方法来检验实训效果：

（1）通过书面知识测验；

（2）教师设计日常见面时出现的各种情况，让学生根据设计的情况进行模拟，以此来考察其知识掌握的扎实性和动作的规范程度。

本项目总结

知识梳理

1. 导游员着装原则

① 基本原则　② 配色原则　③ "TPO" 原则

2. 导游员仪容卫生

① 发型　② 面部化妆　③ 口腔　④ 鼻腔　⑤ 手指甲　⑥ 公共卫生

⑦ 饮酒

3. 常用的礼貌用语

① 称呼语　② 问候语　③ 应答语

4. 导游员的文明举止

① 站姿　② 坐姿　③ 走姿　④ 手势　⑤ 蹲姿

5. 日常见面礼仪

① 招呼礼仪　② 致意礼仪　③ 介绍礼仪　④ 握手礼　⑤ 拥抱礼　⑥ 鞠躬礼　⑦ 合掌礼　⑧ 抱拳礼

6. 日常交往行为规范

① 遵时守约　② 尊重老人和妇女　③ 电话通信要及时接听　④ 掌握拜访时间段　⑤ 交谈主题有准备

主要概念

1. 礼貌　　2. 礼节　　3. 服饰

知识习题与技能训练

1. 什么是着装的 "TPO" 原则?

2. 对导游员的发型有什么要求?

3. 对导游员带团期间的饮酒有什么要求?

4. 导游员的仪容卫生要注意哪些方面?

5. 礼貌用语有哪几种?

6. 走姿的基本要求有哪些?

7. 见面礼仪包括哪几种?

8. 西餐用餐礼仪具体包括哪些内容?

9. 握手礼仪包括哪些内容?

10. 导游员的服务礼仪要注意哪些方面?

项目 4 导游员带团程序

■ 学习目标

■ 知识目标

通过本项目的学习，使学生全面掌握地陪、全陪、出境领队和景区景点导游员的基本工作程序及每道程序的主要工作内容。

■ 技能目标

通过本项目的技能训练，使学生可以掌握全程陪同、地方陪同、出境领队及景区景点导游员的工作程序和接待技巧。

■ 案例目标

通过本项目案例的教学，使学生切身体会到全程陪同、地方陪同、出境领队及景区景点导游员等工作的特点及复杂性，从而达到让学生在今后的工作实践中注意各类接待工作的细节、避免出现不必要麻烦的目的。

■ 实训目标

通过实训活动，让学生充分了解和掌握全程陪同、地方陪同、出境领队及景区景点导游员等工作的接待技巧，熟悉各类接待工作的关键环节，使书本上的理论知识与实践充分地结合起来。

■ 教学建议

1. 学习本项目内容前请旅行社的资深导游员来课堂给学生作一个有关旅游团接待工作的讲座或座谈会。

2. 通过课件把对当地比较有代表性的景点应采用的讲解方法介绍给学生。

3. 组织学生进行导游接待和讲解方面的实训。

学习任务 ❶ 全程导游员的带团程序

【想一想，做一做】

导游员小王担任某旅游团的全陪，带团前往南京、苏州、上海等地旅游。当旅游团抵达第三站上海时，依照接待计划，旅游团会入住一家相当不错的饭店，住房由小王所在旅行社自订。然而，当小王和地陪来到该饭店总台时，总台电脑上却没有这个旅游团的客房预订。没有订房，旅游团无法入住，小王一时紧张起来。她马上打电话给自己所在的旅行社询问情况。旅行社计调员查阅了该团的档案，发现该团起初是安排入住该饭店的，但后来因价格原因取消了预订，而预订了另外一家开张时间不长但更豪华且价格相对便宜的饭店，可不知何故没有在接待书上更改过来。小王立即给公司预订的那家饭店打了个确认电话，在得到证实后，她就立即向客人作了说明并请求原谅，然后就把旅游团带到后来预订的那家饭店。可是客人们都显得很不高兴，对小王的工作态度产生了怀疑。

分析与提示

请结合所学知识，分析小王在这起事件中应负何种责任，如果换作是你，你应怎样避免此种情况发生？

知识储备

旅游团队导游程序简称为带团程序。所谓旅游团队是指通过旅行社或旅游服务中介机构，采取支付综合服务费包价或部分包价的方式，有组织地按预定行程计划进行旅游消费活动的游客群体。国际旅游团队通常配有领队、全程导游员，国内旅游团队通常配有全陪。旅游团队可分为国内旅游团、入境旅游团和出境旅游团。导游员带团就是为游客在一地旅游安排吃、住、行、游、娱、购等各项活动的。

导游员接待的游客来自世界各地、全国各地，来自不同民族，他们的文化层次差异较大，选择的旅游种类不同，要求的接待规格也不一样，因而导游员的服务工作显得纷繁复杂。导游员在带团游览参观的整个过程中，其工作程序是具有规范性的，并且各类导游员的工作程序还有很多相似之处。但是，由于各类导游员在同一个旅游团的游览参观期间，其所担当的角色各不相同，代表的各方利益也不一样，他们对同一个旅游团所承担的责任也就不一样，因此他们在整个工作程序中的侧重点是不尽相同的。

为了确保旅游团的接待质量，根据导游服务质量标准，结合工作实际，地陪、全陪、领队的接待过程都可分为三个阶段，即准备阶段、实际接待阶段和善后总结阶段。

本项目对全陪工作程序的介绍是以入境旅游为例的。入境旅游曾经为中国的经济建设作出了巨大贡献，目前仍然为我国的经济发展继续作出努力，因此，导游员一定要提高对入境游客的服务质量，确保入境旅游强劲的增长势头。但同时我们也要看到，国内旅游已经成为我国旅游经济的主体，2004年出游人次已达到11.2亿人次，我国大多数旅行社主要还是从事国内旅游业务的，因此旅游企业和导游员在重视提高对入境旅游团服务质量的同时也应重视提高对国内旅游团的服务质量。

无论是带海外旅游团还是国内旅游团在国内旅游，全程导游员的工作程序都主要有以下九个步骤：准备工作、迎接游客、途中服务、住店服务、核对商定日程、各站服务、离站服务、返程服务和善后工作。

1.1　准备工作

全程导游员在准备阶段的主要任务是熟悉接待计划、作好物质准备以及与地方接待社互通信息。

1.1.1　熟悉接待计划

全陪接受旅行社委派的接待任务后，首先应当认真阅读接待计划，对重要团队还应当进一步查阅相关资料和函件，全面透彻地掌握旅游团情况，研究旅游团成员的特点和特殊要求，以便提供针对性服务。在阅读旅游接待计划时，重点要掌握的信息是：团名、团号、国籍、人数、领队姓名，如果是国内单位集体旅游，要知道带队者的姓名及职务；了解团员的民族组成，还要了解团员的职业、姓名、性别结构、年龄结构、宗教信仰及风俗习惯等；了解团内有影响的成员、需要特殊照顾的对象和知名人士的情况；掌握旅游线路、旅游团抵离沿途各站所乘的交通工具及所需票证；全陪应当了解各站的主要参观项目，准备沿途讲解和解答咨询的内容；了解各站安排的文娱节目、风味餐、额外游览项目的收费情况；了解各接待社的联系电话及地陪的联系电话。

1.1.2　物质准备

全陪的物质准备就是要在上团前准备好带团过程中所必需的物品、证件和资料，主要有：身份证、导游证、接待计划单、社徽、结算单据、支票、备用金、陪同日志及生活用品。

1.1.3 与地方接待社互通信息

为了避免旅游接待中不必要麻烦的发生，全陪应在出团前一天与接待社的地陪取得联系，相互通报有关情况和信息，妥善安排好接待事宜。

1.2 迎接游客

国外游客来华旅游，全陪应在他们入境第一站的机场（车站、码头）等候。对于国内旅游，一般情况下应由全陪乘旅游车前往游客的单位或在商定的集合地等候游客。在等候和集中国内游客时，全陪对此要有足够的重视，因为这一环节是全陪第一次在游客面前亮相的机会，因此必须注意个人形象，要给游客一种热情大方、稳重能干的形象，使游客对你的工作能力放心。

1.2.1 与司机取得联系

一般说来，全陪应在出发前一天与司机取得联系，商定出车时间、线路及与司机会合的地点。

1.2.2 等候游客、尽快找到旅游团

接待外国旅游团时，全陪要与司机分头在机场（车站、码头）不同出口处的醒目位置高举接站牌或导游旗等候对方领队前来联系，或通过游客的民族特征、衣着或对方的团徽来主动认找自己的旅游团。找到旅游团后，全陪要立即与领队接触，向其作自我介绍，并询问旅游团的实到人数、房间数、餐饮方面的特殊要求等。如有变化应立即通知接待社，并报告组团社。

如果是接待国内游客，全陪到达集合地点后，应一边等候未到游客一边与先到的游客打招呼，向其问好。与此同时，全陪应找到旅游团的带队者，进一步向他核实游客人数，如果人数发生变化应立即与接待社联系，通报情况，以便对方做好接待工作。

1.2.3 登车清点人数

客人基本到齐后，全陪应上车清点人数，并指导和帮助客人放置好随身携带的行李。国内有些旅游团是由散客组成的，出发前，应先让游客推选一位带队者。在游客安定后，提醒游客将要发车，请游客注意安全。随后告诉司机开车，前往目的地或前往机场。

1.2.4 致欢迎词、介绍有关情况

车子开动后，全陪要向游客致欢迎词，并介绍此次旅游的行程安排、旅

游景点的基本情况及提醒游客在旅游过程中应当注意的事项。欢迎词的基本内容包括：代表旅行社和本人向游客表示欢迎；自我介绍并介绍司机；表示为游客服务的愿望，同时希望得到游客的支持与合作；最后预祝此次旅行顺利、愉快。

小·技巧4-1

如何致欢迎词

美国夏威夷的一位导游员在向我国访美旅游团致欢迎词时，这样说："啊——罗——哈（夏威夷语，欢迎之意）！我叫孙苇苇，能为大家导游感到非常高兴！大家看我晒得很黑，一定以为我是当地的波利尼西亚人。其实，我和大家一样是中国人，是在海外长大的中国人！此次为大家安排的节目是我们精心设计的，相信一定能给大家带来惊喜。咱们中国人常讲'四海之内皆兄弟'，我有缘和大家相识，真是十分高兴。我会努力使大家在夏威夷过得愉快的。"这样一席话，一下子拉近了导游员和游客之间的关系。

1.3 途中服务

游客在前往目的地的过程中，无论是乘汽车、火车还是飞机都需较长时间，全陪应当安排好这段时间内的旅行生活。

1.3.1 安排好旅行中的生活服务

全陪要负责照顾好游客在转移过程中的饮食和休息，对途经城市和目的地作适当的介绍；如果转移时间过长，全陪应在车上组织一些文娱活动，活跃旅途气氛，消除游客在途中的寂寞和疲劳；要主动与游客交谈，与之联络感情，并了解他们的思想动态和要求。

如果游客是乘坐火车的，全陪应当协助旅游团带队者分发卧铺票；若是乘坐飞机，全陪应提醒客人按票就座、不要堵在过道上，以便其他乘客通行，并指导和协助客人把随身携带的行李放到座位上方的行李箱中，有时还要介绍座位扶手上各按键的功能。

1.3.2 注意游客安全，帮助办理托运

提醒游客注意人身和财物安全，保管好贵重物品和证件。如果游客有行李托运，全陪应为其保管好行李托运单。

1.4 住店服务

旅游团进入饭店后，全陪应积极配合地陪尽快完成旅游团的入住登记手续，并照顾游客进房、用餐等。

1.4.1 办理入住手续

全陪应主动与地陪一起向总台服务员提供国内旅游团全体成员的身份证及住房要求。若是国外旅游团，则要向总台提供团名、团队名单表、旅游团住房要求等，填写入住登记单或协助海外领队办理入住登记手续。

1.4.2 分房

全陪要请旅游团的带队者或海外领队分配房间，并掌握分房名单，还要把自己的房间号告诉给旅游团全体成员，以便需要时联系。

1.4.3 处理问题

若游客进房后发现存在卫生、房内设施损坏等问题时，全陪应及时与地陪一起通知饭店有关部门前来处理。

1.4.4 照顾用餐

在游客用餐时，全陪要主动询问客人用餐情况，如果发生餐饮质量问题或数量、标准不符等情况，应及时告知地陪，并与之一起向餐厅有关人员交涉，尽快使问题得以解决；若有游客提出特殊要求，全陪应及时与餐厅联系，尽快帮助解决，满足游客的要求，对实在不能办到的，应向游客致歉，说明原因并请求谅解。

1.4.5 安全保卫和生活照料

在住店期间，全陪应当提醒游客保管好自己随身携带的贵重物品，最好是让总台寄存；提醒客人晚上上好房门保险，不要轻易开门让陌生人进房。

1.5 核对商定日程

核对商定日程是全陪工作中非常重要的一个环节，处理好了、周全了可以避免很多麻烦，反之则会带来很多麻烦，所以应引起全陪导游员的高度重视。

旅游团队安排妥当后，全陪应主动与地陪核对日程计划，若发现与地陪的计划单有出入，应立即查明原因。在确定自己的日程计划与地陪的计划单一致后，就要与地陪商定日程的具体安排，尽量使行程安排周全、合理；若遇到难以解决的困难，应及时告知自己所在旅行社和旅游团的带队者。

要想日程安排合理、周全，在商定日程时应遵循以下原则：宾客至上、服务至上；主随客便；合理而可能；平等协商。商定的日程安排要能使大多数游客满意，同时应注意不要对既定的日程作较大幅度的改动，以免因改动过大而影响其他部门的工作。

1.6 各站服务

全陪应做好各站之间的服务衔接工作，使各站服务适时、到位，确保游客的人身和财产安全，使旅游计划得以顺利完成。

1.6.1 与地陪积极配合

全陪应主动、及时地向地陪通报旅游团的情况，反映游客的各种要求，积极协助地陪做好接待工作，不要向地陪提无理要求，不要干涉地陪的正常工作。

1.6.2 监督各站接待计划的实施和服务质量

全陪要监督各站是否按照接待计划实施接待活动，发现活动内容与上站存在明显的重复时，应建议地陪作必要的调整；发现当地降低了接待标准时，要及时向地陪指出并要求其改正。若地陪对全陪的监督置之不理或出现严重的质量问题，全陪应当直接与当地接待社交涉，并把情况如实反映给自己所在的旅行社。

1.6.3 做好收队断后工作

在游览过程中，全陪的主要职责是观察周围环境，密切注意游客的动向，提醒后面的游客及时跟上旅游团队，做好收队断后工作，以免游客走失或发生意外。

1.6.4 做好提醒工作、处理突发问题

在整个行程中，全陪都应时刻提醒游客注意人身和财物安全，保管好随身携带的物品和证件，注意饮食卫生，排除不安全隐患的存在。如遇突发事件，全陪应协助地陪依靠当地领导和有关部门妥善处理。

1.6.5 当好购物顾问

在购物时，如遇游客征求意见，全陪应实事求是地向游客介绍商品，做好购物参谋工作。若游客购买的是贵重物品，应提醒他们向商店索要发票并保管好，以在发生质量问题时作为购物证据；对于海外游客，全陪还应当提醒他们中国海关关于中药材、烟酒及古玩出关的规定。

1.6.6 做好协调工作

在旅游过程中，游客、领队、地陪、司机之间难免会出现一些矛盾和摩擦，这些小矛盾和摩擦如果处理不好也会使矛盾激化，影响旅游行程的顺利进行，

因此全陪应当在他们之间做好沟通工作，消除矛盾和摩擦，力争圆满完成接待任务。

1.7 离站服务

在旅游团离站前，全陪应做好提醒、联络工作，并与地陪办理好旅游团离站的交接事宜。

1.7.1 做好离站提醒工作

在离开本站前往下一站前，全陪应提醒地陪提前落实交通票据，核实离站的准确时间；提醒游客与饭店结清个人消费。

1.7.2 做好上下站联络工作

如果抵达下一站的时间有变化或团队有特殊要求，全陪应亲自将情况通知下一站，用电话通知时要注意记录通话时间、受话人姓名；对上一站接待工作中出现的问题或事故，应提醒下一站接待社引起足够的重视，防止再次发生。

1.7.3 协助交接行李

全陪在离开本站前要协助领队与地陪认真办理好行李交接工作，一定要当着地陪、行李员的面对托运行李进行清点，清点核实无误后要提醒地陪与领队在行李卡上签字。

1.7.4 协助办理登机的相关手续

外国游客绝大多数都不懂中文，而国内很多游客是初次乘坐飞机，缺少办理相关手续的经验，因此全陪要协助中外游客办理行李托运，提醒领队办理机场税的交纳手续，备齐所需证件和表单，提醒游客准备好证件、交通票据、出境卡、申报单等。

1.7.5 与地陪办理好结算工作

全陪在离开每一站前，应认真填写结算单据，与地陪双方签字，并保管好自己的一份。

1.8 返程服务

返程也就意味着在外地的参观游览活动基本结束，越是在结束时游客越容易放松警惕性，如果全陪此时也放松思想，就会出现差错，因此越是在最后，导游员越要提醒自己，一定要一丝不苟地做好各项返程工作，以免功亏一篑。

1.8.1 做好对游客的提醒工作

全陪要提醒游客检查自己的行李物品是否全部带齐，需要托运的物品是否打包好；提醒游客不要携带航空违禁物登机；对于海外游客，要提醒他们把申报单上所列的物品随身携带，以备出关时海关工作人员查验。

1.8.2 做好必要的弥补工作

如果在旅游过程中出现过因服务缺陷而导致游客不愉快的情况，全陪应在恰当的时机向游客表示歉意，请求游客谅解，并设法做好弥补工作，尽量消除游客心中的不快。

1.8.3 致欢送词

在交通工具将要抵达目的地时，全陪要热情地向游客致欢送词。欢送词的主要内容包括：游客征求意见和建议；对游客给予的合作表示感谢，对自己在工作中的疏忽请求游客谅解；表示惜别之情并欢迎再次参加本社组织的旅游活动。

1.8.4 与游客告别

到站后，全陪应与游客一一握手告别，并目送游客离开。直到游客全部离开后，全陪才能返回单位。

1.9 善后工作

全陪在一个旅游团的旅游活动结束后，一方面要把游客委托处理的事情按有关规定办法及时办妥；另一方面应当认真地对本次带团活动进行总结，要总结和发扬本次带团过程中值得称道的带团技巧和问题处理的方法，也要分析不足产生的原因，吸取教训，力求在此后工作中避免再次出现类似问题。

1.9.1 处理好客人委托代办的事宜

对于客人委托代办的事情，全陪应根据旅行社领导的指示，依照导游工作规范，积极快速地办妥；对确有困难办不成或不能尽快办成的，应及时向游客讲明原因。

1.9.2 填写《全陪日志》及有关资料

带完团后，全陪应根据要求填写《全陪日志》，详细叙述本次带团的全部情况及发生问题的原因、处理方法和结果，以及客人对处理结果的反应。

1.9.3 结清账目，归还所借物品

全陪在返回单位后，尽快与单位财务结清账目，把从社里借出的物品如数归还。

1.9.4 认真总结经验教训

每次完成接待任务后，全陪应对接待工作作全面分析，总结归纳好的一面，以便在今后工作中继承和发扬，对不好的一面要找出原因，避免再次发生。

实践要点

全陪在接待程序和技巧方面要注意以下几点内容。

1. 接团前准备工作的内容。

2. 接团时认找团队的方法。

3. 致欢迎词和沿途讲解的技巧与内容。

4. 入住饭店时帮助客人登记及客房分配艺术。

实战演练

1. 实训项目

接团服务。

2. 实训内容

（1）接团前准备工作的模拟；

（2）团队接待；

（3）清点人数；

（4）移交行李和照顾客人上车；

（5）致欢迎词及沿途导游讲解；

（6）模拟入住客房服务。

3. 实训目的及要求

熟悉接团服务的程序、要求及注意事项，掌握接站、致欢迎词、沿途导游讲解、照顾客人入住饭店等技能。

4. 组织实训

（1）准备好道具：旅游车（学校的校车）、导游旗、车载话筒、学校实习宾馆；

（2）把学生分为几个小组（一般10人为一组较好），每个组选派1~2名学生扮演导游员的角色，其余的学生均充当游客（有时充当国内游客，有时充当国外游客）；

（3）让每位扮演导游员的学生按照从机场接机到饭店这样的途径进行导游活动模拟。

5. 检验实训效果

通过学生在旅行社做导游的见习成绩来鉴定实训效果。

学习任务 ❷ 地方导游员的带团程序

【想一想，做一做】

某国一服装加工业者旅游团（无领队）来我国A市旅游，由A市某旅行社负责接待，地陪是该社的小程。在参观了A市著名的丝织厂后，这批服装业游客对该厂的产品产生了浓厚的兴趣，于是向导游员小程提出取消第二天下午的景观游览，并请小程或旅行社出面与该厂联系，安排一次丝织厂工艺座谈会，相关超额费用由游客支付。对于游客的建议，小程不但没有向旅行社汇报，还以计划外项目不能相助为由擅自拒绝了游客的要求。旅游团成员再次恳求帮助，但小程始终不肯帮忙。小程的做法引起了游客的强烈不满，旅游一结束，他们就向中国国家旅游局提出了投诉。

分析与提示

本案例中，导游员小程的行为违反了《导游员管理条例》中的哪些规定，他将受到哪些处罚？换成是你，你会怎样处理此事？

知识储备

地方导游员是旅游计划的具体执行者，在地方旅游过程中，地陪起着最为关键的作用，而且他们的工作最繁杂琐碎，因而他们的工作也最为辛苦。地陪工作的主要程序是：准备工作、迎接游客、首次导游工作、住店服务、核对商定日程、参观游览服务、其他活动、送团服务和善后工作九个步骤。

2.1 准备工作

做好充分的接团准备工作是整个导游工作顺利完成的重要保证。地陪旅游接待的准备工作分为业务准备、知识准备、心理准备、形象准备和物质准备五个方面。

2.1.1 业务准备

地陪业务准备工作的主要内容是熟悉、研究接待计划，制定旅游活动日程，落实接待事宜等。

1. 熟悉、研究计划

地陪在旅游团抵达前应认真阅读接待计划和有关资料，详细了解该团的基本情况、日程安排、服务项目及要求。首先，要了解旅游团的性质、接待等级和规格，旅游团人员的职业、年龄、性别构成、宗教信仰、特殊要求以及有无需要特殊照顾的对象，若是海外旅游团，还要了解客人的国籍等；了解旅游团中是否有2周岁以下的婴儿和12周岁以下的儿童。其次，要记住旅游团的名称、代号，了解旅游线路、交通工具及票证。最后，要了解是否有自费项目和增收费用，如果有就要弄清确切的数目及收费标准。

2. 安排活动日程

引导和帮助游客作出最佳的选择与安排是导游员的职责，导游员应当根据旅游接待计划事先科学、合理地安排好游客在本地的参观游览活动日程。地陪在编制日程表时要注意在表中注明日期、出发时间、游览项目、就餐地点、风味品尝、购物、晚间活动、自由活动时间等。

安排活动日程必须遵循的原则是：主要活动的安排必须符合旅游团的特点，体现本地特色，做到点面结合；要留有余地、劳逸结合；要兼顾参观、游览和购物等活动；切忌活动项目雷同。

3. 落实接待事宜

为了使当地旅游接待工作进展顺利，地陪应在旅游团抵达前一天，与旅行社有关部门或人员联系，检查、落实旅游团的交通、住宿和交通票证。

• 落实车辆。地陪应提前与供车单位联系，弄清车型、车牌号、车况及司机的姓名和联络方式；与司机联系，约定会合地点、出车时间。

• 落实住宿。地陪应首先熟悉旅游团所住饭店的位置、概况、服务设施和服务项目；核实旅游团所订房间的类型、房间数及房价内是否包含早餐。如果地陪，特别是带领重点旅游团的地陪，对饭店的各方面情况不熟，稳妥起见，应当亲自去饭店了解情况，向相关部门和人员介绍团队情况，以便做好接待准备工作。

• 落实用餐。地陪应提前与计划指定的餐厅联系，确认团队用餐。在确认时，全陪应讲明旅行社名称、人数、餐标、用餐时间及用餐的特殊要求。

• 落实交通票证。地陪要事先与票务员联系，确认本旅游团离开本地的交通客票是否已经落实，若还未落实应提醒票务员尽快落实。

4. 了解不熟悉的景点情况

对不熟悉的参观游览点和新开发的旅游景点，地陪应事先了解其概况，把该考虑到的内容都考虑到，如景点的开放时间、浏览路线、停车场、休息场所、卫生间等。只有把景点概况弄清楚了，才能保证旅游活动按计划顺利进行。

2.1.2 知识准备

由于游客到一地旅游，渴望尽可能多地了解当地情况，对当地一切都会感到好奇，他会不时地提问并希望地陪能够回答。这就要求地陪有很宽的知识面和扎实的史地文化知识。但知识的积累不是一朝一夕就可达到的，这需要通过长期不懈的学习来实现。但对于新导游员或业余导游员，或者尽管是老导游员但参观的是新开发景点的，带团前作些知识准备还是有必要的。

导游员要准备的知识很多，主要包括：旅游团内大部分人所从事的专业知识，客源地基本知识，与参观游览点有关的专业知识，旅行生活知识，当前的一些热门话题和游客感兴趣的专业知识等。

2.1.3 心理准备

导游员在带团过程中，不仅要处理正常的旅游问题，而且还要处理一些意想不到的问题和事故，有时甚至是客人的不理解和误解，因此导游员出团之前就应作好心理上的准备，以饱满的精神和热情的态度去工作。导游员的心理准备主要包括以下几个方面。

1. 准备面临艰苦复杂的工作

导游工作是一个体力劳动与脑力劳动高度结合的特殊劳动，导游员不仅要进行正常的导游服务工作，还要根据游客的情况提供有针对性的服务，有时还会出现一些复杂的问题要你去处理。因此，导游员要有充分的思想准备去面对各种各样的情况和问题，要准备吃苦、准备迎接挑战。

2. 准备承受抱怨和投诉

导游员在工作中往往会出现这种现象：导游员已尽自己所能向游客提供热情周到的服务了，但还是有一些游客对你的服务不满意，抱怨你的工作，对你的工作横加指责，甚至全盘否定你的工作而进行投诉。有的导游员一遇到这种情况就受不了，思想上对导游工作产生厌烦，对客人的态度变得生硬，最终导致导游活动的失败。只有做好了思想准备的导游员，才会冷静、沉着地面对各种不公正的指责，将爱心融入工作中去，才会无怨无悔地为游客服务。

2.1.4 形象准备

导游员尽管只是一名旅游业的服务人员，但在国内游客看来还是一个地区的代表，在国外游客看来还是中国的代表。导游员的自身美在宣传旅游目的地、传播中华文明方面起着非常重要的作用，因此导游员不要仅把自身美看成是个人的行为。另一方面，给游客一个好的第一印象，有助于树立自己的美好形象，获得游客的好感，拉近与游客之间的距离。

人的美有内在美和外在美之分，内在美需要一个长期努力、坚持不懈的培养过程，不是一朝一夕就能达到的。此处讲的"形象美"是指人在仪表方面的准备，指人的"修饰美"。它包括人的服饰、化装、发型三个方面。导游在这三个方面的修饰必须合乎作为"服务员"的身份，必须适合自己的身体特征和年龄特征，也要显示出自己追求的风格，力求烘托出自己独特的气质、风度和形象。

对导游员服饰打扮的总体要求就是要做到整洁、大方、自然、卫生，不要浓妆艳抹、花枝招展，但也不要过于随便，过于随便是对客人的不尊重。

2.1.5　物质准备

地陪出团前应准备好带旅游团所必需的物品。这些物品包括接站牌、导游旗、旅游车标志、结算单、备用金、导游证、胸卡、名片等，接待十人以上的旅游团时还必须准备扩音器。

2.2　迎接游客

迎接工作主要要有以下几个环节：接站准备、认找旅游团、核实人数和询问情况、集中清点行李、集合登车。

2.2.1　接站准备

为了确保接站工作不出现任何差错，地陪应在接站前做好相应的准备工作，不要把这个环节当作可有可无的事，也不要犯经验主义错误。

1. 核实时间

确保顺利接站的关键是掌握旅游团队抵达的准确时间。为了准确接到旅游团，地陪应养成接团前与有关部门联系的习惯，核实交通工具确切的抵达时间。

2. 与司机联络

地陪在掌握了旅游团所乘交通工具确切的抵达时间后，应及时通知旅行车的司机，确定发车时间与碰面地点，并告知活动日程和具体安排，以便司机提前做好加油、防滑等准备。

3. 提前到达接站地点

为了有条不紊地迎接旅游团，地陪必须提前出发，留有足够的时间以应对可能出现的堵车等问题。一般要提前半个小时到达接站地点。

2.2.2　认找旅游团

导游员要在工作中积累认找旅游团的经验，以便以最快的速度与旅游团接上头。认找旅游团的方法主要有：一是地陪站在显眼的位置举起接站牌、导游旗或亮出旅行社的标志，等全陪前来联系；二是地陪可从游客的民族特征、衣着或者对方的旅游团徽记来认找自己所要接的团队。

2.2.3 核实人数和询问情况

地陪接到旅游团后不要急于把旅游团带上车，先要向全陪作自我介绍。彼此认识后，地陪应向全陪了解旅游团实到人数。若与原定人数不符，要及时报告旅行社计调部门，再由计调部通知相关接待部门作好必要的调整。

2.2.4 集中清点行李

国内旅游团一般行李不多，大多数都随身携带，无须用行李车，也没有集中清点行李的必要。但海外旅游团和国内贵宾团一般都有不少行李，对于这些旅游团就必须派行李车接送行李，这也就要求我们做好行李的清点和交接工作。因此，地陪应协助游客将行李集中到指定位置，并提醒客人检查自己的行李物品是否完好无损，然后与全陪、领队、行李员一道在客人面前清点并核实行李件数。在核实无误之后，填写行李卡，地陪与行李员双方签字，自己保存一份，另一份交给行李员。

如果在检查行李过程中，发现有行李未到或破损现象，地陪应协助失主到机场失物登记处或有关部门办理行李丢失登记和赔偿申报手续。

2.2.5 集合登车

地陪在办理行李交接手续后，应提醒客人带上随身携带的物品并在队伍前面引导客人上车。在客人上车时，地陪应站在车门一侧恭候客人，边向客人问好边协助客人上车。等到客人全部上车后，地陪要礼貌地清点人数，在确定客人全部到齐后，提醒客人坐稳，然后示意司机开车离开机场（车站、码头）。

2.3 首次导游工作

等旅游车起动后，地陪就要开始进行讲解了。由于这是第一次给旅游团讲解，是导游员显示才能、树立良好形象的机会。表现得好、得到客人的好感，在后面的工作中就会得到客人的配合；反之则会引起客人的反感，甚至是不信任，从而无法得到客人的配合，后面的导游工作开展起来就比较困难。因此，地陪对首次导游要有足够的重视。

首次导游工作的内容视旅途长短而定，但是以下三点内容是不可缺少的，而且必须认真做好。

2.3.1 致欢迎词

地陪致欢迎词的时间和地点应视具体情况而定。一般情况是在前往饭店的途中，若有领导前往迎接，或在机场逗留时间较长，或旅游团分乘多辆旅行车且不能保证每辆车都有陪同时，地陪应在客人上车之前致欢迎词。欢迎词的内容要根据旅游团成员的地位、职业、年龄、文化层次来定。说话的内容和语气要符合导游员的身份，要做到诚恳、亲切、自然，要言简意赅且有创意。

2.3.2 调整时差

不少海外游客来中国旅游都存在时差问题，导游员要提醒游客把时间调整到当地时间。国内绝大多数旅游团都不存在时差问题，但来自新疆维吾尔自治区的旅游团就是例外（我国新疆维吾尔自治区的作息时间一般较北京时间晚2个小时）。

2.3.3 首次沿途导游

游客初到一地，对什么都感到好奇，什么都想知道，所以导游员必须做好首次导游的准备工作以满足游客的好奇心和求知欲。地陪要根据客人的心理需要，尽可能多地介绍当地史地文化知识和风俗人情。

首次导游的主要内容是介绍当地的风光、风情及饭店概况。

1. 当地风光导游

在做沿途风光导游时，要求导游员讲解内容简明扼要，语言节奏明快、清晰；重视景物的取舍，做到见景生情；善于随机应变，力求讲解速度与游客的观赏需要同步、与旅游车行进速度一致。总之，沿途导游讲解贵在灵活，导游员要反应敏锐、掌握时机。

2. 风情导游

地陪要介绍本地的气候条件、社会生活、文化传统、著名特产、注意事项等，还应介绍本地区的历史沿革、地理环境等。

3. 饭店概况介绍

地陪要向游客介绍下榻饭店的位置、周边环境、星级、规模以及饭店内的主要设施和服务项目。同时还应当向游客讲明客房冰箱内和酒柜上物品是需游客自己付费才能消费的物品。

2.4 住店服务

游客经过长距离的旅行，一般都比较劳累，希望尽快入住饭店。地陪要充分理解游客的心情，积极主动地协助全陪办好住店手续。此时，地陪切忌反客为主，而是要扮演好协助者的角色。

2.4.1 协助办理住店手续

地陪应先把游客引领到饭店大堂内休息区稍作休息，然后与领队、全陪一道向总台服务员办理入住手续。地陪应向总台服务员讲明自己所在旅行社的名称、所带旅游团的名称及订房情况。拿到房卡后，对于国内旅游团，应请旅游团的带队者分房；对于海外旅游团，则请领队分房，地陪协助分房并记下全陪、旅游团带队者或领队及有影响客人的房间号。如果地陪也住在饭店，就应当把自己的房间号告诉全陪、领队及游客，以便有事联系。

2.4.2 介绍饭店设施及部分设施的使用方法

等游客拿到房卡后，地陪要向客人介绍饭店中西餐厅、外币兑换处、商场及商务中心、医务室、娱乐场所的位置及营业时间。还要向游客介绍房门锁的开启方法；提醒游客住店期间的注意事项及各项服务的收费。

2.4.3 协助处理问题

游客住进饭店后会提出一些问题，这些问题主要有三类：一是客房卫生没有打扫干净、室内设备不全或损坏、卫生设备无法使用；二是不符合接待标准；三是客人提出调换房间或增加房间等要求。对于这些情形，地陪在核实原因后要积极主动地联系饭店有关部门予以处理。

2.4.4 带领游客用好第一餐

首先，要与游客约定用餐时间，讲明用餐地点；其次，地陪应在约定时间之前来到约定的地点等候客人，等客人到齐后引领客人来到餐厅安排好的餐桌边；第三，等客人坐好后，向他们介绍餐饮的有关规定，说明超出规定的饮料自费、单独用餐自费等；最后，把带队者介绍给餐厅负责，并告诉餐厅旅游团用餐的一些特殊要求。

2.4.5 确定叫早时间

由于每天的行程不一样，地陪每天都要与全陪、旅游团带队者商定第二天的叫早时间，并请全陪将商定的时间告诉游客，地陪则通知总台并办理叫早书面手续。

2.5 核对商定日程

核对商定日程是一项重要工作，是地陪与全陪、领队合作的开始。旅游团到一地参观的内容一般都已明确规定在旅游协议书中，而且在旅游团到达前，地陪也已经安排好该团在当地的活动日程。但核对商定日程是游客的权利，同时也是地陪对游客和全陪的尊重。地陪也可以通过这个环节了解游客的兴趣和爱好，以便更好地提供针对性服务。

在商定日程时可能会出现以下三种情况，地陪应根据具体情况采取相应措施，妥善处理。

2.5.1 对方提出修改或新增旅游项目

遇到游客对原来的旅游日程提出修改意见或要求增加新的游览项目时，地陪应把此情况通知旅行社，对客人合理且可能做到的要求应尽量满足，对需要增收的费用，应事先向游客说明并按规定收取费用；对于无法满足的要求，要详细解释、耐心说服。

2.5.2　对方提出与原日程不符且涉及接待规格的要求

对方提出与原日程不符且涉及接待规格的要求时，地陪一般应婉言拒绝，并向对方说明我方不能单方面违反合同。如果客人一再坚持，全陪或领队也支持游客的意见时，地陪应当请示旅行社领导，根据领导的指示办理，地陪个人不得擅自作主。

2.5.3　与全陪或领队手中的接待计划有出入

地陪遇到与全陪或领队手中的接待计划有出入的情况时，应及时向旅行社汇报，并查明原因。如果责任在己方，地陪应实事求是地说明情况，并向对方致歉。若责任在对方，地陪不要指责对方，而应对对方的失误表示理解，并安慰对方。在出现分歧时，地陪应掌握的原则是平等协商、耐心解释与合理解决。

2.6　参观游览活动

白天的参观游览活动是旅游产品最主要的内容，是游客期望的旅游活动的核心部分，也是导游员接待工作的中心环节。这部分内容是导游员最应精心设计的，也是导游工作中最艰巨、最辛苦的时刻。

为了让参观游览活动能顺利进行并取得成功，地陪事先应认真准备、精心安排，接待过程中要热情周到、讲解要生动活泼。

2.6.1　出发前的导游准备工作

为了使白天的参观游览活动顺利进行，地陪在旅游团前往目的地前，应根据以往的接待经验和当时的实际情况，使自己的准备工作做得周全、细致。

1. 提前到达集合地点

地陪一般应提前10分钟到达集合地（饭店大堂），向早到的客人问候，询问住店情况，了解他们的要求和想法，征求他们的意见和建议。

2. 提醒注意事项

地陪要向游客预报当天的天气，向客人介绍景点的地形和行走路线的长短；地陪还要根据景点的实际情况，提醒客人带上适当的衣服、换好鞋子、雨具等。

3. 清点人数

准备上车前，地陪要清点人数。若发现有人未来，要与全陪联系，及时找到；若有游客自愿留在饭店或不随团活动，地陪应说明情况，并安排好他们在饭店的用餐事宜；若有游客要自由活动，地陪要做好提醒工作，以保证游客的安全。

2.6.2　前往景点的途中导游

旅游车一离开饭店,当天的旅游活动就正式开始了,地陪当天的导游工作也就要随之展开。途中导游工作的主要内容包括以下几个方面。

1. 重申当日的活动内容

地陪首先应向游客重申当天的活动内容、活动地点,报告国内外和当地的重大新闻。

2. 沿途风光导游

地陪要不失时机地介绍沿途景物,回答游客的问询。为了做好沿途导游工作,地陪平时要注意沿途风景的特点和变化特征,要将沿途重要建筑的特点、历史及有关该建筑物的轶事熟记在心。

3. 活跃气氛

如果途中距离偏长,地陪应向游客介绍一些当地有趣的习俗,教游客学说当地方言,组织唱歌或猜谜等活动来活跃车上的气氛。

4. 介绍将要参观的景点的概况

快到所要参观的景点时,地陪要介绍其概况,包括它的历史、特征及传说。讲解要简明扼要,目的是满足游客事先了解有关知识的心理,激起他们游览景点的兴趣,同时节省在目的地的讲解时间。

总之,在前往景点的途中,导游员的讲解要使游客对即将观赏的景点处于向往之中,同时又处在对沿途风光的观赏之中;导游员要争取做到讲解有知识、有趣味、有娱乐,使游客既长了知识又饱览了风光、娱乐身心。

2.6.3　现场导游

在旅游景点,由于游客多、场面复杂,给地陪的现场导游工作增加了难度,而这部分的活动内容又是游客最为关注的。因此,现场导游对地陪来说是其导游工作中的重中之重。引导旅游团按照自己事先设计好的行程安排顺利进行,能充分体现导游的讲解技巧和综合工作能力。

1. 游览活动

在进入景点前,地陪应先向游客交代游览注意事项。地陪可以在车上或把游客集中到景点示意图前,向他们讲明游览路线、所需时间、集合时间和地点;提醒游客旅游车的型号、颜色、标志、车牌号和停车地点,以便游客在离队、掉队时能及时到达集合地点。

地陪游览的导游讲解必须考虑具体的时空条件,力求做到有张有弛、主次分明。导游一个游览点,先讲什么、后讲什么、中间穿插什么典故或逸闻趣事,地陪要心中有数。采用恰当的讲解方法并注意游客的反应,灵活调整讲解内容和速度，力求讲解有声有色、情景交融、详略得当、有虚有实，做到讲解详细时不使人感到冗长，简明时也不令人觉得短促，随时将游客的注意力吸引到导游的讲解中去。现场导游的特点就是要生动、形象、具体、灵活和亲切。

地陪在现场导游时还要留意游客的动向，观察周围环境的变化，防止游客走失和意外事故的发生。

2. 参观活动

地陪在参观前应了解参观人数、参观时间及内容；了解宾主双方是否要互赠礼品；要提前联络，落实参观接待工作。到达参观地点后，地陪应向游客介绍接待人员并提醒参观时的注意事项。

2.6.4 返回途中的导游工作

返回途中，地陪可引导游客回顾当天参观游览的内容，回答游客的问询，对游客特别感兴趣的部分内容作必要的补充讲解。如果从原路返回，地陪可对路途中的风光作补遗讲解，若不从原路返回，则应作沿途风光讲解；如果车上游客显得疲惫，地陪应在简单回顾当天活动后让游客休息。到达饭店后，地陪应在下车前向游客预报晚上和第二天的活动安排。

2.7 其他活动

除参观游览活动外，接待社还应当根据游客的要求安排一些其他活动，让游客更多了解当地的历史文化，亲身体会当地的民风民俗，这将是一项非常有吸引力的旅游活动内容。但目前我国国内旅游活动中，这类活动的安排较少，有时有安排也只是临时性的，而没有作为一地旅游必有的内容，这也使得国内旅游显得相对单调。与西方国家相比，我们在这方面还有很多不足，因此国内旅游业者应当在这方面多做努力，使国内旅游活动也丰富多彩起来。

其他活动主要包括：品尝风味、文娱活动、购物活动、自由活动等。

2.7.1 品尝风味

品尝具有地方特色的风味小吃，应是游客比较常见的活动安排。它的形式自由、无拘无束，深受游客喜爱。品尝风味一般有两种形式，一种是计划内的，另一种是客人临时提出的。对于计划内的活动，地陪应当主动向游客介绍餐馆的历史、特点以及菜肴的名称、特色、吃法、制作方法等。对于计划外的活动，如果地陪被邀请参加，则也要提供相应的服务，但切忌反客为主；如果地陪没被邀请参加，则也应主动为其提供必要的帮助，如告知餐馆的方位、特点及代表性菜肴等。

2.7.2 文娱活动

文娱活动一般在晚间进行，这类活动分为计划内和游客自费两种。对于计划内的活动，地陪应陪同游客前往；对于自费的文娱活动，地陪应协助安排。

在文娱活动方面，地陪应注意以下几点：

第一，与全陪协调，统筹安排，避免重复；

第二，避免格调低下的文娱活动；

第三，如果是观看少数民族节目，地陪应作简单的介绍；

第四，提醒游客注意安全。

2.7.3　购物活动

游客来到一地旅游，总希望买一些具有当地特色的物品作为纪念品或馈赠亲友；另外，旅游购物越来越成为国内旅游消费的主要内容之一，因此导游员要倍加重视。

购物活动可安排在白天或晚上，有时在前往旅游景点的途中，也可以安排专门时间购物。导游员在旅游购物活动中应做好的工作包括以下几个方面。

● 严格遵守旅行社的规定

地陪必须带旅游团到旅游定点商店购物，应遵循游客自愿购物的原则，杜绝强迫客人购物的现象，购物次数不宜过多、在一地购物时间不宜过长。

● 因势利导，当好购物顾问

地陪应事先了解游客的购物意向，并根据旅游团的特点推荐旅游商品。在游客购物时，地陪应当实事求是地向其介绍商品的使用价值和艺术特色，绝对不允许欺骗游客。

小技巧4-2

适时提供购物服务，创造经济效益

一个"文房四宝旅游团"，由某国多家专门出售文房四宝的小商店的经理代表组成，来华旅游的主要目的是考察中国文房四宝的生产情况并买回样品。细心的导游掌握了这一信息，并了解到他们携有大笔现款，就主动介绍他们去杭州出售湖笔的店铺参观。参观后，游客购买了一批湖笔，不满足，又去了一次，两次共买了上万元的湖笔。

● 维护游客的利益

当游客向小贩购物时，导游员要提醒游客不要上当受骗，如果小贩强卖商品，导游员应出面予以制止，切不可放任不管；如果遇到部分定点商店不按质论价、出售伪劣商品时，地陪应与商店负责人交涉，维护游客的利益。事后要将该商店的行为报告给旅行社，避免以后出现类似问题。

2.7.4　自由活动

晚间若没有具体的活动安排，可让游客自由活动。自由活动时地陪可以不

陪游客外出，但要根据以下情况作好相应的安排。

1. 游客在饭店附近散步

对在饭店附近散步的游客，地陪一般不需太多关照而应随其自便，但要提醒他们不要去秩序混乱的场所。

2. 游客去远处活动

对于游客去远处活动，导游员应给予必要的协助，例如，帮助叫出租汽车，提醒他们带上印有饭店名称、地址和电话的卡片，并建议不要走得太远，尽早回饭店，关照他们小心自己的人身和财物安全。

3. 遇到特殊情况

在部分社会治安较差的地区或当地有特殊情况发生时，地陪要婉言劝阻游客外出，并向游客讲明原因，以免造成误会。

2.8 送团服务

送团是地陪导游活动的最后阶段，地陪要倍加努力做好工作，给游客留下美好的印象。如果在之前的旅游过程中出现过不愉快，这时地陪更应做好弥补工作，多向客人提供超常服务和个性化服务，努力消除游客的不愉快心情。这一阶段的导游工作主要分为以下三个层次。

2.8.1 送团前的业务

送团前的业务是非常琐碎的，稍不留神就会出错，因此地陪应更加细心地完成这一阶段工作。工作内容包括以下几个方面。

• 核实交通票证

主要是核实时刻表、接待计划与票面时间是否相一致，必要时地陪应亲自给相关单位和部门打电话核实。

• 准备好交通工具

• 商定叫早、早餐、集合及出发时间

地陪应与全陪、带队者商定叫早、早餐、集合及出发时间，并通知每一位游客和饭店有关部门。

• 提醒游客结清与饭店的账目

地陪应在旅游团离开当地的前一天，提醒、督促游客尽早与饭店结清所有自费项目账单。如有损坏客房设备的情况发生，地陪应协助饭店妥善处理赔偿事宜。

• 结算

地陪应与全陪认真细致地把本站的旅游费用结算清楚。如果是现金结算，地陪应当着全陪的面清点收回的现金；如果是汇款结算，则要填写好结算单，双方签字后，各自保留一份。

2.8.2 离店导游工作

• 集中交运行李

对有很多行李的国内旅游团，地陪应事先按商定的时间与全陪、行李员一道检查行李是否捆扎、有无破损等，在每件行李上加贴行李封条，然后共同清点、确认行李件数，并填写好行李交运卡。

• 办理退房手续

地陪在办理退房手续前还要协助饭店服务人员清点客房用品，如有丢失或损坏，要向领队说明情况并请领队协助处理。

• 集合登车

游客上车后，地陪要清点人数，在确认无误后，再次提醒客人检查随身携带的物品是否有遗漏。等一切办妥后，提醒游客坐稳再示意司机开车。

2.8.3 送行

• 征询意见

地陪要在适当的时间诚恳地征求游客对导游服务工作及整个接待服务工作的意见和建议，并感谢他们的支持。有的旅行社还要求游客填写旅游意见表，以此作为对导游员工作的一种监督。

• 致欢送词

这是一项加深感情、增加告别气氛、为整个旅游活动锦上添花的工作，导游员要认真对待。致词时语气要真挚、富有感情，切忌做作。为了增加效果，地陪也可以深情的歌唱来向客人告别。

小技巧4-3

致欢送词

重庆一位导游员在送别某国汉诗研究团队时所致的欢送词是："两天来，在各位的通力合作下，我们圆满地完成了此次在重庆的游览。在此，谨向各位表示深深的谢意！虽然我们双方的城市相距几千公里，但我们的心却是近的。我们两国人民的友谊源远流长，我唯一的遗憾是不能送你们一束彩色的丝带，一头在你们手里，一头在我们手里。虽然没有这种有形的丝带，但却有一条无形的彩带，那就是友谊的纽带。虽然看不见、摸不着，我却感受得到它已经存在了几千年。当年唐代诗人李白从这里经过三峡的时候，有感于亲友不能登舟随行，写下了'仍怜故乡水，万里送行舟'的诗句。我也不能登舟随各位远行，就让我用长江水，送各位回家好了。中国有句话说，'物惟求新，人惟求旧'，东西是新的好，朋友还是老的好。这次我们是新知，下次各位有机会再来重庆，我们就是故交了。祝各位万事如意，健康幸福，一路顺风！谢谢大家！"

● 告别

到达机场（码头、车站）后，地陪与全陪、带队者、行李员交接行李，协助办理行李托运手续。地陪与游客握手告别，目送游客过安检口。客人全部过了安检后，地陪也不要马上离开而应等飞机起飞后再返回。

2.9 善后工作

2.9.1 处理遗留问题

地陪应认真、妥善地处理好旅游团在当地游览时遗留下的问题，对游客委托办理的事，应向旅行社领导汇报，按照领导的指示办理。地陪还应及时与旅行社结清账目、归还所借物品。

2.9.2 总结工作

总结工作一方面可以帮助旅行社领导和有关部门了解旅游活动的情况，特别是存在的问题和游客的意见、建议，以便今后改进工作；另一方面对导游员本人也是非常重要的，导游员可以通过总结来积累成功的经验、吸取失败的教训，发现自己在各方面存在的不足，以促进导游员不断地学习和提高服务质量。

在写陪同小结和工作总结时，要做到实事求是，不能只报喜不报忧。对游客的意见和建议，力求引用原话。对于旅游过程中发生的重大事故，要作专门总结。

实践要点

沿途讲解与市容导游应注意以下内容。

1. 组织好要讲解的内容。

2. 讲解方法多用触生情法、移步换景法和画龙点睛法。

3. 调节好游览气氛。

实战演练

1. 实训项目

市容导游与沿途导游。

2. 实训内容

（1）位移中的沿途导游讲解；

（2）市容导游。

3. 实训目的及要求

熟悉并掌握市容导游和沿途导游的内容、方法与技巧，模拟时应注意活跃气氛。

4. 组织实训

（1）准备好道具：旅游车（学校的校车）、车载话筒；

（2）把学生分为几个小组（一般10人为一组较好），每个组选派1~2名学生扮演导游员的角色，其余学生均充当游客（有时充当国内游客，有时充当国外游客）；

（3）规划好行程路线，路线的选择要有代表性；

（4）教师对每段路线讲解内容的要点作明确的要求。

5. 检验实训效果

通过学生在旅行社的导游见习成绩来鉴定实训效果。

学习任务 ❸ 景点景区导游员的导游程序

【想一想，做一做】

江西省南昌市某革命纪念地讲解员小吴接待了一批部队离退休老干部旅游参观团。在她得知这个团成员的基本情况后，非常热情地接待了他们。她先请老干部到影像厅观看了南昌起义时相关访谈纪录的影像，然后带领这些老同志一处一处地参观，并作了详细的讲解介绍，对游客提出的问题一一解答。参观结束时她向这些老同志深深地鞠了一躬，说："请允许我代表我们年青一代向你们的革命功绩表示深深的敬意！"这些老同志对小吴的服务感到非常满意，特别对她那种尊重革命前辈的言行更是欣慰，后来他们一致决定以这个旅游团全体成员的名义给小吴所在单位写了一封热情洋溢的感谢信。

分析与提示

此案例中小吴的言行为何能打动游客，这些又能向我们说明什么问题？

知识储备

景区景点导游员简称为讲解员，是指在某一景区或景点内（一般是博物馆、纪念馆、名人故居、景区内的旅游点等）为游客提供导游讲解服务的导游员。其主要职责是负责景区、景点内的导游讲解和安全提醒工作。

景区景点导游员的工作程序相对全陪和地陪来说是比较单一的，任务非常明确。但这并不是说，景区景点导游员的工作程序就可随意安排、不需要认真准备。与之相反，正因为他们的工作任务非常明确、单一，游客对他们工作成绩的评价依据也非常单一，关键就是看其讲解水平的高低和服务质量的好坏，所以景区景点导游员更应该高度重视，不能马虎。景区景点导游员的工作程序如下。

3.1　讲解前的准备

景区景点导游员要想把自己的工作做好，必须事前认真作好准备，只有做到心中有数才能使自己的讲解万无一失。准备工作的内容主要有以下几个方面。

3.1.1　熟悉接待计划

景区景点导游员熟悉接待计划的重点是旅游团成员的职业、身份、国籍、宗教信仰、要求等。

3.1.2　熟悉景区、景点的情况

景区景点导游员首先要熟悉的就是所在景区、景点的基本概况，如历史、面积、特色、地理环境、典故、轶事及名人曾在本景区、景点的活动情况；其次要了解景点、景区有关管理规定；最后要了解相关环境保护、文物保护知识及安全措施等。

3.1.3　物质准备

景区景点导游员所要进行的物质准备是导游讲解时所需的扩音器、教鞭、幻灯片、DVD、导游图、宣传资料、游览工具、导游胸卡等。这些准备当中的扩音器、教鞭、幻灯片、DVD不是每一次都能全部用上的，而是根据需要和导游形式在一次导游活动中选择其中一部分使用。

3.2　接待旅游团

接待旅游团是景区景点导游员工作中最主要的部分，包括以下四个方面的内容。

3.2.1　致欢迎词

当客人来到导游员所负责的景区、展区时，首先要向来宾致欢迎词。欢迎词内容包括：自我介绍、欢迎旅游团来参观指导、宣布参观时的注意事项、表示高兴为旅游团服务和期望得到配合与支持。

3.2.2　导游讲解

● 讲明参观、游览线路和主要内容

导游员一般在正式参观前要向游客介绍本次参观、游览的线路和主要内容。这一方面是让游客基本了解整个景区或景点的线路，使其在掉队的情况下可以找到团队；另一方面也可以通过对基本内容的介绍激起游客进一步参观的欲望。

● 景区、景点概况介绍

导游员要向旅游团介绍景区、景点的历史、规模、布局；景区、景点的自然特征及人文特征；景区、景点的保护价值、艺术价值、经济价值等。

● 激发游客参观游览的积极性

导游员要通过对游客的观察和交谈掌握游客的兴趣与爱好，及时调整讲解的内容和方法，灵活、生动地进行讲解服务。

● 注意发挥宣传作用

景区、景点一般都是具有保护价值和教育意义的地方，是进行爱国主义教育和社会道德品质教育的重要场所，这也正是这些景区、景点的社会价值之所在，因此导游员要注意使自己在这些场所的介绍、讲解具有宣传作用，达到传播和教育的目的。

3.2.3　购物

导游员要做好购物服务工作有两个重要原因，一是购物活动是景区、景点除了门票收入之外的最主要的收入来源，为景区、景点的开发和保护提供了必要的资金；二是景区、景点的旅游商品都非常有特色，对游客具有一定的纪念价值，对景区、景点也有极好的宣传作用。因此，景区、景点导游员要如实、详细、生动地向游客介绍这些商品，促使游客主动购买，同时维护游客的利益，制止不法商贩尾随兜销或强买强卖。

3.2.4　送别

景区、景点导游员应特别注意：讲解工作结束并不意味着自己的接待工作也随之结束，这时不能把客人晾在一边不管，而应在讲解完后主动陪同游客进一步自由参观游览、购物，直至最后热情地把客人送出。

● 致欢送词

在游客离开之前，导游员感谢游客的合作与支持，征求意见和建议以示对客人的尊重，表示美好的祝愿，并欢迎再次参观游览。

● 与游客告别

导游员在游客将要离开时，向他们赠送宣传资料和纪念品，并与之握手告别，目送游客乘车离去。客人离开后，认真填写接待记录。

实践要点

1. 根据景点的内容和客人的反映选用正确的讲解方法。

2. 根据客人的兴趣和层次进行针对性讲解。

3. 讲解时要充分运用肢体语言。

4. 讲解时掌握好语音、语速，要有节奏感。

实战演练

1. 实训项目

景点导游讲解技巧。

2. 实训内容

分段讲解法、问答法、虚实结合法、画龙点睛法、突出重点法、类比法等。

3. 实训目的及要求

通过模拟实训，力求做到讲解具有科学性、针对性、艺术性和生动性。讲解的同时还应该注意客人的动向，防止意外事故的发生。

4. 组织实训

（1）组织学生观看相关景点的风光片，并要求学生根据观看的景点风光特征创作一篇导游词；

（2）准备好道具：手提话筒、背投、景点风光碟片；

（3）把学生分为几个小组（一般10人为一组较好），每个组选派1~2名学生扮演导游员的角色，其余的学生均充当游客（有时充当国内游客，有时充当国外游客）。

5. 检验实训效果

通过学生在旅行社的导游见习成绩来鉴定实训效果。

学习任务 **4** 出境领队的带团程序

【想一想，做一做】

某具有出境游资格的国际旅行社打出广告，声称以"低廉的价格，优质的服务"为旅游者提供线路。某公司为了激励员工，决定组织一次境外旅游活动。经过与该旅行社的洽谈和协商，该公司决定全额支付旅游费用，并按照旅行社的要求，为每一位员工支付了800元的境外自费项目，同时书面约定，所有参团员工不需要在境外支付其他任何费用，除非他们主动提出参加某些项目。组织的旅游团到达境外后，境外导游员给旅游者一份自费项目目录和价格，供每一位旅游者选择，境外导游员同时规定，每一位旅游者交纳自费项目费用1 600元，否则就不再提供服务。在整个过程中，领队一言不发。由于身处异地，旅游者被迫按照境外导游员的要求，每人支付了1 600元的自费项目费用。回国后，旅游者向组团社提出返还1 600元的要求，但遭到拒绝，后又向旅游管理部门投诉。

分析与提示

该案例中，作为组团社的代表及游客利益的维护者，领队没有对外方导游员的违规行为及时指出并制止，而是一副漠不关心的态度，从而导致国内游客的利益受到了侵害。针对上述问题，旅游管理部门应当如何处罚该国际旅行社和领队？旅游者已经交纳的1 600元自费项目费用是否应当返还，为什么？

知识储备

带出境团的工作程序实际上就是领队的工作程序。领队，这里是指出境领队，是经国家旅游行政管理部门批准组织出境旅游的旅行社的代表。他既是旅游团雇佣的服务工作人员，也是旅游团的代言人，在旅行社之间、游客与全陪及地陪之间起着桥梁作用，其主要工作是：监督接团社落实接待计划的实施，在旅游过程中积极协助导游员落实各项接待服务，共同完成接待工作。

随着我国公民自费出境旅游的快速发展，出境领队的队伍也越来越大了，为切实维护出境游客的正当权益，必须加强出境领队的队伍建设，规范他们的服务行为，提高其责任心和服务质量。本节要介绍的是我国出境领队的一般工作程序。

4.1 出境领队的前期工作

4.1.1 研究旅游团

了解旅游团成员的阶层、职业、年龄、性别、重点人物情况。

4.1.2 研究旅游线路和旅游计划

了解旅游目的地的历史、地理、文化、政治、经济情况，研究组团社的计划是否与游客要求一致，接团社的安排是否与组团社一致，有变动时及时通知组团社进行部分计划修改，组团社认可后应将情况报告接团社，尽量在出行前做到游客、组团社和接待社一致认可。

4.1.3 作好物质准备

出境领队要作的物质准备的内容主要有：集体签证，核实种类票证；向旅行社领取必要的团款，准备好自用的随身携带的日用品；为出境游客代填各种表格。

4.2 出境领队的接待工作

4.2.1 开好出发前的介绍会

旅游团成员聚集以后，向其介绍目的地情况、旅游线路、风土人情、接待情况、注意事项。介绍可采取放录像、电影、幻灯片的形式，也可以向游客发放资料。

4.2.2 带团出发

出境领队要在离境前核实各种票据、表格、旅行证件，检查全团成员预防注射情况，落实有关分房、交款、特殊要求等事项。领队应提前带领游客前往出境口岸，办理出境手续，其中包括出关手续和卫生检疫；登机手续，包括分配本团成员座位、托运行李等。

4.2.3 办理入境手续

到达旅游目的地后，带领旅游团办理好卫生检疫、证件查验、海关检查等入境手续。

4.2.4 首站联络

抵达目的地后，出境领队应迅速与接待方旅行社的全陪和首站地陪取得联系。先作自我介绍，通报全团实到人数及游客的特殊要求，与全陪、地陪、行李员办理行李交接手续后，上旅游车，开始旅游目的地的活动。

4.3 出境领队目的地的陪同工作

4.3.1 团队入住饭店工作

出境领队负责办理入住手续并分配房间；宣布叫早、早餐、出发时间以及自己和全陪的房间号、电话号码；检查行李是否送到客人房间，协助团员解决入住后的有关问题。

4.3.2 商定日程、监督旅游计划实施

在与当地导游商定日程的过程中，遇有当地导游修改日程时，出境领队应坚持"调整顺序可以，减少项目不行"的原则，以确保不损害游客的利益，必要时报告国内组团社；当地导游推荐自费项目时，要征求全体旅游团成员的意见。

4.3.3 配合当地导游工作

游览过程中，出境领队要配合全陪、地陪工作，注意游客的动向，防止各类事故发生；与接待旅行社密切合作，妥善处理各种事故和问题，消除不良影响。

4.3.4 保护游客合法权益

当接待社或某个接待部门不履行合同，游客的利益受到损害时，出境领队应与接待方交涉，保护游客的合法权益，必要时向国内旅行社报告。

4.3.5 指导购物

国内很多出境团的投诉都是关于在境外购物的，因此出境领队在这方面要特别注意。出现当地导游员过多安排购物次数和延长购物时间的情况时，要及时交涉；购物时要提醒游客注意商品质量，以防商家以次充好，尤其是在购买文物和中药材等物品时，要将目的地国家的相关规定告知游客。

4.3.6 做好团结工作

在境外旅游，团结工作是一项非常重要且较敏感的问题，如果处理不好就会影响整个旅游活动的正常进行，所以出境领队不要小视这类问题。

出境领队在团结工作方面的职责是：维护旅游团内部团结，协调游客之间的关系，妥善处理矛盾。处理好游客和地陪、全陪之间的关系，处理好本人与

地陪、全陪的关系，以大局为重，积极消除矛盾，努力保持整个大集体团结和谐的氛围，共同完成旅游接待工作。

4.3.7 保管证件机票

进出境时，出境领队应自始至终保管好旅游团的集体签证。我国旅游团在海外旅游期间，一般由出境领队集中保管游客的护照等证件（海外团队在我国旅游一般自持护照）。我国有些机场海关需要按团队检查旅游团护照，此时领队应协助机场的工作以提高效率。出境领队应保管好全团机票和各国入境卡、海关申报卡。

4.3.8 办理离境、入境手续

游程结束后，出境领队带领全团游客办理旅游目的地国家的离境手续和中国入境手续，请游客填写意见表，并收回；详细填写《领队小结》，整理反映材料；结清账目，协助旅行社领导处理遗留问题。

4.4 结束工作

带游客回国并不意味着出境领队的工作就此全部结束，其还应当做好入境后的善后工作，包括送别、处理遗留问题、填写《领队日志》三个部分。

4.4.1 送别

出境领队带游客回国后，请游客填写意见表，征求他们的意见和建议，并把意见表收回。另外，出境领队还要代表旅行社举行告别宴会（必要时旅行社的领导应出席宴会并致词），致欢送词，使旅游活动圆满结束。

4.4.2 处理遗留问题

协助旅行社领导处理可能出现的投诉等问题；妥善处理游客的委托事务；与旅行社结清账目，归还所借物品。

4.4.3 填写《领队日志》

出境领队填写的《领队日志》有利于国内组团社了解接待国和地区旅游业的发展状况、旅游服务水准、导游员的业务水平和敬业精神、旅游设施水准等，从而采取相应的对策。因此，出境领队应重视《领队日志》的编写工作。每一篇《领队日志》都必须包括以下几个方面的内容。

• 境外接待方的饭店、交通、餐饮、娱乐场所等旅游设施状况及接待水准。

• 境外接待社全陪及各地地陪的业务水平、导游服务技能、处理问题的能力和服务态度。

• 境外接待社落实旅游接待计划的情况及存在的主要问题。

• 游客在境外旅游中的表现、意见、建议，以及他们对本次旅游活动安排和境外接待方接待工作方面的反映。

• 接待方导游员之间的合作状况及存在的问题。

• 境外旅游过程中出现问题和事故的原因、处理过程与结果，以及游客的反映。

• 总结本次带团中成功的经验和失败的教训，并对今后的工作提出自己的意见和建议。

总之，无论是全陪、地陪还是出境领队都要切实掌握自己的工作程序，明确自己的工作职责和范围，在工作中一方面要认真履行自己的工作职责，另一方面还要配合导游集体的工作，共同把旅游团带好，使整个游程顺利进行，让游客感到高兴、愉快和满意。

实 践 要 点

送站服务要掌握的要点有以下几个方面。

1. 确定叫早时间。

2. 做好提醒工作。

3. 退房的办理及注意事项。

4. 行李的集中与运送。

实 战 演 练

1. 实训项目

送站服务。

2. 实训内容

（1）提醒工作；

（2）协助退房和运送行李；

（3）致欢送词；

（4）送站手续的办理。

3. 实训目的及要求

要求学生通过实训熟悉并掌握送站的程序、内容和注意事项等，尤其要做好提醒工作、落实票据、交接行李、致欢送词等。

4. 组织实训

（1）准备好道具：旅游车（学校的校车）、车载话筒、学校实习宾馆大堂、模拟的机场安检及行李托运窗口；

（2）把学生分为几个小组（一般10人为一组较好），每个组选派4名学生分别扮演地陪、全陪、领队、行李员的角色，其余的学生均充当游客（有时充当国内游客，有时充当国外游客）。

5. 检验实训效果

通过书面测验和情景模拟来检查学生对所学知识和技能掌握的熟练程度。

本项目总结

知识梳理

1. 全陪工作程序

① 准备工作　② 迎接游客　③ 途中服务　④ 住店服务　⑤ 核对商定日程

⑥ 各站服务　⑦ 离站服务　⑧ 回程服务　⑨ 善后服务

2. 地陪工作程序

① 准备工作　② 迎接游客　③ 首次导游工作　④ 住店服务　⑤ 核对商定日程　⑥ 参观游览活动　⑦ 其他活动　⑧ 送团服务　⑨ 善后工作

3. 出境领队在旅游目的地的工作内容

① 团队入住饭店工作　② 商定日程、监督旅游计划实施　③ 配合当地导游工作　④ 保护游客合法权益　⑤ 指导购物　⑥ 做好团结工作　⑦ 保管证件机票　⑧ 办理离境、入境手续

主要概念

1. 旅游团队　　2. 景区景点导游员

知识习题与技能训练

1. 全陪、地陪及出境领队的带团程序分别是怎样的？

2. 接团前，全陪与地陪分别要做好哪些工作？

3. 游客入住饭店后，地陪要做好哪几个方面的工作？

4. 商定日程的原则是什么？地陪针对领队所提出的不同意见应采取哪些措施？

5. 地陪在前往旅游景点途中的导游工作主要有哪些内容？

6. 地陪在景点现场导游时应注意哪些问题？

7. 地陪送团前的业务是什么？

8. 地陪如何清点交接行李？

9. 出境领队接待工作有哪些内容？

项目 **5**   散客旅游服务

■ 学习目标

■ 知识目标

通过本项目的教学，使学生了解散客的心理特征、散客内容的业务项目、了解散客旅游与团体旅游的区别；掌握散客旅游的概念、散客旅游的类型与特点、散客接待的方式、散客旅游的接待程序。

■ 技能目标

通过本项目的技能训练，要求学生掌握散客旅游的招徕方式、散客旅游的接待方式、散客旅游的接待程序、对散客的讲解技巧等。

■ 案例目标

通过本项目案例的教学，让学生充分认识到散客旅游与团队旅游的根本区别，从而达到对散客旅游接行工作的重视。

■ 实训目标

通过实训活动，让学生掌握散客接待、散客招徕工作中所要关注的细节，以及对散客与旅游团进行景点介绍的区别之所在。

■ 教学建议

1. 在教授本项目内容前布置学生就散客旅游占当地旅游接待量的份额进行调查。
2. 让学生去当地旅行社了解散客的特点和接待要求。
3. 安排学生利用假期见习期到当地旅行社散客接待处见习。

20世纪80年代以来，世界旅游市场出现了"散客化"的旅游潮，欧美各主要旅游接待国的散客市场份额达到了70%~80%，有的甚至高达90%，经营接待散客旅游的能力已成为衡量一个国家或地区旅游业成熟度的重要标志。我国散客旅游的比例虽然低于旅游发达国家，但近年来发展十分迅速，已占到我国旅游客源市场的近半壁江山，特别是在一些大中城市和沿海地区，散客比例更大。2000年，我国的国内旅游人数约7.44亿人次，而其中由旅行社承办的仅为3 814万人次，仅占总旅游人数的5.1%。在2002年，国家统计局中国经济景气中心会同中央电视台《中国财经报道》对北京、上海和广州三地的城市居民进行了调查，结果显示选择自助出游的游客比例高达38.8%，而选择团队旅游的仅占8.3%，其余部分受访者没有作出回答。

由以上数字可以看出，无论是在现实的旅游市场还是在潜在的旅游市场上，散客旅游都已经占据了我国各种旅游活动的大部分份额，成为旅游市场的主角。随着西方旅游企业逐渐进入中国旅游市场，中国旅游企业开始思考如何与之竞争，决定企业发展命运的散客旅游市场成为当今中国旅游界最为关注的问题。在对散客的接待服务工作上，尽管国内大部分旅行社都有所涉及，但还不成熟，只是处于起步阶段，没有形成系统的、高效的服务体系和规范的服务程序，这势必影响国内旅游业的发展。本章将根据我国旅游市场的现状，并结合国内外旅游业在散客接待上的经验和作者多年来的研究心得，向广大读者介绍散客旅游服务方面的知识。

学习任务 ❶ 散客旅游

【想一想，做一做】

团队变散客，服务就不一样吗

李先生夫妻二人决定在7月下旬到九寨沟、黄龙旅游。在考察过多家旅行社后，他们于7月20日与A旅行社签订了由该社组织的成都、九寨沟、黄龙双飞7日游的随团游览合同，并交了全额团款。

该团原计划于26日晚出发，但李先生一直等到25日下午仍得不到出团的消息，于是不得不打电话到A旅行社询问情况。A旅行社此时却告知因人数不够无法成团，如果去只能作为散客出发，由B旅行社接待，去不去自定。李先生对A旅行社这种不负责的行为非常气愤，但由于旅行社一再保证"按照合同服务质量"，且已向单位请了假，时间不便更改，只得同意了A旅行社的安排。在整个旅游过程中，地接社导游员带着他们在各个风景点匆忙而过，很少讲解，但在各个购物点的逗留时间却很长。此外，李先生还发现在成都未安排游览文殊院、青羊宫等著名景点，入住的大酒店条件也很差，不符合合同规定的二星级标准。他们多次向导游员反映，并打电话到B旅行社要求履行合同。B旅行社却告诉他们说："你们不是和我们签订的合同。合同标准是你们与组团社之间的问题，我们不知道。"游览结束后，李先生以违反合同为由将A旅行社投诉到旅游质量监督管理部门，要求维护自己的合法利益。

分析与提示

请问此案例中李先生夫妇俩是不是真正意义上的散客？他们哪些权益受到了损害，应该得到怎样的赔偿？

知识储备

近年来，随着旅游市场日趋成熟、游客自主意识增强以及游客消费观念改变，团队旅游在安全、省时、方便、价格便宜等方面的优势对游客的吸引力已有所下降，而为避免团队旅游的弱势而产生的散客旅游则以其独特的优点吸引着广大游客。那么什么是散客旅游？

1.1 散客旅游的概念

散客旅游是相对团体旅游而言的。散客旅游（Full Independent Tour，简称F.I.T），也称"个别旅游"，是指游客根据自己的兴趣和爱好自行选择旅行社制定的旅游线路和日程的全部或部分内容，或是自己设计线路并安排旅游日程，然后再由旅行社作某些安排，零星现付各项旅游服务费用的旅游方式。因散客旅游灵活、自由、可选择性强，因而为很多游客所喜爱。

1.2 散客旅游的类型

由于散客旅游灵活、自由，人们可以根据心情、爱好、兴趣及需要自由组合，从而使其类型复杂多样。本章将主要介绍国内外最为普遍的三种类型：个体旅游、结伴旅游、家庭旅游，这是根据游客规模划分的。

1.2.1 个体旅游

参与这类旅游的游客是独自一人的，他们往往是那些自主意识和个性都比较强的游客。这类游客一般都自备旅行必需的行李和物品，甚至还准备了帐篷，露宿野外，但这类游客的数量相对较少。他们需要委托旅行社办理的服务较少，主要是代订机票和客房，只有极少数人要求导游陪同。

1.2.2 结伴旅游

结伴旅游是由两个或两个以上的游客结伴而行的旅游形式，这是当前国内外散客旅游中最为常见的旅游形式。相对来说，结伴旅游的游客要求旅行社提供的服务是最不稳定的，有的是把整个旅游活动的安排与接待都委托给旅行社来操作，有的则像个体旅游一样，几乎不需要旅行社为其提供旅游服务。这类游客的旅游消费水平也有很大差别。

1.2.3 家庭旅游

家庭旅游是介于前两者之间的一种旅游形式，多是单个或几个家庭一起活动的。这类旅游要求旅行社提供的旅游服务是最多的，他们会在决定旅游之前向旅行社咨询旅游线路、活动项目及日程安排，出游时会委托旅行社代办大部分或所有的服务项目，如订房、订机票和车船票、市内旅游用车、导游服务等。

1.3 散客旅游的特点

与团体旅游相比，散客旅游具有非常明显的特点。

1.3.1 自主性强

散客旅游线路的选择和旅游日程的安排都是由游客根据自己的兴趣与爱好自主决定的，旅行社只提供咨询服务和参考意见。他们还根据自己的需要，自主选择单项服务项目。

1.3.2 组成形式灵活

散客旅游的组成形式完全是根据游客的兴趣、爱好、关系亲疏来确定的，既可以是个人，也可以是一个家庭或多个家庭，形式灵活多样。

1.3.3 旅游费用高且需现付

散客旅游在旅游产品的购买上强调"点菜式"或"量体裁衣式"，游客自愿结合、自定线路、随走随买，而非一次性付清旅行费用或完全被动接受既定的旅游项目。由于散客旅游选择的是单项服务或小包价服务，这些旅游产品的价格是零售价格，因此比团体价格高得多，且都必须采取零星现付方式。

1.4 散客旅游服务项目

旅行社为散客旅游提供的旅游服务项目可大体上分为三大类：旅游咨询服务、单项委托服务、选择性旅游。

1.4.1　旅游咨询服务

旅游咨询服务就是旅行社的门市柜台或散客服务中心的接待人员向游客提供各种与旅游有关的信息和建议的服务。这项服务是项不收费服务，但对旅行社招徕散客来说却是不可缺少的手段，因为它是打开散客旅游市场的金钥匙。旅行社可以通过向游客提供旅游咨询服务，让他们了解旅游产品并引导他们购买产品，从而达到扩大客源、销售产品、增加收入的目的。

旅游咨询的形式可分为电话咨询、信函咨询、人员咨询和网络咨询四种基本类型。

1.4.2　单项委托服务

单项委托服务是指旅行社为散客提供的各种按单项计价的可供选择的服务。旅行社为散客提供的单项委托主要有：抵离接送、行李提取和托运、代订饭店、代租汽车；代订、代购、代确认交通票据；代办入境、出境、过境临时居住和旅游签证；代办国内旅游委托；提供导游服务；代向海关办理申报检验手续等。

单项委托服务分为受理散客来本地旅游的委托、办理散客赴外地旅游的委托和受理散客在本地的各种单项服务委托。旅行社向散客提供的单项委托服务是通过在各大饭店、机场、车站、码头设立的门市柜台和社内散客部进行的。

1.4.3　选择性旅游

选择性旅游就是旅行社的散客部门或散客服务中心通过招徕，将赴同一旅游线路、地区或相同旅游景点的不同地方的旅游者组织起来，分别按单项价格计算的旅游形式。选择性旅游的具体形式多样，主要有小包价旅游；散客的市内游览、晚间文娱活动、风味品尝；到近郊或邻近城市旅游景点的短期游览参观活动，如"半日游"、"一日游"、"数日游"以及"购物游"等。

旅行社开拓选择性旅游，应抓好销售和接待两个主要环节，关键要让与游客达成的接待协议得到落实。接待购买选择性旅游产品的游客是旅行社散客旅游服务的另一个重要方面。由于选择性旅游产品具有品种多、范围广、订购时间短等特点，所以接待购买选择性旅游产品的游客要比接待购买团体包价旅游团更为复杂和琐碎。

1.5　散客旅游的意义与影响

发展散客旅游对于我国旅游业具有非常重大的意义和影响。它的重要意义在于表明我国游客自主旅游意识的增强和旅游消费观念的成熟，也标志着我国旅游市场的成熟。

对我国旅游业的影响主要集中表现在以下两方面。一方面散客旅游的兴起和发展推动了旅游方式由点线旅游向板块旅游转变。目前制约我国旅游业发展的一个重要"瓶颈"是旅游交通状况。在可支配收入和闲暇时间数量的共同约束下，游客或通过自驾车在方圆300公里以内的地区进行游览，或通过长途铁路运输或者"机票酒店"运营模式集中在某一特定的区域进行游览。这种板块旅游方式较之于传统旅行社所提倡的点线型旅游方式更能促进游客旅行质量的提高，更符合通过旅游拓展心理空间、进而更好地实现休闲和娱乐的目的。

另一方面，随着散客旅游的兴起和发展，产生了独立于旅行社垂直分工体系的另一类旅游供给方：散客服务中心。传统的旅行社垂直分工体系认为，我国现行的旅行社发展趋势是大型旅行社进行跨国经营，中型旅行社进行专业化经营，小型旅行社进行网络化经营。这种分工体系代表着我国未来旅行社的发展方向。然而，占游客绝大部分的散客的旅游需求在这三个层面上都是无法得到满足的，于是在现实市场的迫切需求下，散客服务中心这一新型的旅游供给方在市场竞争中脱颖而出。上海、北京、苏州、杭州和广州等经济发达的城市都已经出现了规模不同的散客服务中心，这些组织往往由该地区的旅游行政主管部门或者行业协会牵头，通过将导游服务中心、饭店和餐厅、旅游纪念品商店、旅游车船公司等旅游企业的信息和空闲资源整合在一起，向前来咨询和购买旅游产品的游客进行分配与销售。这种组织履行的是企业的功能，在实质上却是一个事业编制的单位。这种组织的发展前景有待于观察和研究，然而从旅游市场的反应来看，这种组织对于满足散客层面上的需求、解决散客旅游过程中可能遭遇的问题却是及时而富有成效的。

实践要点

1. 接电话时间的掌握。
2. 接电话时的语气。
3. 各项服务的报价技巧。

实战演练

1. 实训项目
单项委托服务。
2. 实训内容
（1）单项委托咨询服务；
（2）单项委托报价技巧；
（3）办理单项委托手续。
3. 实训目的及要求
通过训练进一步加深对散客单项委托接待业务的了解，掌握单项委托服务的技巧和内容，特别要注意委托业务的落实。

4. 组织实训

（1）实训地点：教室或导游实验室；

（2）实验道具：电话、旅游宣传品、办理单项委托的各种文件和单据表格等；

（3）从全班学生中选出3~4组学生，每组2人，分别扮演散客和门市业务员；

（4）教师让扮演散客的学生按照事先设计的问题向扮演咨询服务员的学生提问，再由扮演咨询服务员的学生根据所学知识和散客所提问题的客观情况进行解答。教师对学生的每一步进行点评，对有错误的环节进行纠正。

5. 检验实训效果

通过学生散客接待工作的模拟成绩来检验实训的效果。

学习任务 ❷ 散客旅游招徕接待业务

【想一想，做一做】

呼和浩特市魅力草原旅行社有限责任公司是集团体接待、散客旅游、汽车租赁、商务会议、代订飞机票、客房等业务为一体的服务型企业。经验丰富的业务骨干、接待周到的导游队伍会为您的旅游出行提供安全的保障。呼和浩特市魅力草原旅行社企业文化如下。服务理念：精细、从点点滴滴做起；企业精神：拼搏、奉献、诚信、创新；企业目标：诚信求发展、质量铸品牌；价值观：厚德载物、专业精深、真诚共赢；市场意识：拓一方市场、聚一方朋友、创一方信誉；管理思想：观念律道、纪律律人、规律律事、亲力亲为；经营理念：先做人，后做事；以人为本，和谐旅游！公司始终坚持"诚信为本，游客至上，崇尚自然，追求卓越"的服务理念，为游客营造更高层次的生活享受。

资料来源：呼和浩特魅力草原旅行社有限责任公司网站。

分析与提示

这是一则旅行社招徕散客的广告词。这则广告词就是要向广大旅游者传递这样的信息：该旅行社是一家"诚信为本、游客至上、服务质量优良"的旅游企业，参加本社组织的散客旅游报名方式便捷，旅游活动内容丰富多彩，旅游价格公道、物有所值。这些信息正符合当前散客旅游者的心理特征，可谓是一则针对性极强的广告。

 知识储备

旅行社要开拓散客旅游市场、扩大客源、增加收入，就要认真做好散客旅游的招徕和接待业务，实际上就是要做好散客旅游产品的销售工作。本节将向大家介绍旅行社散客旅游产品的相关内容。

2.1 散客的心理特征

掌握散客的心理特征对旅行社的门市柜台或散客服务中心的接待人员做好接待和销售工作非常必要，因为只有掌握了游客的心理，才能投其所好，引导游客购买产品。散客一般具有以下几种心理特征。

2.1.1 求自主，反包办

散客之所以不愿意参加团队旅游，就是因为他们反感于团队旅游线路和日程都是由旅行社制定好，然后以大包价的形式销售的，这使得游客没有选择的余地，也非常得呆板。散客都希望自主安排线路和行程、自主选择服务项目，反对旅行社大包大揽，从而使旅游计划能充分地反映出自己的想法和主张。

2.1.2 求自由，反干预

旅游散客希望在旅游过程中能自由尽兴地游览，能充分张扬自己的个性，反对团队赶鸭式旅游。团体旅游存在浏览项目、路线限制过多，游客缺乏活动自由的缺陷，还有个别旅行社为了追逐经济利益，将旅游项目安排得过于集中，使游客对景点只能走马观花、浅尝辄止，处处赶时间，无法尽兴，从而使传统的包价方式越来越不能适应现代游客的需要。

2.1.3 警惕性高，提防心重

散客一般在出游前和旅游过程中都保持相当的警惕性，担心上当受骗，因而对旅行社门市柜台和散客服务中心的接待员与导游员的介绍、报价不是十分相信，一般要在货比三家后才下决心购买。

2.1.4 对价格敏感

大多数散客对旅游价格都非常敏感，他们陶醉于精打细算、讨价还价，尤其是在住宿、餐饮、当地交通等旅游基本要素方面更是如此。

2.1.5 偏爱特色旅游产品的消费

散客在具有特色的旅游产品上的消费特别慷慨。他们对一些价格弹性较大

的产品显现出不俗的购买力，对"特色"更是格外偏好，例如，特色旅游项目、具有当地特色的工艺品、地方美食等。

2.2 散客的招徕方式

散客的招徕方式主要有旅行社设立门市柜台、散客服务中心和设点摆摊等。其中，设立门市柜台和散客服务中心是一种被动地等客上门的销售策略，设点摆摊则是主动出击、自找客源的销售方法。这两种方法之间是一种互补的关系，可根据不同的客人、不同的市场环境采取相应的措施。

2.2.1 门市柜台和散客服务中心的日常业务

设立门市柜台与散客服务中心是当前旅行社和旅游企业宣传自己、招徕散客的重要渠道。门市和服务中心的业务成功与否主要取决于两个因素：一是门市和服务中心位置的选择；二是接待人员的素质。门市和服务中心一般要设在客源流动量大的车站、码头附近或在闹市区内，而且门面要选在临街的街道边，便于游客寻找。对门市或服务中心要进行适当的装修，既要向游客传递相关旅游的信息，又要体现出本企业的文化，创造一个适合接待的业务洽谈氛围。接待人员的素质对旅游产品成功销售所起的作用相对来说更大，因此在招聘业务员时，要对他们进行全面考核。一名合格的业务员要具备良好的思想道德品质，具有较高的语言表达能力和外语水平，要善于观察游客的心理、精通旅游业务知识，要熟练掌握旅游产品的销售技巧、全面了解旅游产品的内容等。

门市柜台和服务中心的主要服务项目是向游客提供旅游咨询服务、提供选择性旅游服务、办理散客旅游委托服务和票务业务等。

1. 旅游咨询服务

门市柜台和服务中心的接待员，在接待散客的咨询时要热情礼貌、主动积极，办事效率要高，要给客人一个良好的印象。如果客人是电话咨询，接待员应在电话铃声响过一次后就拿起话筒，向客人问好并自报家门，询问能为他提供什么帮助等，例如，"您好，这里是某某服务中心，我能为您提供什么帮助"。若客人是登门咨询，接待员要主动上前表示欢迎并让客人坐下、递上茶水，然后询问客人需要什么帮助。

客人无论是电话咨询还是登门咨询，接待员首先要弄清客人的目的，然后根据需要有针对性地向客人介绍本社旅游产品，耐心细致地解答游客所关心的问题。在客人有犹豫时，要提出参考意见供客人选择，竭力促成游客的购买行为；如果客人不能作最后的决定，应建议他再思考思考，事后整理好有关资料并归档。

2. 提供选择性旅游服务

选择性旅游是散客旅游最常见的方式，大多数游客都希望旅行社能根据其需要为其重新设计线路和日程。这时接待员不能以没有现成产品为由予以拒绝，反而要熟练、迅速地为其设计线路、安排日程、准确报价，供游客选择。

选择性旅游服务的关键性工作是完善供应网络、确保及时采购。旅行社应建立和完善供应网络，随时掌握网络内各单位的服务价格、优惠条件、预订政策和退订制度等。旅行社在接受散客旅游委托后，应立即在网络内进行采购，有时还需在对散客市场进行科学预测的情况下，提前预订部分产品，以确保选择性旅游业务得以顺利实现。

3. 办理散客旅游委托服务

散客旅游委托服务有三种基本情况：受理散客来本地的旅游委托、代办散客赴外地的旅游委托、受理散客在本地的旅游委托。

（1）受理散客来本地的旅游委托

接待员在接到外地旅行社代办的散客来本地旅游的委托通知时，应认真做好以下几个方面的工作。

• 认真记录委托内容

记录散客的姓名、国籍、人数、性别；抵离日期、所乘航班、车（船）次；房间的标准和数量；导游语种；要求提供的服务项目和付费方式等。

• 下派任务通知

记录完委托内容后，接待人员要按记录的内容认真填写任务通知书，一式两份，一份留存，另一份交由经办人办理。

• 按单采购

经办人接到任务通知书后，应立即按照内容进行预订，并在通知书上注明预订情况；及时落实符合要求语种的导游员。若是无法提供所需的委托项目，应在24小时内通知外地旅行社。

（2）代办散客赴外地的旅游委托

代办散客赴外地的旅游委托与受理来本地的旅游委托在工作难度和责任上都大不相同。由于是前往外地旅游，旅行社必须把代办项目委托给外地旅行社办理，这样一来，自己所代办的旅游委托能否完成就取决于外地旅行社，因此代办赴外地的旅游委托要慎之又慎。

• 要有足够的时间准备

一般游客应在离开本地的三天前到旅行社办理赴外地的旅游委托手续，若代办当天或第二天赴外地的旅游委托，则要根据当时的情况而定。如果由于时间紧，不能办理客人的委托，则要向客人表示歉意并说明情况。

● 认真接待

接待员在接受和办理散客赴外地的旅游委托时，要耐心询问客人的要求，认真检查、核对办手续必需的有效证件。

● 收取费用

接待员要根据客人委托代办项目的收费标准，逐一计价并向客人说明，收取现金并开发票。

● 委托更改或取消

若游客在办理了旅游委托后要求更改或取消委托，应提前一天到旅行社办理变更或取消手续。对要求取消委托的，可适当收取长途话费。

（3）受理散客在本地的旅游委托

这是指散客来到一地后，直接向当地旅行社申请办理在本地的单项旅游委托。接待员受理该项委托的程序与代办散客赴外地的旅游委托一样。

4. 票务业务

票务业务是门市业务和服务中心的主要任务之一，也是一些旅行社的收入来源之一。有不少旅行社建立了票务中心，作为航空公司、火车站、轮船公司的客票代售点。

（1）火车票和轮船票代售程序

火车票和轮船票代售程序主要有三步：受理预订、出票、退票。

● 受理预订

客人预订客票一般是通过电话或登门预订两种方式进行的。票务员要问清游客前往的目的地、所订班次、时间、票种，耐心回答游客所提的问题。然后，在电脑上查询游客所需票种的预订和出售情况，如果还有就让游客填写预订单。票务员认真核对无误后，为其预订所需客票，并告知取票时间和手续。如果游客所需客票已经没有，则应告诉游客实情。

● 出票

售票员要求游客出示预订单，然后根据预订单出票。出票时要认真核对日期、班次、目的地和张数。

● 退票

退票时，请游客填写退票单，按规定向其收取手续费。然后，把退票和退票手续费一并上交财务，保管退款单据，并在电脑已售票栏上注销所退客票。

（2）飞机票代售程序

代售飞机票是旅行社票务中心的主营业务。它包括准备客票、受理预订、售票、补票和销售结算五个步骤。

• 准备客票

由于航空运输的特殊性，票务中心必须事先准备好代售的航空公司的客票，以保证及时为游客提供客票。

• 受理预订

游客一般通过电话或登门两种方式进行预订。若是电话预订，票务员要认真问清客人的名字、国籍、性别、工作单位、航班、日期、目的地、等级及联系电话等，然后在计算机上查询客票预订情况。如果客人所需机票已经售完，应介绍其他方案供客人选择，待客人确定某个航班后，再为其订票，并告知取票时间和手续。若客人是登门订票，应先问清日期和航班次，再在计算机上查询预订情况。如果还有票，就请客人填写订票单，核对无误后为其办理预订，告知取票时间和手续。

• 售票

先由客人填写订票单，售票员核对订票单后按照订单上的内容准确无误地输入计算机网络。售票员收取客人的票款后，出票给客人。

• 补票

游客遗失机票后，将相关信息告诉票务员，票务员将这些信息输入电脑并注明"客票遗失勿退"，在系统中声明作废，再向失主开具遗失证明书。游客凭遗失证明于飞机离港前一天下午到航空航天公司售票处补票并交纳补票费。旅行社的票务中心一般不办理退票业务，游客若因特殊原因退票，应到航空公司的票务中心退票，并按规定交纳退票手续费。

• 销售结算

旅行社的票务中心根据与航空公司签订协议上所规定的佣金提取比例和日期与所代理的航空公司结算。

2.2.2 摆摊设点

为了方便旅游散客，旅行社不仅要等客上门，而更应鼓励旅游企业人员走出企业大门，与车站、码头、机场签订协议，在这些地方的候客大厅或旅客出口处亮牌设点，如设立"旅游问讯处"或"旅游代办点"，向过往游客提供旅游咨询、线路日程安排以及代购交通票、代订客房等服务。

由于这些地方人流较多，比较吵闹，摊点接待人员要以十二分的耐心接待游客，满腔热情，满脸微笑，不厌其烦地回答客人的问题，认真听取客人的要求，迅速准确地为其设计路线和行程，力争在客人未出车站、码头或机场时就决定购买本社的旅游产品。

在进行跟踪推销时，接待员千万要注意自己的形象，在推销遭到拒绝后，就不要再继续尾随其后,以免给客人产生强迫购买的不良印象,更不能谩骂游客。

实 践 要 点

1. 散客门市接待时服务态度的训练。

2. 门市推销技巧的训练。

3. 代办业务接待训练。

实 战 演 练

1. 实训项目

散客门市柜台的接待。

2. 实训内容

(1)散客旅游咨询服务;

(2)推销散客旅游产品;

(3)办理散客委托旅游服务。

3. 实训目的及要求

通过训练进一步加深对散客门市接待业务的了解,掌握门市接待工作的技巧和内容,特别要注意散客委托业务的落实。

4. 组织实训

(1)实训地点:教室或导游实验室;

(2)实验道具:门市柜台、旅游宣传品、办理单项委托的各种文件和单据表格、一次性水杯、热水器等;

(3)从全班学生中选出3~4组学生,每组2人,分别扮演散客和门市业务员;

(4)教师让扮演散客的学生按照事先设计的问题向扮演业务员的学生提问,再由扮演业务员的学生根据所学知识和散客所提问题的客观情况来解答。教师对学生的每一步进行点评,对有错误的环节进行纠正。

5. 检验实训效果

通过学生散客接待工作的模拟成绩来检验实训的效果。

学习任务 ❸ 散客旅游的导游程序

【想一想，做一做】

　　游客李先生及朋友二人参加了某国内旅行社组织的散客旅游活动。旅行社报价中包含交通、住宿、餐饮、景点第一门票及游览期间景点导游服务等。李先生要求在目的地入住档次较高的××宾馆，并且由组团社委派导游负责其二人沿线各旅游景点的全程导游服务。旅行社因此又加收了住宿费和导游费。然而，在旅游过程中，该社导游员小张态度冷淡，对许多景点不作讲解，也不对上、下船时间等注意事项作说明。并且，在返程途中导游员就不见了踪影，李先生同朋友下船后，只能自行乘车回出发地。李先生以旅行社委派的导游服务质量低劣、中途抛弃客人为由，向质监所投诉，要求旅行社赔偿其全部旅游费用，维护其合法权益。

分析与提示

　　这是一件典型的散客旅游投诉案例。该旅行社被投诉的主要原因是导游员小张严重失职而导致游客对她的行为不满。如果你是这位导游，你将怎样为这两位散客朋友提供导游服务？

知识储备

　　散客旅游一般是一两个人、一家人或几家人一起活动的，无领队和全陪，他们有时预先委托旅行社代办单项服务，但大部分是临时到旅行社委托安排部分旅游活动的。由于时间紧，导游无时间做准备工作，因此接待散客的难度比接待团队更大，对导游员的要求更高。

3.1　散客旅游与团队旅游的区别

　　由于自身特点，散客旅游的整个游程与团队旅游存在明显的区别，掌握这些区别对于导游员带好散客旅游是极其重要的。散客旅游在游览活动过程中的表现与团队旅游不同的地方有以下几点。

3.1.1　日程安排不同

　　旅游团队的游览线路和日程安排基本上是有一个固定模式的，旅行社在向游客推销时，只需根据客人的要求对这些固定的线路和日程安排作适当的修改即可，因此导游员带每个旅游团的程序、讲解方法及内容都变化不大。而散客旅游的线路和日程安排完全是由游客根据自己的喜好来制定的，每一个散客旅游的线路和日程安排都是不一样的，导游员带散客时就只能根据游客的兴趣和爱好的不同而灵活地采取相应的方法与讲解内容，这就加大了导游员的工作难度。

3.1.2 时间观念不同

旅游团队外出游览参观，由于是集体同时行动，游客不能随自己个人的意愿行事，且后面还有全陪、领队或旅游团带队者的督促，所以旅游团成员的时间观念相对较强；散客旅游的线路和日程安排本来就是游客自己制定的，就是不希望受到约束，在某个景点玩多长时间是根据他们的兴致而定的，时间多可多玩些地方，时间不够可减少项目和景点，总之时间的主动权掌握在游客自己手里，导游员只能适当地提醒或提出合理建议，因此带散客旅游，导游员如何引导客人合理分配时间是一项关键且复杂的工作。

3.1.3 组织纪律观念不同

旅游团队是集体活动，客人不能随意离队自由活动，必须遵守集体活动的纪律；散客游客成员要么是亲朋好友要么是互不相识的人，因而往往会出现在旅游过程中几个比较亲近或关系较好的人总是走在一起却不顾别的游客的现象，从而造成整个旅游活动步调不一致，因此带散客旅游的导游员要充分发挥自己的组织、协调能力，既要让每位游客玩得尽兴，又要使素不相识的游客们步调一致，顺利完成散客旅游接待计划。

3.2 散客旅游导游程序

散客旅游在工作程序上与团队旅游没有太大的差别，区别主要体现在具体的工作方法上。散客旅游大体分为：服务准备、迎接工作、沿途导游、住店服务、游览参观及其他服务、送行、结束工作。

3.2.1 服务准备

导游员在接待散客前也应像带旅游团队一样要做好服务准备工作，从某种意义上讲甚至要比带旅游团队准备得更充分，因为散客旅游没有领队和全陪，原本是导游集体做的事全部由你一人承担，并且散客人数少，客人与导游员单独相处的时间比旅游团队客人要多得多，彼此交流的时间更长，客人问的问题也会更多，导游员只有经过认真充分的准备，才能做到万无一失。

1. 熟悉接待计划

导游员应在游客抵达前认真阅读接待计划和有关资料，详细了解游客的基本情况、日程安排和服务项目及要求。首先要了解散客旅游的性质、接待等级和规格，游客的阶层、职业、年龄、性别构成、宗教信仰、特殊要求和需要特殊照顾的对象等，了解是否有2周岁以下的婴儿和12周岁以下的儿童；其次了解旅游线路、交通工具及票证；了解是否与其他游客合乘一辆旅游车到下榻饭店。

2. 知识准备

由于游客到一地旅游，渴望尽可能多地了解当地情况，对当地一切都会感到好奇，他会不时地提问并希望导游员能够回答。这就要求导游员应有很宽的知识面和扎实的史地文化知识、丰富的旅行知识等。

导游员要准备的知识很多，主要包括：游客所从事工作的专业知识，客源地基本知识，与参观游览点有关的专业知识，旅行生活知识，当前的一些热门话题和游客感兴趣的专业知识等。

3. 物质准备

导游员出发前应准备好必需的物品。这些物品包括写有游客姓名的接站牌、导游旗、旅游标志、结算单、备用金、导游证、胸卡以及名片等。

4. 联系落实交通工具

导游员应与计调部门确认旅游车的落实情况，了解司机的姓名并与司机取得联系，掌握旅游车的车型、车牌号，约定出发时间和会合地点。

3.2.2 迎接工作

导游员要精心准备自己的形象，做到精神饱满，态度热情友好，使游客一见到你就有一种宾至如归的感觉。迎接工作主要有以下几个步骤。

1. 提前到达接站地点

客人无论是乘飞机还是乘火车到达，导游员都应该提前30分钟到达接站地点。若是接机，导游员应在飞机进港区等候；若是接火车，导游员应进车站到火车将要停靠的月台等候。

2. 迎接客人

散客旅游没有领队、全陪陪同，并且是初到异地，非常盼望一下飞机或火车就看到接站导游员，否则心里会比较着急，因此导游员与司机要积极主动地做好迎接工作，争取在交通工具抵达后的最短时间内找到客人。

• 导游、司机分头行动。若是接飞机，导游员应与司机分别在不同的出口处易被客人发现的位置举着写有客人姓名的牌子等候；若是火车，则要在列车的卧铺车厢外举牌等候，也可根据客人的民族特征和服饰特征主动上前询问。

• 确认客人并作自我介绍。找到客人后，首先要核对客人的姓名和人数，在确认是自己要接的客人后，向客人问候并向客人介绍自己的姓名和所在旅行社。

• 交接行李并带领客人上车。导游员要问清客人的行李数并当面清点，检查行李是否有损坏，在确认无误并没有损坏后，协助游客把行李提上车；如果是散客旅游团队或客人的行李特别多，就要向行李员移交行李，移交前要清点行李、填写行李卡并与行李员双方签字。移交完行李后，引导客人上旅游车。

3.2.3 沿途导游

散客旅游的沿途导游工作与团队一样进行，但由于人数较少，讲解时可以更细一点。介绍内容包括沿途看到的有趣事物和吸引人的景点、当地的民风习俗、城市概况、将要入住饭店的位置和周边环境等。

3.2.4 住店服务

旅游车抵达饭店后，导游员要尽快让客人住进饭店，安顿好客人并与之核实日程、商定相关事情。

1. 协助办理住店手续

散客抵达饭店后，导游员要协助其尽快办理好入住手续，向其介绍饭店的服务项目和客房设施设备的使用方法，提醒客人在住店期间的注意事项。记下客人的房间号。行李到达饭店后，导游员负责核对清点行李，并督促行李员把行李送到客人的房间。

2. 确认日程安排、推销旅游产品

等客人安顿后，导游员要与之核对旅游日程安排，在与客人核对无误后，把日程表、门票及赴下站的客票交给客人并请其签字确认。接着，导游员应向客人介绍本社服务项目及本社比较有特色的旅游产品，询问他们还需要旅行社为其代办何种服务和参加哪些游览活动，并表示服务意愿等。

3. 为客人确认机票

若游客是乘飞机离开本地，无论客人是否提出要求导游员帮其确认机票，导游员都应主动提醒客人确认机票并提供协助。如果客人希望导游员帮其确认机票，导游员不得推辞而应积极办理，但可以向游客收取确认费用并向其出具发票。导游员确认机票后，要与有关部门核实确认航班号和起飞时间。

3.2.5 游览参观及其他服务

游览参观是游客的主要目的，且散客游客特别在意导游员的工作表现及游览参观时的感受，因此导游员要特别重视散客导游工作的开展。

1. 沿途导游

散客沿途导游与团队的沿途导游基本一致，但在方法上要多考虑游客的反应，不能像带旅游团那样太程序化。散客沿途导游时，导游员还要特别注意客人的人身和财物安全。

2. 现场讲解

散客旅游的现场导游讲解是散客旅游与团体旅游最明显的区别之所在。对个体游客，导游员要提出合理建议，旅游路线则由游客自己选择为宜，导游讲解要生动，以对话的形式进行比较恰当；带队散客旅游团导游员应边走边讲。导游员还要注意游客的动向，防止游客走失和意外事故的发生。

3. 其他服务

散客在一地旅游期间，自由活动的时间安排较多，导游员应当好顾问，多提好的建议，帮助安排车辆，有必要时可亲自陪同前往，要特别注意安全。按客人的要求安排晚间活动，引导他们去健康的娱乐场所。要帮助游客解决生活及其他方面的困难，满足他们合理且可能的需求。

3.2.6 送行

送行也就意味着游客在本地的旅游活动即将结束，这时候的游客处于相对兴奋的状态，容易出现丢三落四等问题，所以导游员要细心、认真地做好这一阶段的工作。

1. 确定离店时间、落实旅游车辆

导游员应在送行前一天与客人商定离店时间，并与旅行社计调部门确认旅游车，再与司机约定好会合地点、时间，了解车型、车牌号。

如果客人乘国内航班离开，导游员应提前1小时到达机场；若是乘国际航班则应提前2小时到达机场；如果是乘火车则需提前30分钟到站。

2. 接游客离店

在游客离店前，导游员应提醒并协助其结清与饭店的所有费用；提醒游客带好全部行李、物品，将护照、身份证等必要证件及机（车、船）票带在身边。

在送行途中，导游员应真诚地向游客征求意见，听取他们的建议，并感谢游客给予的支持。

3. 协助客人离站并与之告别

到站后，导游员应提醒和帮助游客带好行李、物品，协助办理机场税，帮客人换登机牌。然后，将其送到隔离区并与客人一一握手告别，并欢迎再次光临。

3.2.7 结束工作

送走客人后，导游员返回单位继续做好工作总结、处理遗留问题。导游员应填写《接待零散游客登记表》，处理可能遗留的问题，认真办理游客委托的事项，归还所借物品。

实 践 要 点

1. 散客现场讲解技巧、方法的把握。
2. 现场回答散客提问时所讲的内容与团队的区别。
3. 与散客保持怎样的距离。

实 战 演 练

1. 实训项目

散客旅游的现场讲解训练。

2. 实训内容

（1）现场讲解的语气、语音、语调选择。

（2）讲解内容的选择。

（3）讲解技巧的灵活运用。

3. 实训目的及要求

通过训练进一步加深对散客旅游现场讲解与团体旅游讲解不同点的认识，掌握散客现场讲解的技巧和内容。

4. 组织实训

（1）实训地点：教室或导游实验室；

（2）实验道具：导游旗、背包、遮阳帽等；

（3）把全班学生分为8组，每组4~5个人，让他们轮流扮演游客与导游员；

（4）教师让扮演散客的学生按照事先设计的问题向扮演业务员的学生提问，再由扮演业务员的学生根据所学知识和散客所提问题的客观情况来解答。教师对学生的每一步进行点评，对有错误的环节进行纠正。

5. 检验实训效果

通过学生现场讲解的模拟效果检验实训的效果。

本项目总结

知识梳理

1. 散客旅游的类型

① 个体旅游　② 结伴旅游　③ 家庭旅游

2. 散客旅游的特点及服务项目

① 自主性强　② 组成形式灵活　③ 旅游费用高且需现付　④ 旅游咨询服务

⑤单项委托服务 ⑥选择性旅游

3. 散客的心理特征

①求自主、反包办 ②求自由、反干预 ③警惕性高、提防心重

④对价格敏感 ⑤偏爱特色旅游新产品的消费

4. 散客的招徕方式

①门市柜台 ②散客服务中心 ③设点摆摊

5. 门市柜台的主要业务

①旅游咨询服务 ②提供选择性旅游服务 ③办理散客旅游委托服务

④票务业务

6. 散客旅游与团队旅游的区别

①日程安排灵活多样 ②时间观念不强 ③组织纪律观念较弱

主要概念

1. 散客旅游   2. 单项委托服务   3. 旅游咨询

知识习题与技能训练

1. 散客旅游的概念是什么？有哪些类型？

2. 散客旅游有哪些特点？

3. 散客游客的心理特征是怎样的？

4. 摆摊设点招徕散客时应注意些什么问题？

5. 如何落实选择性旅游委托业务？

6. 散客旅游与团体旅游之间有哪些区别？

7. 散客旅游接待程序是怎样的？

项目 **6** 导游服务工作技能

■ 学习目标

■ 知识目标

通过本项目的学习，让学生了解导游集体之间、导游与游客之间的关系，了解游客的审美心理和行为习惯，了解导游组织技能的相关内容和要求、了解导游语言的特点、要求等知识。

■ 技能目标

通过本项目的技能训练，使学生掌握处理导游集体之间、导游与游客之间关系的基本方法、旅游活动的日程安排、活动组织、团队组织等技能以及导游语言运用、导游讲解技巧、导游讲解的原则和基本方法，并且要掌握导游员引导与调节游客审美行为的方法和技巧。

■ 案例目标

通过本项目案例的教学，使学生掌握导游集体之间发生矛盾、游客对导游员讲解不满意、旅游活动安排出现问题等的原因及解决方法。

■ 实训目标

通过实训活动，让学生掌握导游讲解中常用的导游技巧。

■ 教学建议

1. 先通过视频录像放一段导游带团讲解的视频，让学生对导游讲解活动有一个初步的了解。

2. 选择当地最具代表性的景点，让学生运用自己所学的导游技巧进行模拟导游讲解，以实现检验和巩固所学知识的目标。

　　游客外出旅游是为了增长知识、扩大阅历、陶冶情操和追求美的享受。游客的旅游目标能否实现，关键在导游员。优秀的导游员能够运用高超的导游技能调动客人的审美情趣、激发客人的游兴，引导游客尽情游览参观，从而令游客实现出游目标。可见，导游员导游技能的高低对旅游活动质量的优劣起着决定作用。

　　导游技能是指导游员运用各种方法和方式带好旅游团，以恰当、灵活的方法和技巧为游客进行游览介绍，满足游客求知、求乐、求享受等需求的能力。导游技能可分为带团技能、语言技能和导游讲解技能三个方面。

学习任务 ❶ 导游员的带团技能

【想一想，做一做】

形象代表有失"形象"

　　在一次学校组织的夏令营活动中，张老师和学生们在导游员的带领下第一站到了南京的中山陵。学校希望通过这次活动不仅可以让学生们开阔眼界，还可以让大家接受爱国主义教育。活动总的来说还比较顺利，但期间一些小细节引起了张老师的不满。

　　南京连日高温，许多人被炙热的天气折磨得透不过气来。而领队的男导游竟然穿着露双臂的大背心和休闲裤，脚下穿着一双拖鞋，脖子上还挂着一条毛巾，看起来十分不雅观。而旁边团的女导游，一手拿小扇子扇着风，一手打着太阳伞，身上穿的更是"薄、露、透"。穿着五花八门的导游员与他们所讲解的革命景区形成了巨大的反差，无奈的张老师只能摇头无语。

分析与提示

　　在本案例中，导游员不得体的装束无疑不利于中国导游整体形象的树立。你认为作为一名导游员，应从哪些方面注意自身形象的维护呢？

入乡随俗，入国问禁

　　一次，一位年轻的导游接待了一个泰国旅游团队，接待过程中导游服务热情周到，客人很是满意，但后来却发生了一件不愉快的事而招致客人投诉。原因是团内有一对年轻夫妇的小孩长得十分可爱，导游忍不住摸了一下小男孩的头，这种在中国人看来最平常不过的举动，却触犯了泰国人"重头轻脚"的禁忌。男孩的父母当即沉下脸来，只是没有当场责备导游，但导游却不懂得察言观色，又忍不住摸了一下小孩的头，这次男孩的父母再也控制不住自己的情绪，当场与导游吵了起来，结果本应很圆满的行程，最后导游却遭到了投诉。

分析与提示

人们常说"入乡随俗，入国问禁"，作为旅行社的代表，导游员有责任、有义务对接待国的法规、风俗、禁忌和礼仪了如指掌，并运用自如，处于旅游接待工作最前线的导游，在各种文化的差异中工作，只有多了解中外文化之间的差异，才能适应各种旅游者的需求。因此，导游带团过程中，要时刻注意自身的言谈举止、礼貌礼仪，这些相关知识的掌握与导游讲解同样重要；否则，一旦触犯到旅游者的一些基本的禁忌，将会给整个旅游活动带来很大的负面影响。

知识储备

导游员与游客之间是服务与被服务的关系，一些游客在心理上觉得自己的地位比导游员高，不服从导游员的指挥；再者旅游团成员之间存在文化修养、生活习惯、兴趣爱好上的差异，特别是大多数散客旅游团成员彼此间互不相识，自主性强、组织纪律观念弱等，这些都使得导游员面临着难题：应当如何把游客凝聚在自己的周围；如何使游客之间互相尊重、互相照顾；如何使大多数游客能够实现此次出游的目的。导游员要带好旅游团要具备两个基本条件：一是要有扎实的知识水平、高超的导游技能、果断灵活处理问题和事故的能力；二是要讲究方式方法。本节将结合实际介绍导游员的带团技巧。

1.1 树立和维护良好的导游员形象

良好的导游员形象对导游员做好导游工作具有极为重要的意义，因为导游员在游客心中的良好形象有助于缩短与游客之间的距离，有助于游客增强对你的信任感，有助于融洽彼此之间的关系，这样一来，导游员也就能够把游客团结在自己的周围，游客也愿意服从导游员的组织管理并协助导游员解决工作中出现的困难，对导游工作中出现的问题与存在的不足也会给予理解和正确对待，从而使整个旅游活动在轻松愉快的气氛中顺利进行。相反，导游员给游客一个不好的印象，客人会对其产生反感，不愿意配合导游员的工作，甚至会出难题来刁难导游员，这就必然会对旅游活动产生不利的影响。

导游员应怎样在游客心中树立一个良好形象呢？可以尝试以下几种途径。

1.1.1 给客人一个好的"第一印象"

从心理学角度看，在别人脑海中最深刻的是你给他的"第一印象"。俗话说：先入为主。如果导游员给客人的"第一印象"很好，就会立即引起游客对你的好感，对你的戒备心理就会减弱，信任感也就随之增强。只要导游员在后面的工作中不出现大的失误，这种印象就会一直保持到旅游活动结束，甚至游客返回后还会深深地记住你。所谓"第一印象"就是与人第一次见面时给人留下的整体感觉。导游员给游客的第一印象就是导游工作中的第一次亮相。导游员在第一次亮相中要注意三个方面：修饰适度得体、举止端庄文雅、言语文明风趣。

导游员在与游客第一次见面时要显示出良好的仪容、仪表、神态和风度。导游员在带团前应做必要的修饰，做到衣着整洁得体，化妆和发型符合自己的身份和特征，要与自己所想展现的导游风格和谐统一。善于打扮的人一般都会注意让自己的妆扮显示出高雅的气质和含蓄的风度。导游员要时刻注意自己的身份，不要使自己的妆扮显得过于艳丽光亮，以致盖过了游客的风采，引起游客的不快。试想一位游客看到一位打扮得光彩夺目的导游员，首先想到会是这位导游员是否有为我服务的敬业精神。但是，若是你衣着邋里邋遢，客人必然怀疑你的工作能力。另外，导游员的衣着要适合工作环境，不能由于衣着而影响工作，例如，女性导游员在带领游客去野外游览时就不宜穿高跟鞋。总之，导游员的衣着打扮既不宜过头也不能邋遢，要修饰适度，符合身份和工作环境。

一位在客人面前显得精神饱满、乐观自信、端庄诚恳、风度潇洒的导游员必定会给客人留下深刻的印象。

导游员在个人举止方面要做到待人自然大方，办事果断，无论是站立还是行走都要有度、不做作；与人相处要直率、活泼，但不要鲁莽、轻佻，自尊而不狂妄，热情而不巴结，谦让但不低三下四，工作紧张有序但不失措。举止端庄、文雅、大方是一个导游员取得游客好感和信任的前提条件。

导游员在与游客交流时，要注意语言要正确、语调要适中、语音要优美，要做到谈吐高雅、幽默风趣、亲切自然、快慢相宜，要让客人感觉到你是一个有较高修养的人。

总之，在与游客第一次见面时，导游员在修饰、举止、语言等方面的不俗表现有助于在游客中树立威信，便于后面导游工作的顺利开展。

1.1.2 维护良好形象

树立良好形象固然重要，但维护好良好形象更为重要，因为游客不会满足于对导游员的第一印象，他们会在后面的旅游活动中观察、感受导游员为他们提供的服务，会对导游员提出更具体、更全面的要求。如果导游员在后面的导游工作中不注意维护自己的良好形象，反而出现一些有损自己形象的言行，不仅会使先前的形象大打折扣，还会增加游客对他的反感，因为游客会感觉自己被导游员的外表给欺骗了。游客心中一旦产生这种感觉，那导游员后面的工作就很难进行下去了，有的旅行社只好更换导游员，这对一名导游员来说是最不愿意看到的。

导游员要让维护良好形象的努力贯穿旅游活动的全过程。在出现紧张状况时，导游员要沉着应付，要控制住局面；办事要沉着、冷静，要果断、利索；说话不要模棱两可，要实事求是，做到言必行、行必果；出了问题不要推卸责任，要敢于承认错误。导游员还要始终以热情的态度服务好每一位游客，善于与游客交流感情、沟通友谊；了解他们的个别要求，在合理且可能的情况下尽量予以满足；工作中要精神饱满、笑口常开、亲切友好、乐观自信，使游客感到你是一位可信赖、能依靠的人。

导游员在工作中切记不要在客人面前夸夸其谈，炫耀自己，哗众取宠，更不要不懂装懂、自以为是。以上这些行为都是在日常生活和工作中为人们所不耻的，导游员更不能把这些现象带到工作中，引起客人的不快和反感。

1.2 处理好导游集体间的关系

导游集体是由领队、全陪、地陪或仅有全陪、地陪组成的。他们各自代表己方旅行社的利益，每一方在旅游活动中所承担的责任和义务都各不相同，这难免会让导游集体成员间产生一些矛盾和冲突。这些矛盾和冲突如果处理不好，就会影响彼此间的合作，导致服务质量下降，给整个旅游活动顺利开展带来不必要的麻烦，也会引起游客对导游工作的不满，进而影响游客的游兴。因此，导游员之间一定要处理好彼此之间的关系，团结一致地完成带团任务。

导游集体之间团结合作是存在着牢固的合作基础的。首先，他们的工作目标是一致的，都希望本次旅游活动能得以顺利完成，只有旅游活动顺利完成了，他们的工作能力才会被认可；其次，他们的根本利益是一致的，都是想通过自己优质的服务让游客满意从而使本旅行社的经济利益得以实现；最后，他们的服务对象是一致的，都是同一批游客。那么导游集体之间怎样才能建立起融洽的合作关系呢？我们认为导游员在工作中应当注意做好下面几点。

1.2.1 彼此之间要互相尊重

"尊重对方"是建立导游集体之间良好关系的前提。全陪和地陪应尊重领队的工作，尊重他的意见和建议，毕竟领队是组团社的代表、是旅游团全体游客的代言人。尊重领队最重要的一点就是遇事多与其商量，多征求他的意见和建议，必要时请领队出面调解游客与接待方导游之间的矛盾，特别是一些出头露面的活动要请领队参加，千万不要把领队晾在一边。而领队反过来更要尊重地陪和全陪，因为旅游过程中的实际工作毕竟是由全陪和地陪来完成的，特别是地陪，他是每一站旅游活动的导演兼具体执行者，是导游集体中最辛苦的一位。地陪是一线工作者，他对当地情况最为熟悉，离开了地陪旅游活动将无法开展。

1.2.2 工作上相互支持和配合

在旅游活动中常见的导致导游集体间出现矛盾的现象是各方都过于强调自己角色的重要性，而忽视了别人的工作，甚至是忽视对方的存在。事实上，导游集体各方都有各自的任务和责任，各方也要明确自己的工作范围和职责，一方面不要让自己的行为超越了工作范围，不要过多地干涉他人的正常工作；另一方面对他人的工作要竭力配合和支持，要重视他人提出的意见和建议，不要把自己的意见和建议强加于人，也不要毫无根据地否定别人的意见和建议。领队、全陪、地陪各方都不应该在游客面前诋毁对方，以此来抬高自己的形象，这是严重违反导游员职业道德的可耻行为。在领队或全陪与游客之间产生矛盾时，地陪不应介入，以尊重他们的权威，必要时可助其一臂之力；在地陪与游客之间出现不快时，领队和全陪在了解真实情况的前提下帮助地陪作解释说明工作，以取得游客的理解，避免矛盾加剧。

1.2.3 避免正面冲突

如果导游集体在工作中出现了矛盾，各方首先都应保持冷静、克制自己的情绪，努力控制不要让矛盾激化，以致达到不可收拾的地步。避免矛盾激化的有效方法是彼此间要主动沟通，特别是接待方导游员更应主动与领队或全陪沟通，实事求是地说明情况，即使自己受到不公正指责也不要因此与领队或全陪发生争吵。一旦发生正面冲突后，彼此间就撕破了面子、伤了感情，后面的合作也就无法坚持下去了。

1.2.4 以理服人，按协议办事

在旅游过程中，有些领队或全陪为了突出自己、讨好客人，不考虑实际情况，提出过分的要求以换取客人的欢心，有的甚至当着客人的面指责接待方服务不周，以掩盖自己的暴利行为。对这样无理取闹的不合作领队或全陪，首先不要被他牵着鼻子走，以免被动；其次，要采取适当的措施，例如，做好对游客的服务工作，以争取大多数游客的同情和理解，必要时向他提出警告；再次，

对领队或全陪的苛求，要与他讲道理，指明贵我双方只能按照协议办事，甚至可当着游客的面提醒他，游客只能享受与其支付资金相等的服务项目和等级。

在与不合作的领队或全陪斗争时，要注意策略，以理服人，做到不卑不亢、有理、有利、有节，不要当众羞辱，要适时给他们台阶下，事后仍要尊重他，遇事还是与之磋商，争取以后的合作。

1.3 处理好与游客之间的关系

导游员工作的最终目的还是要让游客感到满意。只有游客感到满意了，导游员的工作才算成功了。导游员要想旅游活动按计划顺利完成，必须有游客的支持与配合，离开了游客的支持与配合，任何导游员都不可能完成带团任务。取得游客支持的最有效的办法就是与游客之间建立起友好关系，取得他们的信任。导游员只有正确认识了自身的角色，努力满足了游客在功能服务和心理服务方面的需求，才能真正处理好与游客之间的关系。

1.3.1 导游员要认清自己的角色

导游员在工作中要始终牢记自己的导游角色，不能放任自由，不能按自己的性格、习惯行事，而要受到职业道德、工作任务、行为规范、制度纪律的约束。只有进入角色，才能摆正自己与游客位置的关系。导游员与游客之间是服务者与被服务者的关系，只有自己的服务被游客认可了，导游员才算是尽职了。但导游员也必须正确认识这种关系，这种关系只是工作分工的不同，并不是说导游员就比游客低一等。

1.3.2 尊重游客，满足其自尊心

游客外出旅游的动机之一就是出于被别人尊重的需要，因此他们在旅游过程中同样希望得到导游员的尊重。只有游客感到自己受到了导游员的关注和尊重，才会反过头来尊重导游员，认可你的工作。因此，导游员在带团时态度要热情友好；对游客提出的意见和建议要认真对待，不要敷衍了事；要尽量满足游客合理而可能的要求；要对游客"自我表现"的心理予以理解并满足；做到诚实，不欺骗游客。

1.3.3 平等对待每一位游客

导游员要尊重旅游团中的每一个游客，要与每一个游客都保持同等距离，切不可亲一个疏一个，也不要根据客人的身份、地位、相貌取人。导游员要记住旅游团中每一位游客都是你平等的服务对象，他们向旅行社交了同样的钱就应当得到同样的服务，不能厚此薄彼。否则就会引起游客对导游员的不满，影响游客与导游员之间友好关系的建立，也影响到游客之间的正常关系。

1.3.4 多提供人性化服务

导游员要在极短的时间里与游客建立起友好关系，缩短彼此间的距离不是一件容易的事情，最有效的办法就是多与游客沟通、交流，与客人建立起"伙伴关系"；要提供微笑服务；要"扬他人之长，隐其之短"；要想游客之所想、急游客之所急，任何事情要想在客人的前面，做在客人的前面；要注意客人的细微反应，从而判断游客的需求，并提供相应的帮助；要用热情和真情去感动每一位游客。

提供人性化服务还要在照顾一般需求的前提下，给予每个游客特别关照，满足他们的特殊需求，从而使游客感觉受到了优待，产生自豪感，自尊心得到了满足。

1.3.5 提供针对性服务

导游员服务的对象是来自不同国家、地区和民族的游客，他们存在性别、年龄、文化、信仰等方面的差异，游客们的性格和爱好又有千差万别，要想使每一位游客都满意，只能根据实际情况提供针对性服务。下面分别就不同国籍、民族、性别、年龄、性格游客的服务要求作具体分析，再提供相应的服务。

1. 从国籍、民族、性别、年龄等方面了解游客的需求

由于游客在国籍、民族、性别、年龄上存在差异，导致他们在心理特征、生活习惯、兴趣爱好上各不相同。导游员应重视这种差异，并根据具体情况提供服务。

（1）东、西方民族性格和思维上的差异

东方民族由于历史上长期受到中国儒家文化的影响，为人处事一般显得比较含蓄，喜欢控制感情，委婉表达意愿，东方民族思维方式是从抽象到具体，从小到大、由远及近的；西方民族开放、自由、易激动，感情外露，喜欢直截了当地表达思想并希望得到明确的回答。西方人的思维方式与东方人有很大的不同。

针对西方人的思维特征，导游员在给他们做导游讲解时不要急于下结论，而是先让他们亲眼看、亲耳听，让他们通过自己的思考得出结论。另外，有问题时要找个恰当时机直接向客人说出，切不可吞吞吐吐，以免引起客人的怀疑，认为你虚伪。而对于东方民族的游客，导游员要注意礼貌，注意他们的感受，特别要注意他们面部表情的细微变化，因为东方人的感情具有内隐性，这使得他们即使对你有看法也不当面说出，而是放在心里，如果导游员粗心大意就可能错失改正的良机，招致游客的不满。

（2）不同阶层游客心理特征上的差异

地位较高的游客受身份的限制，大多严谨持重，不轻意发表意见和看法，

一旦发表就希望得到导游员的重视；他们期待听到高品味的导游讲解，获得高雅的精神享受。导游员在带领这类游客时，要对他们的身份表示足够的尊重，及时回复他们的意见和看法；导游讲解的内容要格调高雅，多些真实的、历史的、知识性的东西，少些虚构的传说。

一般游客则喜欢不拘形式的交谈，话题广泛，比较关心社会焦点问题和当前的热点话题；参观游览时希望听到传奇性的故事传说，轻轻松松地旅游度假。对于这类游客，导游员要做到亲切随和，要主动与他们交谈，采取多种讲解形式活跃气氛。

（3）不同年龄、性别游客心理上的差异

老年游客好怀旧，对名胜古迹、会见老友有很大兴趣。他们希望导游员能主动与之交谈，希望得到尊重。导游员对年老游客在用语上要注意称呼、要有礼貌，对他们不能太随意，对名胜古迹要作详细的讲解，并多次重复；老年旅游团的旅游线路和活动安排要考虑老年人的特点，线路不宜过长、景点不宜过多，注重劳逸结合。

年轻游客好奇心强，行动节奏快，活泼多动，好表现，热衷热门话题的讨论。导游员对年轻游客要特别注意他们的安全，要多提醒；要让他们有表现的机会，充分调动他们的积极性，使他们参与到活动中来。

女性游客特别喜欢听带有故事情节的导游讲解，喜欢谈论家庭，喜欢购物；她们希望导游员特别得亲热友好，能满足她们的一切要求。

2. 从游客类型来了解他们的心理需求

游客类型大体上可分为：观光型、疗养保健型、探亲访友型和商务会议型四类。

（1）观光型游客

这类游客的目的是游览、娱乐、度假，希望在旅游中获得知识、陶冶情操。导游员应让他们多看、多听，多为他们安排文化古迹、风景名胜的游览，着重知识性讲解，并要讲清、讲透，要让游客不仅知其然，还要知其所以然。导游员对客人的各种提问都要能够给出合理、科学的解答。在生活上要妥善安排，力争让客人吃得满意、住得舒服、玩得痛快。

（2）疗养保健型游客

导游员在安排这类游客时首先考虑的是让他们在精神和身体上得到放松，活动安排得尽量轻松、悠闲，住处环境要优美、安静，还要保证有必要的医疗条件和保健活动场所。

（3）探亲访友型游客

能够见到阔别多年的老朋友或亲人是这类游客最大的心愿，他们特别希望能到自己曾经生活、工作或战斗过的地方重游。导游员在接待他们时一定要态度诚恳热情、工作认真仔细，要积极联络，尽力安排他们与老友和亲人见面，以了却其多年夙愿。

（4）商务会议型游客

商务会议型游客旅游的主要目的是洽谈业务和交流，利用空余时间浏览一下当地的风光和名胜。这类客人在当地停留时间一般不长，因此导游员在安排参观游览时要做到少而精，要把本地最有特色和最有代表性的景点安排进去，对本地有特色的纪念品多作介绍，当好他们的购物顾问。

3. 根据不同性格来提供针对性服务

根据心理可将游客划分为活泼型、急躁型、稳重型和忧郁型四类。不同性格类型的游客在旅游活动中会有不同的心理表现，导游员应根据他们的特征提供导游服务。

（1）活泼型游客

活泼型游客爱交际、好讲话、乐于助人、喜欢多变的游览项目。导游员在旅游活动中应扬其长、避其短，要主动与他交朋友，但也不要过多与之交往，以免引起其他游客的不满；要多听他们的意见，但又不要被他们所左右，打乱了正常的活动日程；可适当让他们活跃气氛，请其协助照顾年老体弱者。

（2）急躁型游客

这类游客性子急、好动、易冲动、好遗忘、情绪不稳定，较喜欢单独活动。导游员与之相处时要避其锋芒，不与其争论，不要激怒他；不要与他们过多地计较，待他冷静后再与其好好商量；对他们要热情友好，要多提醒他们注意人身和财物的安全。

（3）稳重型游客

这类游客一般不轻易发表见解，一旦发表，就希望得到重视；他们不主动与人交往、不愿麻烦人，但与他们交往是比较容易的；他们在游览时喜欢细细欣赏，购物也比较小心。导游员要尊重他们，不要怠慢，更不能冷落他们，尽量满足他们合理且可能的要求；与他们交谈时要客气、诚恳，与他们讨论问题要心平气和，认真对待他们的意见和建议。

（4）忧郁型游客

这类游客身体弱，易失眠，忧郁孤独，少言语、重感情，对人对事都较敏感。导游员与之相处要格外小心，要尊重他们的隐私；要多亲近他们、多关心他们，但又不能过分地亲热；要与他们谈一些愉快的话题，不要与之高声说笑，更不要与他们开玩笑。

1.4 善于把握旅游节奏

在旅游活动中，导游活动要有一定的节奏，只有当导游节奏与游客审美过程中的生理和思维节奏合拍了，才能获得最佳的导游效果。

1.4.1 要善于把握全程旅游节奏

导游员可在旅游活动中了解游客在不同阶段所表现出的旅游欲望和生理特征，结合旅游活动的实际情况，合理安排旅游节奏，使游客能享受到最佳的导游服务和游览感受。旅游活动一般分为三个阶段：初期阶段、个性表露阶段和结束阶段。

1. 初期阶段

游客初到一地，异地他乡的一切对游客来说都是那么得陌生和新奇，此时他们既兴奋又激动，通常表现出求安全心理和求新奇心理。导游员在安排旅游线路、活动内容及景点介绍方面要力求满足他们的这种心理需求。导游员可组织一些轻松愉快的参观游览活动并进行生动精彩的导游讲解，耐心回答他们的问题。又由于游客一般在经过长途跋涉后感到疲劳，导游员不宜将活动日程安排得过于紧张，可适当早点结束当天活动，给游客足够的休息时间，便于游客调整"生物钟"。

2. 个性表露阶段

随着旅游时间的推移，游客先前那种紧张心理慢慢地消失，取而代之的是轻松愉快的感觉。这时候，他们的思想放松了，个性也就暴露出来了。这一时间的主要心理表现是懒散心态和求全心理。他们往往会表现出时间概念差、群体观念弱，自由散漫、丢三落四。另外，这一时期，游客对旅游活动理想化，希望享受到在家中不可能得到的服务，从而产生过高要求，对服务横加挑剔，一旦得不到满足就会出现不良情绪。

针对上述两种心理，一方面，导游员在游览期间要时刻不离客人，每到一个景点都要重点强调集合时间和地点、出发时间和地点，多提醒注意事项，提醒保管好财物，注意饮食卫生，强调集体活动纪律；另一方面，导游员除了严格按旅游计划安排活动外，还要尽量满足游客合理而可能的要求，多询问游客对餐饮、住房的意见，对特殊对象给以特别关照，努力保持游客的体力和精力等。

3. 结束阶段

这一阶段，游客的心情波动较大，开始忙于个人事务，如与亲友联系、买称心如意的纪念品送给亲友等。这时，导游员在安排活动项目时宜精不宜粗，讲解要突出与前几站内容和特色不同之处，要留有足够的时间让游客忙于个人事务。但在此要提出的是，在游客离开本站之前，不能安排自由活动，以免误机。

1.4.2　把握好各站旅游活动的节奏

全程旅游活动节奏的把握是在宏观上、全局上的调节,而各站旅游活动的把握则是在局面过程中的具体调整。各站旅游活动节奏的把握要注意以下两点。

1. 避免城市间旅游活动内容的重复和雷同

前一站安排过的活动,在本站就不要再安排,也不要出现与上一站相似或相近的活动。否则,游客对当地的活动就失去了兴趣。

2. 同一站旅游活动内容的安排要富有节奏变化

在同站,一天内的活动内容安排应做到重要景点或客人最感兴趣的景点相隔进行,以便让开始与结尾的内容是游客最感兴趣的或是最重要的景点,让旅游活动在高潮中开始也要在高潮中结束。要让性质相同的内容与性质不同的内容交差出现,以免游客对活动内容感到乏味;要注意劳逸结合,游览与参观相结合,使活动日程富有弹性;避免走回头路。

1.5　调节审美行为、激发审美情趣

旅游活动是一项寻觅美、欣赏美、享受美的综合性审美活动,它集自然美、生活美、艺术美为一体,融文物古迹、建筑雕塑、绘画书法、音乐戏剧和风情美食于一体,满足人们各种审美情趣和不同的审美需求。

游客到异地他乡,最想做的就是欣赏异域的自然美、社会美、艺术美,其中有很多是他们平时所接触不到、不熟悉的东西。正因为如此,他们才会有一种强烈的旅游心理冲动和欲望,也正因为如此,他们的审美欲望更具有迫切感。但在异地旅游的时间毕竟很短,要在这么短的时间内获得最大的美的享受,他们自然想到借助他人的知识和经验达到所期望的审美目的,而能够充当该角色只能是导游员。

对于帮助游客获得最大的美的享受,导游员是责无旁贷的。为了使游客的目的得以实现,导游员要因势利导,正确调节游客的审美行为。

1.5.1　帮助游客获取正确的审美信息

中华文化历史悠久、博大精深、源远流长,历史的积淀使中华民族形成了一种特有的审美观,同时又包含着具有鲜明民族特色和地方特色的地方文化审美观。例如,中国的园林中有大量形状奇异、美不胜收的假山,假山是中国古代园林造园的主要要素之一,在园林构景活动中具有不可或缺的地位,但外国游客对它却没有什么特别的感觉,往往会忽视它们。其主要原因是外国朋友对中国园林文化不了解,他们不知道中国园林的精髓是追求"天人合一"、崇尚自然的思想境界,而这些奇形怪状的假山就是表现自然所不可缺少的手段和要素;又如中国的国画,在外国游客看来是色彩单调、内容模糊、笔法简单的,

根本就不知道它所要表达的意思，更谈不上欣赏其艺术价值了，所以他们在参观中国书画院时就不能得到美的享受，这主要是因为他们不了解中国国画的艺术特色、审美角度和审美方法之所在。

如何帮助游客在观赏自然和文化景观时，感受、理解、领悟其中的奥妙及内在美，关键在于导游员文化水平和艺术素养的高低。导游员必须有扎实的文化知识和一定的美学知识，要懂得什么是美、美在何处。同时，导游员还要了解客源国的审美标准与中国的审美标准之间的差异，这样才能在讲解中进行正确的比较，指出它们之间的差异，这样导游的讲解层次就大大提高了，从而令游客感到满意。

1.5.2　激发游客的想象思维

审美赏景是客观风光环境与主观情感结合的过程。观赏一个景点必须有丰富的想象力，不然就不能真正感受到它的美。人的审美活动是以审美对象为客观依据，经过积极的思维活动，调动已拥有的知识与经验，进行美的再创造的过程。

一名成功的导游员，他能够根据各民族审美观的差异及中外审美观的不同，将景物的外在形体美和内在美的特征与游客的审美需要和美感经验结合起来，使导游讲解"寓景于情、借景抒情、情景交融"，突出最能引起游客审美情趣的内容，激发他们的想象思维能力，调动他们的联想能力，促使他们与审美对象产生情感交流，达到"物我交融"、"物我同一"的境界。

1.5.3　调节游客情绪、维持最佳审美状态

审美意识要依赖人的审美知识和能力，同时也会受到人的情感的影响。在人们心情不佳的时候，再美的景观也难以引起游客的审美情趣。因此，导游员在整个旅游活动中，要以热情周到的服务、丰富灵活的导游技巧，来调节游客的情绪，增强其审美兴趣，使他们始终保持最佳的审美状态。

1. 调节好游客的情绪

情绪更多地是与人的物质或生理需要相联系的态度体验。它具有情境性、激动性、暂时性、表浅性和外显性，是短暂的、不稳定的、可变体化的。当外部条件发生变化时，人的情绪也会跟着变化，只不过变化的方向是根据外部条件是正面刺激还是负面刺激而定的。如果是正面刺激，人的情绪就会向好的一面变化，反之则向坏的一方发展。因此，导游员要在游客情绪不佳的时候，采取恰当的方法，调节游客的情绪，尽量把游客从情绪不佳状态转到心情愉快的状态。

导游员在导游活动过程中有很多机会和方法可用于调节游客的情绪，消除其消极的一面。在此就简单地介绍几种调整游客情绪的最基本的方法。

- 补偿法

这种方法是在游客对旅行社提供的某些服务和游览项目与协议书上有出入提出异议时或是游客的合理要求由于某种原因不能满足时采用。这种方法主要作用是使那些心中具有不满情绪的游客获得新的心理平衡。补偿法分为物质补偿和精神补偿两种。物质补偿主要是针对前种情况的，精神补偿是针对后一种情况的。

- 转移注意法

在游客内部出现不和谐气氛时，导游员要尽快把游客的注意力从关注彼此之间的矛盾转移到外部新的、有趣的活动和景点上。导游采取的方法就是用新的事物和真挚的感情去刺激他们，或用幽默、风趣的语言和动听的故事去吸引他们，从而转移他们的注意力，使其忘掉不愉快的事情，恢复愉快的心情。

- 分析法

分析法是旅游活动中一种变被动为主动的调节手段，但这种手段不要轻易去用，因为这种方法是迫不得已的情况下的无奈之举。这种方法就是分析造成游客消极情绪的原因，并且一分为二地分析事物的两面性及其与游客的得失关系。例如，有个旅游团由于组团社给接待社的价格较低，导致接待质量全面下降，引起游客的强烈不满，第二天去景点参观时，全体团员拒绝前往，地陪在多方解释仍不能劝说游客的情况下，就帮客人分析说：你们此次出来的目的主要是想看一看庐山瀑布，如果不去你们此游的目的就不能达到，问题还是解决不了，再说你们回去后还可以投诉组团社或地接社，旅游行政管理部门会按调查结果给予赔偿的。客人在听到这样的分析后，同意上车前往参观，这样当地旅游日程就按计划完成了。

2. 努力保持、提高游客的游兴

兴趣是人们从事各项活动最大的动力之一。游客只有对参观的景点和参加的项目有足够的兴趣，才谈得上去审美。而人的兴趣又受年龄、文化水平、职业等的影响和制约，也受当时所处环境的影响和制约，导游员在调动人们旅游积极性时要充分考虑到这些因素。

兴趣又分为直接兴趣和间接兴趣两类。直接兴趣是指景物形象和知名度及特定意义的行动本身引起游客对它产生的兴趣；间接兴趣是指行动的结果激发的兴趣。导游员如何保持、提高游客的游兴呢？一般情况下，导游员精湛的讲解技巧是保持或提高游客游兴最有效的方法。导游员可以通过幽默、诙谐、联想丰富的导游讲解词，调动起游客的游兴，再运用生动、形象、灵活多样的讲解方法使游览活动高潮迭起。当然，导游员要达到这样的导游讲解水平是需要在工作中不断地积累经验、增长知识、磨炼阅历的。

实践要点

1. 对令游客不快的原因进行判断。
2. 调节方法的选择和运用技巧。

实战演练

1. 实训项目

调节游客的情绪。

2. 实训内容

（1）补偿法；

（2）转移注意法；

（3）分析法。

3. 实训目的及要求

要求学生通过实训熟悉并能正确运用调节游客情绪的三种常用方法。

4. 组织实训

（1）准备好道具：旅游车（学校的校车）、车载话筒、学校实习宾馆大堂；

（2）设计几种影响游客游兴的案例；

（3）把学生分为3个小组，每个组选派3名学生分别扮演地陪、全陪、领队的角色，其余的学生均充当游客；每组均根据设计的案例选择调节游客情绪的方法加以演练。

5. 检验实训效果

通过书面测验和情景模拟来检查学生对所学知识与技能的熟练掌握程度。

学习任务 ❷ 导游员的语言技能

【想一想，做一做】

两种效果不同的"幽默"

案例一，一位年轻漂亮的姑娘在植物园游览时，不小心被树枝勾破了心爱的上衣，她顿时傻了眼，不一会儿眼泪禁不住流了下来，其他游客见状都纷纷围上来劝说，但效果不大。这时，导游员走上前微笑着说："小姐，您可别生气呀，植物园是位多情的王子，他见您这么美丽动人，想多看您一眼，这是拉着您舍不得您走呢！"话音刚落，周围游客都会心地笑了，那位年轻的姑娘也破涕为笑，游客们沉浸在一片笑声之中。导游员以"园"拟多情的王子，风趣幽默，生动形象。此种将景物人格化，从而描绘出具体生动的形象的说法非常容易被游客接受，轻松化解了难题。

案例二，一位女士因一时疏忽钱包被贼偷了去，这时她游兴大减，坐在凉亭中生闷气。导游员见状，走上前去安慰说："梁上君子和你闹着玩呢，这是一种爱的表现。"女士听后非常生气，旁边的游客听了也十分不悦，纷纷指责导游员对游客不尊重、对工作不负责。

分析与提示

需要指出的是导游员在适时地创造出风趣幽默的效果时，语言要自然、贴切，若牵强附会则不如不说。这是因为，不恰当的幽默不仅解决不了问题，而且有时还会伤害到游客的自尊心，同时，也会引起其他游客的不满，影响旅游活动的顺利进行。

知识储备

语言是导游员与游客之间进行信息的沟通、表达以及交流思想感情、增进相互了解的重要手段，也是导游员最重要的基本功之一。旅游界有这样一句话：祖国江山美不美，全凭导游一张嘴。尽管这句话过分夸大了导游员导游讲解的作用，但同时也从某种程度上反映了导游讲解的重要性。导游员通过讲解，使祖国的大好河山由"静态美"变为"动态美"，使沉睡千百年的文物古迹又重新焕发生机，使陈列在展柜中的工艺美术作品变得栩栩如生，让旅游生活妙趣横生，给游客留下终生难忘的印象。

导游语言与人们的平时用语是有很大区别的，它是一种具有丰富表达力的生动形象的口头语言。导游语言不仅要向游客言辞达意，更要让游客听起来"舒服"，有"美"的享受。可以说为导游语言是一种对从业人员要求极高的工作语言。导游员要达到这样的要求不是一两天的事，但也不要认为高不可攀，只要你有志献身导游事业，潜心钻研并结合实际不断练习，是完全能够达到的。导游员在工作中运用导游语言要注意以下几个方面。

2.1　导游语言运用原则和要求

导游员在讲解过程中，他的语言表达具有这样的特点：快、急、难、杂，讲解时没时间让人斟词酌句。但是，一名优秀导游员却能够使自己的讲解做到用词准确、语意高雅、内容趣味无穷、修辞优美，语调抑、扬、顿、挫，语速适中，语气强弱相宜、转折自然。要达到这样的水准，不仅要有扎实的语言功底，而且在语言运用时还要坚持相关的标准和要求。

2.1.1 导游语言运用的四个原则

本节讲到的四个原则是导游语言运用的最基本的准则，是每个导游员都应当遵守和必须遵守的，偏离了这四个原则的导游语言是不可想象的。这四个原则是：正确、清楚、灵活、生动。

1. 正确性原则

正确性原则是对导游员运用导游语言的第一个要求，是导游语言规范性和科学性的具体体现。目前在实际工作中，有些导游员平时不认真学习、不认真准备，自作聪明地认为游客来自异域他乡，对当地情况一无所知，导游员讲什么游客就会信什么，经常出现糊弄游客的不道德行为。在这里要提醒学生们，游客是通过导游员的讲解来了解参观对象的，是从导游员传达的信息中感受美的，如果导游员不能正确地传达信息，而是信口开河、杜撰事实、张冠李戴，那么一旦游客了解到真实情况后，他们会质疑导游员所讲的真实性，甚至会否定一切。这样做的结果就是游客对导游员彻底失去信任。一个不被游客信任的导游员，他后面工作开展的难度就可想而知了。因此，要求导游员在宣传、讲解及回答游客的问题时必须正确无误。导游语言的正确性表现在以下三个方面。

● 语态、语法正确

中文是世界上造字和表意最复杂的文字，导游员不仅不能读错字词在一般情况下的语音、语调，更要知道它们在特定语言环境中的正确发音，如"仇"在作姓时读音同"求"。另外，遣词造句要合乎语法要求，不生造词语。外语导游员更应弄明白某些词语的真正语意，语法上要克服母语的影响，不能讲中国式的外语，单词的读音要正确，要克服家乡音、家乡调。

● 讲解内容要正确

导游员有关景点介绍的内容要有根有据，不能胡编乱造，特别是历史背景、数字材料更不能随意捏造，即使是神话传说也要有应有的本源，且与景点有所联系。

● 敬语、谦语、谚语要正确

敬语、谦语的运用有助于加强与游客的感情和友谊，但也不要迷信中国那句"礼多人不怪"的俗语，在导游工作的实际工作中就会出现"礼多人更怪"的反常现象。这主要是由于导游员运用敬语、谦语时没有考虑对方的习俗和语言习惯，如对东方人，在姓前加个"老"表示对他的尊敬，而西方人却不是这样认为，他们很不愿意听别人叫他"老××"，因为外国朋友认为称他"老××"

是对他的轻视；谦虚是一个人的美德，但东、西方民族在对待谦虚上还是有所不同的，东方人在受到别人的称赞后会回答"没什么"或"您过奖了"，但如果这样回答一个西方人对你的称赞，他会认为你虚伪或不礼貌，因为在西方文化中对别人诚恳的赞美应表示感谢。导游讲解中有时引用某个谚语能起到画龙点睛的作用，使得导游员的讲解高雅，但必须保证谚语引用得正确、完整，恰到好处。

2. 清楚性原则

导游员在运用导游语言进行讲解时不仅要做到正确，还应该做到清楚明白，要让游客能听懂你在讲什么。这是导游讲解技能达到合格的最基本的标准。

• 吐词清晰

对导游员一项最基本的要求就是要口齿清晰，能标准地讲游客听得懂的语言。导游员要能够确切地表达意思，且要简洁明了；词语的运用和组合要符合语言逻辑和习惯；措辞要恰当。

• 内容要清楚

导游员在介绍文物古迹的历史背景和价值、自然景观的成因和特点时要清楚，特别是对于历史沿革、自然景观的地质演变过程导游员要熟记在心，不能前后倒置，也不能张冠李戴。

• 口语化

导游语言应口语化，应通俗易懂。尽管导游语言要求言辞优美、高雅，但导游语言是用来与游客进行面对面的语言交流的，必须保证游客能听懂，能够理解它所表达的意思，因此导游语言要避免冗长的书面语。

3. 灵活性原则

导游讲解最忌讳的是呆板、僵化，无论服务对象怎样，无论在什么场合，都以同一个腔调、同样的语气讲解，讲同样的内容也没有变化，千篇一律，不考虑客人的感受。这样无选择性、无针对性、无侧重点的讲解是会大倒客人胃口的。而灵活性则要求导游员根据不同的对象和时空条件进行导游讲解，也就是要根据游客的文化修养、审美情趣的不同，有选择、有侧重地进行导游讲解，满足游客不同层次的需求。例如，对层次高的游客或中国通，讲解时要注意语言使用的品位；对文化低的游客则要通俗化；对老年团要简洁从容，便于他们听清；对年轻人要活泼流畅，符合年轻人的口味。在讲解内容安排上要深浅恰当，在语言运用上要雅俗相宜。

4. 生动性原则

导游语言的艺术性和趣味性集中表现在它的生动性上。导游讲解不仅要做到内容生动，更要做到表达方式生动，力求达到神态表情、手势动作、语气音调和谐统一。导游语言的生动性主要体现在以下几个方面：一是语言形象、意境优美；二是语言生动流畅、趣味性浓；三是比喻贴切、活泼幽默；四是表情和手势和谐统一。

2.1.2 导游语言运用的要求

导游员在运用导游语言时不仅要遵守四个基本的原则，还要达到以下几项要求。

1. 要言之有物、言之有据

所谓言之有物就是导游员的讲解要有丰富的内容，要有具体的事物、鲜明的思想和观念，不要仅是华丽辞藻的堆砌；言之有据就是所讲的一切都是有据可查、令人信服的，导游员对自己所讲所说的是负得起责任的，不存在胡编乱造、糊弄游客的现象。这两点充分体现了导游语言的科学性和严谨性。

2. 要言之有情、言之有礼

这就要求导游员在导游讲解中要做到语气友好、礼貌，语言文雅、态度谦恭，要让游客感觉你亲切、温和，富有人情味。这两点要求是导游员道德修养的具体体现。

3. 要言之有神、言之有趣、言之有喻

导游员运用导游语言时要声情并茂，要能够让自己的声音、说话的内容传神，说话要诙谐、幽默、风趣，要用贴切的比喻来形容所讲述的内容。通过这些措施使讲解内容引人入胜，令游览气氛活跃，让游客对导游员所描述的事物印象深刻。这三个要求说明导游语言必须具有艺术性和趣味性。

小技巧6-1

巧用幽默

一位导游员在初次与游客见面时，自我介绍说："初次为大家服务，我感到十分荣幸。我姓马，老马识途的马。今天各位到我们这儿旅游，请放心好了，有我一马当先，什么事情都会马到成功……"。这几句幽默风趣的话把客人们都逗笑了，初次见面的拘谨感一扫而光，主客关系一下变得融洽起来。

还有一次，一辆旅游车在一段坑坑洼洼的道路上行驶，游客中有人对此抱怨。这时，陪同的导游员说："请大家稍微放松一下，我们的汽车正在给大家做身体按摩运动，按摩时间大约10分钟。不另收费。"他的话音刚落，就引得游客哄然大笑，抱怨的情绪随之化解。

2.2　导游语言的音调和节奏

　　导游语言是一门艺术性和享受性特别明显的导游工作语言，导游员在导游讲解中要时刻注意保持这两种特征。首先，导游员要注意讲话声音的高低要适中，既不要太高也不要太低，声音过高会造成噪音，影响客人的心情，引起游客的反感；声音太低游客听起来费劲，难以接受导游员传递的信息，并感觉你没有自信心。其次，导游员要使讲话的声调温柔、优美、自然，要高低起伏有度，富于变化，令人听起来感到悦耳动听、亲切自然，从而产生感染力，激发游客的游兴。最后，导游的讲解要富有节奏感，要根据讲解内容和时空的变化而变化，使讲解速度徐疾有致、快慢相宜，音调抑扬顿挫。

　　要引起导游员注意的是，一方面，在讲解中切忌矫揉造作、装腔作势，破坏导游语言的艺术特色；另一方面，导游员要力求使导游讲解与客人赏美活动浑然一体，让导游与游客之间有思想上的交流，产生情感上的共鸣。

实 践 要 点

1.要牢记导游语言运用的四个原则。

2.掌握导游语言运用的基本要求。

实 战 演 练

1.实训项目

导游语言技能。

2.实训内容

（1）正确安排导游词讲解内容；

（2）语音、语速、语调的运用。

3.实训目的及要求

要求学生通过实训熟悉并能准确掌握导游语言的运用原则和导游语言对语音、语速、语调的要求。

4.组织实训

（1）准备好道具：旅游车（学校的校车）、车载话筒、学校实习宾馆大堂；

（2）分别选择具有知识性、趣味性等特点的多篇导游词；

（3）把学生分为5人一组，每个小组成员均需讲解3篇以上的导游词，且在导游词讲解中必须体现书中对导游语言的基本要求。

5.检验实训效果

通过书面测验和情景模拟来检查学生对所学知识与技能掌握的熟练程度。

学习任务 ❸ 导游员的导游讲解技能

【想一想，做一做】

安排活动应"因人而异"

北京的导游小江接待了一个来自某国的老年旅游团。该团在京的日程安排很紧凑：第一天晚上入境后，到饭店休息，第二天上午参观天安门、故宫，下午去颐和园，晚上吃风味餐、看京戏；第三天上午去八达岭长城，下午去定陵，晚上去王府井购物；第四天上午去天坛、雍和宫，午餐后乘下午的航班去南京。

在第二天的游览过程中客人们兴致很高，每到一处他们都拍照留念，认真听导游的讲解。只是景区内的步行距离太长，团内的大部分人又是老年人，有些人感到很劳累。晚上吃烤鸭的时候，气氛达到了高潮，京戏看得也很尽兴。回来路上大家对当天的旅游安排非常满意，赞不绝口。第三天，一些人的疲态便显露出来了，在长城上有人只登上了一个敌楼，照了几张相便返回旅游车休息。在定陵有两位老年游客更是不愿下那么多台阶去参观地下宫殿，导游小江只好将疲劳的游客先安顿好，再去为其他人导游。回去的路上很多客人要求先回饭店休息一下再去吃饭、购物。结果再次集合时，只有2个人去吃饭、购物，其他人都想洗澡、休息了。

第四天上午，游览了天坛后，由于旅游者行动过慢而使时间不够，无法再去雍和宫参观。大家匆匆到指定的餐厅用餐后，便赶去机场了。一路上小江征求了客人对此次在京旅游的意见，很多人都反映，刚开始感觉不错，但越来越感到活动单调，并且有些劳累，希望能根据老年人多的特点，多留出一些放松的时间。

分析与提示

导游员在接团前应认真研究计划，并根据计划拟出周密的活动日程，在安排日程时应做到：分析旅游者的需要；向游客通报计划安排；活动安排的结构要合理，在制定活动日程时应注意循序渐进，切忌"虎头蛇尾"。本案例中的旅游日程安排就显得太过紧张，使客人既感到疲劳，又感到单调。活动日程应符合大多数人的要求。

知识储备

　　游客出游的目的是增长见识、扩大阅历、愉悦心情、放松精神。导游员要满足游客的这些需求，不仅要掌握丰富的知识，更要能够运用熟练的导游技巧并结合恰当的游览方法把所掌握的知识有选择地介绍给不同文化层次、不同审美情趣的游客。

　　每一位从事导游工作的人都要认真看待导游这项工作，不要轻视它，不要认为只要拿到了导游证、认得路、掌握了相关知识就可以带好客人。事实上，导游工作是一门综合艺术，要想成为一名能够熟练运用各种导游技巧进行导游讲解的优秀导游员，那你必须掌握除导游基础知识外的各方面的知识，如美学知识、心理知识、语言文化知识、人际交往知识等，并能够把这些知识融会贯通。导游过程就是对所掌握的知识进行再创造的过程。

3.1　导游方法的运用原则

　　正确运用导游方法是完成高质量的导游工作的基本保证之一。经过多年的工作实践，导游界已经探索出许许多多的导游方法，每个导游员在运用这些导游方法时又是千变万化、不拘一格的。但不管是多么高明、多么优秀的导游员在导游活动中都不可能离开下述三条原则，即针对性原则、计划性原则和灵活性原则。

3.1.1　针对性原则

　　针对性就是根据游客的实际情况，选择适当的导游技巧、方法及讲解内容，有目的地进行导游讲解。针对性原则的实质就是投其所好。导游员一般都拥有全面丰富的知识及导游方法，但不能不问游客感受和需要，就一股脑儿地讲给游客听，这样的导游讲解无疑是失败的。导游员服务的对象是来自四面八方的游客，他们之间存在着文化差异、民族差异、层次差异及审美观的不同，因此，导游员只能根据这些差异选择相应的导游内容、导游方法、服务方式等。例如，对来自日本和韩国的游客，由于他们在历史上受中国文化的影响较深，对中国文化比较感兴趣，导游员在给他们做导游讲解时介绍的内容要多、要深，而对来自西方国家的一般游客则只需做蜻蜓点水式的讲解；对文化层次较高的游客或专家型、学者型的游客，要多介绍知识性、专业性较强的内容，有时还可以与他们进行深入的讨论，而少讲轶闻趣事；对文化层次相对较低的游客则宜多讲轶闻趣事，且要生动传神。

3.1.2 计划性原则

计划性就是导游员根据对接待对象的分析及当地旅游景点的实际情况，事先科学、合理地安排旅游线路和活动日程，精心设计导游方法和技巧，准备恰当的导游内容进行讲解。

导游员是否在带团前进行周密的计划直接影响到实际接待效果，可以说周密的计划是导游工作成功的有力保证。因为，导游员的周密计划可以使自己的导游方法和技巧得以有效的运用和发挥，能够让游客领略到当地的美景，获得最大限度的精神享受。

导游员在计划中最先考虑到的应该是旅游活动的日程安排和时间安排。游客在一地的逗留时间一般都比较短，导游员应当合理安排各项活动的先后顺序和所需时间，既要让游客玩得尽兴又不要耽误行程。其次，导游员应当计划的是每个具体景点的导游方案。导游员应在出发前对整个旅游线路进行分析，选择最佳的游览路线，对每个游览点要介绍的内容进行合理的取舍，以满足不同品味客人的需要。同时还要设计在每个游览点采取什么样的方式进行讲解。计划性原则的目的就是要通过合理的计划和安排，让游客得到最佳的服务，达得最佳的导游效果。计划性原则充分体现了导游讲解活动的科学性。

3.1.3 灵活性原则

所谓灵活性就是要求导游员在导游讲解中，做到因人而异、因地制宜、因时制宜。导游讲解贵在灵活、妙在变化。导游员在导游讲解中不能墨守成规、一成不变，因为游客的游览兴趣和审美情趣是千差万别的，旅游景点的景色也随着四季更替而发生变化，即使同一个景点在不同的季节也会表现出不同的自然特征。导游员每次导游讲解都要根据客人在游览过程中表现出的特点和愿望，选择符合他们需要的导游方法，同时也要根据旅游景点的景色变化讲解相应的内容。

以上三个原则是一个有机的整体，导游员在工作中应当综合地加以运用，自然巧妙地把它们融合到导游讲解活动中去，使导游水平得到全面提升。

3.2 常用的导游方法和技巧

在导游活动时，导游员都非常希望自己成为游客注意的中心，希望游客都围在自己的周围专心致志地听自己讲解。如何才能把游客的注意力吸引到自己身上呢？导游员必须讲究导游讲解方法，善于编织故事情节，结合游览活动的具体内容，解疑释惑，制造悬念；要启发联想、触景生情；要采用有问有答、交流对话的方式，将游客引入导游员事先所设想的意境。

导游技巧是导游员在长期的导游工作实践中不断积累经验，探索导游讲解方法，结合自己的气质特征而形成的具有个人特点的导游风格。导游员在工作中常用到的导游方法主要有八种。

3.2.1 分段讲解法

分段讲解法就是把一个大的景区按按照一定顺序分为前后连结的几个部分，分别进行讲解的方法。这种方法主要适合那些建筑规模或占地面积特别大的景点景区，像故宫（如图6-1）、孔庙这类大型古建筑群。对于这类景点只有采取分段讲解才有可能较全面地把景区景点的特色、历史、成因及与之有关趣闻轶事介绍给游客。分段讲解法的特点就是化整为零、层层过渡。分段讲解法一般是这样具体运用的：导游员在前往景点的途中或是在进入景点的入口处先把景点的概况介绍给游客，包括景点的历史背景、特色、面积等，以达到"未见树木先见林"的效果；等到达景点后，就按照先后顺序进行导游讲解。导游员

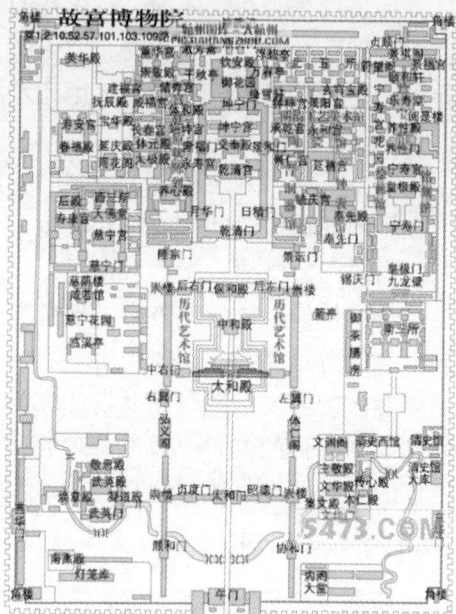

图6-1 故宫平面布局示意图

在运用分段讲解法时要注意各段中间的过渡，每一段快结束时要适当地提及下一段最有价值的内容，以激起游客继续参观的兴趣。

以故宫为例，导游员在介绍故宫时一般都先把故宫分为两大块：即以太和、中和、保和三大殿为轴心和以文华、武英二殿为侧翼的"外朝"；以乾清宫、交泰殿、坤宁宫居中轴和以御花园、东西六宫环绕的"内廷"。而外朝又可分为太和殿、中和殿、保和殿三段，在外朝，主要介绍历朝皇帝登基大典、行使权力、与群臣议论朝政等政治活动及与之有关的轶闻趣事；内廷则可分为乾清宫、交泰宫、坤宁宫、东西六宫、御花园五段，在内廷，则介绍皇帝的婚庆大典、日常政务及皇帝与皇后、嫔妃以及太后、太妃等的故事传说。

3.2.2 突出重点法

突出重点法就是导游员在导游讲解中要有所侧重，突出介绍某一点、某一件事、某一个建筑等，避免在讲解中出现"撒芝麻"现象，面面俱到却没有重点。导游员在讲解时要突出以下四个方面的内容。

1.突出景点中最具有代表性的景观

导游员在带领游客参观大的景点时要周密计划、确定重点景观。既要把重点景观的特征介绍清楚，又要能够让游客了解景点的全貌。如在西湖苏堤参观时，人们想要领略的是被称为西湖十景之首的"苏堤春晓"的自然风光（如图6-2），因此，导游员在介绍过苏堤的历史后，就应重点向客人描述春天的自然风光特征，使游客从导游员的讲解中进一步感受苏堤的迷人景致。

图6-2a　苏堤春晓春景　　　　　　　　图6-2b　苏堤春晓傍晚景观

2.突出景点特征和与众不同之处

各类景点，特别是古建筑之类的景点，如各宗教建筑（如图6-3a）和古民居（如图6-3b），它们的历史、规模、结构和艺术特色各不相同，游客在参观景点时大多想仔细了解景点的特征，但由于受专业知识的限制，他们可能不知道该景观的特征之所在，此时，导游员就应当向游客详细地介绍景观的特征，指明此景点与其他景点的不同之处，使游客增长见识、提高游兴。

图6-3a　峨眉山金顶　　　　　　　　图6-3b　安徽宏村

3.突出游客感兴趣的内容

游客来自不同的国家和地区，他们间存在着文化层次、宗教信仰、风俗习惯、工作种类的差异，这些差异必然也会反映在他们对参观景点的兴趣上。导游员要了解游客们的特征，判断其兴趣之所在，投其所好，让绝大多数游客感到满意。

4. 突出景点"之最"

导游员要通过突出景点的"之最"来吸引游客的注意力，加深游客对所参观景观的印象。例如，在介绍中国长城时可以讲它是世界上最长的城墙（如图6-4），介绍故宫可点出它是世界上迄今为止保存最完整、规模最大的皇宫。尽管有些景点不能用"最"来描述，但也要找出其与众不同之处，以增强景点的感染力。例如，

图6-4　中国万里长城

介绍黄河时我们可以说这是中华民族的母亲河，是中华文化的发源地。

3.2.3　触景生情法

触景生情法就是见物生情、借题发挥的导游讲解法。导游员在讲解时最忌讳的是就事论事，围着某个景观实物打转转，不能挖掘景观背后的东西。触景生情法就是要借题发挥，利用所见到的景物创造意境，使游客产生联想，从而领略其中的妙处。例如，在介绍上海浦东东方明珠（如图6-5）时，可借机向游客介绍浦东自20世纪90年代初期开发以来的变化，证明党中央国务院开放上海、开发浦东的决策是多么的英明、多么的正确。又如看到深圳市市委大门前的拓荒牛时，可以向游客说明这是深圳的标志性雕塑，宣扬的是深圳人民不畏困难、埋头苦干的精神，并进一步介绍深圳人民是如何把当年一个小渔村发展成为如今的国际大都市的。

图6-5　上海东方明珠塔

触景生情法的另一个特点是导游员的讲解内容要与所见到的景物相统一，要做到情景交融，使游客感到情中有景、景中有情。例如，参观天安门广场的人民英雄纪念碑上的虎门销烟浮雕时，就可以讲述林则徐当年在虎门销烟的场面。触景生情就是要求导游善于发挥，但要注意的是发挥要自然、正确、切题。

3.2.4　虚实结合法

虚实结合法就是导游员在导游讲解中要善于把一些典故、传说融入到景点介绍当中，就是要编织情节。这个方法可以避免导游讲解内容单调、枯燥乏味。

虚实结合法就是在介绍景点的实体、历史、艺术特色时要辅以与之相关的民间传说、神话故事、趣闻轶事等。要以"实"为主，以"虚"为辅，要让"虚"衬托情景，以此把死的景物变成赋有生命、有情感的东西，使导游讲解变得有血有肉。例如，讲解路南石林时，介绍它的成因和特色是必不可少的，但仅仅介绍这些还不够，还比较乏味，来上一段有关阿诗玛（如图6-6）爱情故事的传说，那就会把讲解内容生动化了，也让游客的游兴提高了一个层面。运用虚实结合法时要注意选择"虚"的内容时要"精"、要"活"。"精"就是要与景点密切相关，"活"就是要做到即兴而发。

图6-6a　阿诗玛

图6-6b　阿诗玛

3.2.5　问答法

问答法是导游讲解中最常用的一种讲解方法，是指在导游讲解中向游客提问、启发他们的思维，从而让游客参与到旅游活动中来的一种导游方法。使用这种方法的特点：一是可以促进导游员与游客之间的思想交流，使游客体会到参与感和成就感；二是既可以避免导游员唱独角戏，又可以加深游客的印象。问答法主要有自问自答、我问客答、客问我答三种形式。

1. 自问自答

自问自答就是导游员提出问题并由自己给出答案的导游方法。导游员采用自问自答方法的目的主要是通过提问来吸引游客的注意力，并不需要客人回答。导游员在提出问题后不要急于给出答案，而要稍等片刻先让客人思考，在感觉大部分客人都被这个问题吸引时就可以说出答案。

2. 我问客答

这种方法是为了进一步调动游客的参与积极性，但导游员在提问题时要注意几个问题：一是所提问题不要涉及个人隐私、不能含有蔑视成分，更不要提敏感性很强的问题；二是在提问前考虑到客人回答的可能性，如果是客人一点都不知晓的问题，客人一般是不会接导游的话茬的，这样会使导游员自己显得很尴尬，当然，更不要强迫客人回答；三是无论客人回答对错与否，导游员都不要中途打断，更不能取笑，而应给予恰当的鼓励。

3. 客问我答

游客在游览过程中主动向导游员提问，说明他们已经被所参观的景点吸引了，已深深地置身于导游员的讲解之中，因此导游员应当欢迎和鼓励游客提问。导游员要注意的是在某位客人提出比较幼稚的问题时，你不应对他的提问置若罔闻，而应当选择性地给予回答。导游员还要注意，不是客人提什么你就答什么，而要回答一些与景点相关的内容，也不要让游客的提问影响你的导游讲解进而打乱了你的安排。

导游员要在工作中不断地摸索，积累相关经验，掌握游客提问的一般规律，总结一套相应的"客问我答"的技巧，以求随时满足游客的好奇心。

3.2.6 制造悬念法

所谓制造悬念就是导游员在讲解时提出令人感兴趣的话题，却故意引而不发，激起游客急于知道答案的欲望，从而制造出悬念的方法。按照曲艺界的说法就是"吊胃口"、"卖关子"。这种手法的特点是"欲扬先抑"、"先藏后露"。它的优点是能给游客留下极其深刻的印象，使自己始终是游客注意的中心。

运用这种手法的关键是要掌握恰当的时间，一般是在未进景点之前提出问题或在讲到关键时刻、特别吸引人的地方时不再继续说而要客人去猜想结果。制造悬念法很多，有问答法、引而不发法、分段讲解法等。

例如，有次在参观国外某寺庙时，当地一位女导游员在进庙之前就给游客出了一道题，要求游客参观完该庙后告诉她在进庙时左手边一个器物是什么？游客被她的问题激起了游兴，急慌忙进庙寻找到那个器物。它看起来像中国乡下的石磨却又不完全像，猜了半天也猜不出是何物，却只看到很多信徒向它顶礼膜拜并不断地向上面倒牛奶。这就越发引起游客的兴趣，大家围绕着这个器物乱猜一通，而那位显得特别文静的女导游员只是面带微笑地站在一旁。等到游客把整个寺庙参观完返回到旅游车上后，这位女导游员才告诉大家，那些人是在求子，他们所顶礼膜拜的器物是男性生殖器。听了导游的话，所有的游客都兴奋起来，这样，导游员把他们高高兴兴地带到了下一个景点。

制造悬念法是最能活跃气氛、制造意境、提高游客游兴的导游方法，导游员都喜欢运用这种手法，但需要记住的是不能乱造"悬念"；否则会适得其反。

3.2.7 类比法

所谓类比法就是导游员为了加强游客对眼前景物的理解，拿游客比较熟悉的事物来比较，同时也可增加游客对眼前景物的亲切感。导游员经常用到的比较方法是同类相似比较、同类相异比较、时代比较三种。

1. 同类相似比较

同类相似比较就是把属于同一类型中相似或相近的事物进行比较，便于游客理解并使其产生亲切感。这些事物可以是科技、艺术、建筑、故事、人物等。如对西方游客讲解时，可称汤显祖为东方的莎士比亚；称苏州为"东方威尼斯"（如图6-7a）；把《梁山伯与祝英台》称为中国的《罗密欧与朱丽叶》；将中国北京的王府井大街比作法国巴黎的香榭丽舍大街等。

图6-7a　苏州山塘街

图6-7b　意大利的威尼斯

2. 同类相异比较

同类相异比较就是比较同一类型事物中的不同点，包括质量、价值、特色、水平、建筑风格等方面的不同。例如，可以比较故宫与凡尔赛宫在建筑风格和艺术特色上的不同；也可以比较英国的哈德良长城（如图6-8a）与中国长城（如图6-8b）的长度及历史价值不同等。在运用这种手法时，一定要注意不能伤害游客的民族自尊心。

图6-8a　英国的哈德良长城

图6-8b　中国长城

3. 时代比较

比较时代的目的，一方面是要让游客从感性上理解所参观景物的时代背景，有助于游客记住该景物；另一方面是为了宣扬中国古老文明的伟大成就，使游客对中国产生钦佩之情。例如，在游览故宫时，导游员若说故宫建于明永乐十八年，那么除了对中国古代历史比较了解的专业人士外，绝大多数外国朋友都不清楚到底是指哪一年，但如果导游员说是哥伦布发现新大陆前72年，那么来自西方的游客就比较容易理解永乐十八年的意思了。又如，在介绍秦始皇征集民工修建长城时，告诉客人秦始皇是中国历史上与马其顿王国处于同一时期的一个封建王朝的君王，游客听到这样的介绍后，不仅明白了秦朝的确切年代，还会更敬仰中国古代人民的聪明才智。

导游员要正确、熟练地运用类比法，就必须有丰富的知识，熟悉客源国的情况，并对被比较的事物有非常深入的了解。

3.2.8　画龙点睛法

用精练的词句概括所游览景点的特点，给游客留下特别深刻印象的导游手法称为"画龙点睛法"。有经验的导游员都知道游客在看到非常有特色的景观时，心中有一种要把眼前的景观描述出来的欲望或想法，可他们一时又不知道如何恰当地表述，这时导游员趁机对眼前的景观进行总结，以简练的语言或词语，甚至是几个字，点出景物的精华之所在，就能很好地帮助游客进一步领略其奥妙，获得更高的精神享受。例如，在游客参观完南京市后，导游员可用"古、大、重、绿"四个字来描绘南京的风光，这就使游客对南京市的特色更加清楚和印象深刻；游客在参观中国古代园林时，对中国园林精湛的造园艺术叹为观止但又不能准确地说出是用何种手法来构造的，这时，导游员就可用"抑、透、添、夹、对、借、障、框、漏"九个字来概括，使得游客能顿悟中国园林艺术的奥妙之所在。

以上八种手法只是导游员在导游讲解中常用的手法，在实际工作中，导游员还要根据经验认真总结出更多、更好的方法，并在讲解中交替运用各种手法，使各种手法融会贯通，结合自己的特点形成独具风格的导游手法。

3.3　导游员在实地导游中"导"的技巧

导游员在掌握了正确的导游讲解技巧后，还不能说他就一定能够在实地导游讲解中达到预期效果。例如，游客在观赏某景观时，有的人觉得景观很美，而有的人却不以为然，有的人感觉非常好，而有的人却觉得不过如此。是什么原因导致这种现象呢？究其原因，除了游客自身在文化修养、审美情趣、思想情绪上存在差异外，还存在对景观的观赏方式方法是否得当的问题，也就是导游员是否正确引导游客进行审美的问题。导游员在导游讲解中要注意以下几点。

3.3.1　注意动态观赏与静态观赏的结合

无论是山水风光还是人文建筑，它们都不是单一的、独立的、不变的画面形象，而是活泼的、生动的、多变的、连续的整体。随着游客的运动，空间形象美才逐渐展现在人的面前。所谓"游山玩水"、"游览风景"，就是指游客漫步于景物之中，步移景换，人的感受也随之变化，从而获得流动美。因此，导游员在带领游客参观山岳、园林、古建筑这些静止的景观时，不要长时间地驻足不动，否则就领略不到它们的动态美。例如，中国园林是一种人造景物，它的每个门洞、厅堂、栏院、假山等的布局及它们之间的联接都是经过精心设计的，各有特色，游客只有按照设计者的思路去赏景，才能领略到中国园林艺术的真谛。

但在游览过程中，在某个特定的空间，驻足静观，又会领略到另一种意境美。例如，在游览颐和园时，只有驻足万寿山（如图6-9a）才能领略到颐和园作为皇家园林宏大、严整、堂皇的气派。又如，在浙江海宁盐官镇看钱塘江潮（如图6-9b）时，立足观看才能感受到钱塘江潮的汹涌澎湃之势，才能领略大自然宁静之外的美。

图6-9a　万寿山

图6-9b　海宁观潮

导游员应根据具体景观及时空条件来确定何时"动观"、何时"静观"，努力使游客在动静之间、情景交融之中得到最大限度的美的享受。

3.3.2　观赏距离和角度

自然景观千姿百态、变幻无穷，游客只有通过调整距离和角度才能欣赏到它的风姿。因此，游览景点、观赏景观对距离和角度有很高的要求。例如，长江三峡胜景神女峰，远远望去像一位丰姿秀逸、亭亭玉立的美女远立山顶，翘首远望，似乎在等什么人回来，给游人以无尽的遐想。但如果你借助望远镜观察，也许会大失所望，因为神女峰的美是一种朦胧美，距离远才会产生这种感觉。再如庐山五老峰，你在前往秀峰的途中从车窗向外远眺，五位老人的形状极其逼真，但你登上五老峰，在上面行走时，这种感觉就没有了。浙江雁荡山的合掌峰（如图6-10）又有相思女、夫妻峰、双乳峰之称，游人只有从不同的角度观赏才能领略到这种变化。

图6-10a　雁荡山的合掌峰　　　　　　图6-10b　雁荡山的合掌峰

初到一地的游客如果不经导游员的指点，是不能领略到这种多姿多彩、奥妙无穷的自然美景的。

3.3.3　观赏时机

赏景要掌握好时机，即掌握好季节、时间和气象的变化。光照、时令、气候影响着大自然中的色彩美、线条美、形象美、音响美、表态美和动态美。清明踏青、重阳登高、春看兰花、秋赏红叶、冬观腊梅等都是由自然万物的时令变化规律决定的观赏活动；晨曦之中看旭日东升、黄昏时分看晚霞夕照，美不胜收；晴天下午4点左右从景山顶观望故宫，错落有致、层次分明的宏伟宫殿尽收眼底；在蓬莱，有时能观赏到海市蜃楼等，这些都是由于时间的流逝、光照的转换而形成的美景。

在运动中观赏美景时必须精确地掌握好时机，有的美景的观赏时间只有几分钟，甚至几秒钟，稍纵即逝，稍有疏忽就可能失之交臂，后悔莫及。这就要求导游员十分熟悉所游览的景点并注意力高度集中，这样才能帮助游客及时地观赏到绝妙的美景。

3.3.4　观赏节奏

观赏节奏无特定的规定，导游员应视观赏内容、观赏主体的具体情况以及具体的时空条件来确定并随时调整。一般游客的审美目的主要是悦耳悦目、悦心悦意，是为了轻松愉快、获得精神上的享受。如果游览活动安排得太紧，观赏速度太快，筋疲力尽的游客不仅达不到上述观赏目的，身心健康还会受到损害，甚至影响旅游活动的正常进行。因此，导游员必须注意调节观赏节奏。在调节节奏方面，导游员要做到三点：一是有张有弛，劳逸结合；二是有急有缓，快慢结合；三是边导边游，导游结合。

总之，导游员要力争当好一名导演，要从审美主体的实际情况出发，使观赏节奏适合游客的生理负荷、心理动态和审美情趣，安排好旅游活动日程，组织好旅游审美活动，让游客感到顺乎自然、轻松自如。

实践要点

1. 时刻牢记导游方法运用三原则。
2. 要正确理解八种讲解方法的特点和运用。
3. 根据不同景点采用恰当的讲解方法。
4. 要注意针对内容不同的导游词，讲解语气和语速也应相应地调整。
5. 要注意各种导游讲解方法的灵活运用，避免给人单调刻板的印象。

实战演练

1. 实训项目

景点导游讲解。

2. 实训内容

各种类型旅游景点和环境下的导游讲解服务。

3. 实训目的及要求

作为导游工作者，高水平地进行景点讲解是必不可少的。通过模拟实训，应该能够综合运用各种导游讲解技巧，做到讲解具有科学性、针对性、艺术性、生动性、灵活性，达到肢体语言与导游讲解内容的和谐统一。

4. 组织实训

（1）实训地点：教室或导游实验室；

（2）实验道具：导游旗、手提话筒、景点风光介绍光碟、投影仪、计算机或影碟机；

（3）把全班学生按每组10人分为3~4组，每组推选出2~3名学生扮演导游员，分别模拟自然景观、人文景观、沿途风光等不同环境的导游讲解。其余学生充当游客，向导游员提出有关景点的种类问题等；

（4）教师对每位参加模拟的学生从语言特色、面部表情、肢体语言等方面进行点评，指出他们的优点和不足，并提出改正方法。

5. 检验实训效果

让每位学生进行模拟导游讲解，从每位学生的整体讲解效果来判断实训的效果。

本项目总结

知识梳理

1. 处理好导游集体间关系的方法

① 彼此间相互尊重　② 工作上相互支持配合　③ 避免正面冲突　④ 以理

服务，按协议办事

2. 导游员处理好与游客之间关系的方法

① 导游员要牢记自身的导游角色　② 尊重游客、满足其自尊心　③ 平等对待每位游客　④ 提供针对性服务

3. 调节审美行为激发审美情趣的措施

① 帮助旅游者获取正确的审美信息　② 激发游客的想象思维　③ 将游客情绪维持在最佳审美状态

4. 导游语言运用基本原则

① 正确　② 清楚　③ 灵活　④ 生动

5. 导游方法运用原则

① 针对性原则　② 计划性原则　③ 灵活性原则

6. 常用的导游方法与技巧

① 分段讲解法　② 突出重点法　③ 触景生情法　④ 虚实结合法　⑤ 问答法　⑥ 制造悬念法　⑦ 类比法　⑧ 画龙点睛法

7. 导游讲解中注意的要点

① 动态观赏与静态观赏结合　② 选择适当观赏距离与角度　③ 把握好观赏时机　④ 把握好观赏节奏

主要概念

导游技能

知识习题与技能训练

1. 导游员树立良好形象对导游服务有何重要性？导游员应如何树立和维护良好的形象？

2. 导游员集体合作共事的基础是什么？如何建立良好的合作共事关系？

3. 导游员在与游客交往过程中应注意哪些问题？

4. 游客可分为哪几种类型？怎样提供针对性服务？

5. 游客在每个阶段的心理和行为特征怎样？导游员根据这些特征如何提供导游服务？

6. 导游员应如何调节游客的审美观点、激发游客的审美情趣？

7. 导游员应怎样把握各城市的旅游活动节奏？

8. 导游讲解对语言的运用有何要求？

9. 导游员在导游讲解活动中如何运用"突出重点法"？

10. 导游员在实地导游中应注意哪些问题？

项目 **7** 游客个别要求的处理方法

■ 学习目标

■ 知识目标

通过本项目的教学，使学生了解游客个别要求的基本类型及其处理原则，掌握处理游客个别要求的具体方法、步骤及预防措施。

■ 技能目标

通过本项目的技能训练，使学生初步掌握游客个别要求的类型，并能够正确判断各类别要求的合理性和可能性，同时也能找到处理这些要求的方法和途径。

■ 案例目标

通过本项目案例的教学，使学生了解到处理游客个别要求的复杂性和重要性，从而让学生在校期间就树立起重视游客个别要求的意识，为今后的工作打下牢固的理论基础。

■ 实训目标

通过实训活动，让学生掌握处理游客各类个别要求的方法和技巧。

■ 教学建议

1. 教学时应先让学生多了解一些游客提出个别要求的案例，让学生根据自己的看法处理客人的要求。

2. 让学生带着自己的想法跟随教师一起来学习本项目处理游客个别要求的原则和措施；学完一个项目以后，教师可让学生对照书本知识来说说自己处理方法的正误和优缺点。

游客在旅游期间由于生活习惯、宗教信仰、个人爱好、理想化旅游等方面原因，会向导游员提出各种各样的要求且希望得到满足。无论游客提出的要求是否合理，导游员都必须认真对待，按照有关规定和要求妥善处理；否则就可能引起游客的不满而影响旅游情绪，甚至影响旅游活动的顺利进行。在处理个别要求时，导游员要坚持原则，运用正确的方法妥善处理好游客提出的各类要求。

学习任务 ❶ 游客个别要求的处理原则

【想一想，做一做】

某国际旅行社的导游员小王接待了一个美国旅游团，在S市进行为期两天的游览，入住饭店为S市一家开业不久的四星级标准的饭店。小王接到旅游团时已是午餐时间，依计划就到饭店用了午餐，然后开始游览。半天下来，小王凭借其纯正的美国英语、精彩生动的讲解和娴熟的导游技巧，赢得了游客的赞赏。在回饭店途中，小王重申了晚餐地点和时间。这时，有几位游客却提出换个地点就餐，因为他们对饭店的餐饮不满意。小王觉得纳闷，照常理美国游客习惯于在住店用餐的，而这个团却有些特别。于是他向游客讲了餐厅退餐的有关规定，并说大家如果有什么意见可向他反映，然后由他去与餐厅协调，相信一定能让大家满意的。经过小王一番热情的解释，游客们不再坚持换餐的要求。就餐时，小王带他们去餐厅用餐，并就游客对用餐不满作了个别了解，原来既不是口味问题也不是菜肴数量问题，而是餐桌上缺少对美国人来说关键的一道水果。了解了情况后，小王立即与餐饮部经理联系，要求晚餐一定要补上水果，并与其商量就午餐未上水果向游客表示歉意。餐厅经理爽快地答应了小王的两个要求，并主动提出将为该团每个客房送上免费水果。这样一来，游客们非常高兴。离开S市时，领队留下了一封热情洋溢的表扬信，对小王热情周到的服务和饭店的精心安排表示赞扬。

分析与提示

导游服务是一项脑力劳动和体力劳动相结合的复杂工作。作为导游员应该时刻了解游客需要什么，及时地为他们提供有针对性的服务。另外，掌握不同国家、不同地区游客的喜好和习惯，也是做好导游工作的保障之一。对于导游员来说，最好能把有针对性的服务工作做在游客没有说出来以前。当然，导游员也不可能料事如神，对游客的有些习俗也只能是"一回生，二回熟"，一旦问题出现了，再去弥补虽有些遗憾，但"犹未晚也"。

知识储备

面对游客的种种要求，导游员怎样才能满足那些合理而可能的要求，又要让那些要求没有得到满足的游客理解导游员的难处呢？这对导游员来说既是一种能力的考验，也是提高旅游服务质量的重要条件之一。妥善处理好游客个别要求的前提条件是要按个别要求处理原则办事。本节将介绍游客个别要求的基本类别和一般的处理原则。

1.1 个别要求的类别

在旅游中，游客提出的个别要求各种各样，导游员在处理这些要求之前应当对这些要求加以分类，然后再根据不同的类别分别采取相应的处理措施。

1.1.1 按具体内容划分

按照游客个别要求的具体内容，大体上可将这些要求划分为以下五大类。

- 在餐饮、住房、娱乐、购物方面的个别要求；
- 要求自由活动；
- 要求探视亲友或要求亲友随团活动；
- 要求帮助转递物品；
- 要求中途退团或延长旅游期限。

1.1.2 按照性质划分

按照个别要求的性质可将游客的要求大致分为三类。

- 合理且可能的要求；
- 合理但不可能的要求；
- 不合理的要求。

1.2 个别要求的处理原则

导游员处理游客的个别要求一方面是为了解决游客的实际困难，使游客能得到较好的旅游服务，安心参加旅游活动；另一方面也是为了让游客对导游员和旅行社所提供的服务满意，从而达到使旅行社知名度提高、信誉度增强的目的。但导游员在处理游客的个别要求时不能没有原则，既不能一味地满足客人而不顾旅行社的利益和实际困难，也不能只考虑本单位的利益和导游员自己的难处，而不理睬游客正当、合理的要求。为了使导游员能恰到好处地处理游客的各类要求，导游员处理游客的个别要求时要遵循以下主要原则。

1.2.1　尊重游客的原则

尊重游客是导游员处理个别要求的首要原则。无论游客提出的是什么要求，导游员首先要对游客的人格和他的要求给予尊重。无论他们提出的要求是否合理，导游员都要表示重视，不要不理睬，特别是对那些提出过分要求的游客导游员不要出言讥讽，甚至谩骂，这样既不能解决任何问题，也是导游员职业道德所不允许的。相反，只有给予游客足够的尊重，导游员才会得到游客的尊重和理解，他们才会自愿地配合、支持导游员的工作。

1.2.2　认真倾听、仔细分析

导游员要认真倾听游客诉说自己的要求及原因；在听清要求的内容和原因后，导游员不要急于答复，而要作仔细的分析：首先要判断游客提出的个别要求是否合理，如果不合理还要分析游客提出这种要求的真正原因；其次要看游客提出的个别要求是否能够办到；最后根据分析的结果采取相应的处理措施。

1.2.3　尽可能满足的原则

如果经过分析，游客提出的要求是合理且可能办到的，即使办到有一定的困难，导游员也要尽力为游客办到，不要让游客失望。让游客满意是我们导游工作者最基本的职业道德之一，是使每次旅游活动都顺利进行的重要条件，导游员要让尽可能满足客人的原则贯穿整个导游活动的始终。

1.2.4　耐心解释的原则

游客提出的有些要求看上去似乎合理，但旅游合同上没有规定要提供这类服务或目前当地还不能提供这类服务。对这类要求，导游员不要置之不理，也不要一口拒绝，更不要恶语相加，而应面带微笑、耐心地、实事求是地向游客解释不能够办到的原因，并诚恳地请求游客谅解。

1.2.5　避免对抗、以理服人

有的游客提出的要求本身就是不合理的，甚至是有意刁难、无理取闹。对于这类游客，导游员也不能意气用事、与客人发生正面冲突，而是要耐心解释和说服。对于个别无理取闹的游客，导游员可以请领队出面解决，或把他的要求告诉全体游客，请求他们主持公道。要想得到大多数游客对自己的支持，导游员必须在平时向游客多提供热情周到的服务，多提供超常服务，赢得多数游客的好感与支持。导游员要始终冷静，既要坚持原则，又不要伤主人之雅、损客人之尊，理明则让，切忌得理不饶人。

总之，导游员在处理游客提出的个别要求时，既要始终坚持原则，又要维护好与游客的良好关系；既要满足游客合理而可能的要求，又不要让旅行社的利益受损。

实践要点

1. 要掌握不合理要求的判断依据。

2. 与游客沟通的语言表达能力和恰当的态度。

实战演练

1. 实训项目

与提出不合理要求的游客进行沟通。

2. 实训内容

听取游客要求时所采取的态度；与游客进行沟通时的语言表达技巧。

3. 实训目的及要求

作为导游工作者，与游客进行沟通是必不可少的，特别是与一些难以打交道的游客之间的沟通就显得更为重要。通过模拟实训，使学生掌握与不同游客进行沟通的技巧，做到既不伤游客的自尊，又不损旅行社的利益。

4. 组织实训

（1）实训地点：教室或导游实验室；

（2）把全班学生按每组10人分为3~4组，每组推选出2~4名学生分别扮演导游员和游客，就客人提出的不合理要求进行受理与解答。

（3）教师对每位参加模拟的学生从语言特色、面部表情、肢体语言等方面进行点评，指出他们的优点和不足，并提出改正方法。

5. 检验实训效果

让每位学生进行模拟导游讲解，从每位学生的整体演练情况来判断实训的效果。

学习任务 ❷ 游客个别要求的基本处理方法

【想一想，做一做】

经过几个小时的颠簸，小顾的旅游团总算乘旅游车抵达了最后一站——H市，小顾也由全陪变成了全陪兼地陪。游客们拖着疲惫的身躯下了车，进了下榻的饭店。该饭店占地大，环境也很幽雅，是一家地地道道的老饭店。然而游客进入客房不久，就有几位游客跑来抱怨，这个说客房冷气不足，那个说客房太潮湿，还有的说客房没热水，纷纷要求换房。当时正是旅游旺季，小顾非常清楚这个时节饭店客房的供需状况。怎么办呢？他先来到反映有问题的几间客房，发现冷气不够是因为刚进客房，冷气才打开，且温度开关没有调到位；没有热水是因为热水龙头坏了；而客房潮湿则是因为这间房紧挨山崖。小顾想："水龙头坏了可以修，客房不一定要换，但潮湿房一定要换。"于是，小顾来到饭店销售部，销售部人员开始声称没有空余客房，但在小顾的一再要求下，加上小顾平时也很注意和他们建立良好的关系，最后，销售部人员在请示经理后，终于让小顾的游客换了客房。问题总算得以圆满解决。

分析与提示

　　辛苦了几天，甚至十几天，旅游团的行程总算接近了尾声，眼看即将顺利完成旅行社交给自己的任务了，然而就在这最后一站，却生出了这样那样的麻烦事，作为导游员，尤其是全陪兼地陪，在这一刻绝对松懈不得。如果你松懈了，这么多天辛辛苦苦与游客建立起来的关系就会因此受到影响，游客对整个行程的满意度也会因此大打折扣。越是在工作接近尾声的时候，导游员越要振作精神，切不可功亏一篑。另外，导游服务工作的顺利完成，还有赖于与其他部门、其他人员的密切配合。除去旅行社内部的不说，旅行社外部的部门，如饭店、餐馆、民航、铁路、游览点等，导游员不能放松与其中任何一个环节的合作。导游员和这些部门的工作人员搞好关系，与之"善交"，有时在非常时刻是很能起作用的。本案例中，小顾之所以最后能解决潮湿客房的调换问题，应该说一部分原因是功在平时的。

知识储备

　　中国有句俗话：在家日日好，出门时时难。由于多方面的原因，游客在外旅游期间会在生活、饮食、购物等方面会存在很多不便，因而会向导游员提出种种要求，希望得到导游员的帮助。作为导游员，无论从导游员的职业道德还是从对游客的理解出发，都应当尽力满足游客合理且可能的要求，不要让游客失望。

2.1 餐饮、住房、娱乐、购物等方面个别要求的处理

游客在这方面的要求是导游员在工作中最常见的、处理最多的问题，对游客来说可能是比较小的或可以克服的、但却期望得到导游员帮助的问题，导游员不能因为事情较小或认为游客能够克服而不引起足够的重视。

2.1.1 餐饮方面个别要求的处理

1. 特殊的饮食要求

由于宗教信仰、生活习惯、身体状况等原因，游客会提出饮食方面的特殊要求，例如，有的游客不吃荤、不吃油腻、辛辣食品，不吃猪肉或其他肉食，甚至有的游客不吃盐、不吃糖等。这些特殊要求若在旅游协议书里早已明确规定，接待方则应早作安排并督促落实，不折不扣地予以兑现；若旅游团抵达后才提出，尽管旅游协议书上没有规定，但这些要求中一些是比较容易办到且也符合情理的，因此导游员应立即与餐厅联系，尽力满足游客的要求；还有些是由于宗教信仰而在饮食上存在的特殊要求，作为接待方应尊重他们的宗教习惯，如果确实有困难的，如有的饭店不会做清真菜，这时导游员要向游客说明原因并致歉，同时协助游客自行解决。

2. 要求换餐

游客要求换餐，若在用餐前三个小时提出，导游员要尽快与餐厅联系，按有关规定办理；在接近用餐时提出换餐，一般不接受要求，但要做好解释说明工作，如果游客坚持换餐，导游员可以建议他们自己点菜，费用自理，且要说明未用餐费不退；游客要求加菜、加饮料时，要满足客人，但费用自理。

3. 要求单独用餐

由于旅游团内部矛盾或其他原因，个别游客要求单独用餐的，导游员应耐心解释，并告诉领队请其出面调解、说服。如果客人继续坚持，导游员可协助与餐厅联系，但餐费自理，并告知不退综合服务费中的未用餐费。

4. 要求提供客房用餐服务

如果游客生病，导游员或饭店服务员应主动提供超常服务，将饭菜端进房间以示关怀；健康的游客希望在客房用餐，应视情况而定，如果餐厅能够提供这项服务，可以满足游客的要求，但服务费由客人自理。

5. 要求自费品尝风味

旅游团成员要求外出自费品尝风味，导游员应协助其与有关餐厅联系订餐，并要提前告诉所住饭店餐厅；风味餐订妥后旅游团又决定不去，导游员应劝他们在约定的时间前往餐厅，并要向游客讲清楚若订好却不去用餐需赔偿餐厅的损失。

2.1.2 住房方面的个别要求

1. 要求调换房间

旅游团到一地旅游时享受什么星级的住房一般在旅游协议书中有明确规定，甚至在什么城市下榻哪家饭店都写得清清楚楚。所以，如果接待旅行社向旅游团提供的住房不符合协议书中的规定，即使所住饭店的星级与协议书中规定的相同，游客也会不满意，这时导游员要有足够的理由说服客人，使他们理解旅行社的苦衷。若接待社向游客提供的客房低于规定的标准，旅行社应予以调换，确实有困难的，应说明原因，向客人退还差价，并提供补偿条件。

若客房内有蟑螂、臭虫、老鼠等，游客要求换房，应满足其要求，必要时应调换饭店；若客房内设备、设施损坏，应要求饭店有关部门立即派人修理，如果一时修理不好应给客人换房；如果客房内设备，特别是卫生设备达不到清洁标准，应立即打扫、消毒；游客由于生活习惯要求调换不同朝向的同一标准客房，假如饭店有空房，可满足其要求，或请领队在内部调配，无法满足时，应作耐心解释，并向游客致歉。

2. 要求更高标准的客房

游客要求住高于合同规定标准的房间，如果饭店有，导游员要尽量满足其要求，但事先要向游客讲明他必须交付原定饭店退房损失费和房费差价；如果饭店没有，也要向客人说明原因并请求谅解。

3. 要求住单间

住双人房间的游客要求住单间，如果饭店有，可以予以满足，但房费自理；如果是同房间游客因闹矛盾或生活习惯不同而要求住单间，导游员应请领队调解或在内部调整，若调整、调配不成，饭店有空房，可满足其要求，但导游员要事先提醒，房费由游客自理，一般情况是由提出换房的游客支付。

4. 要求购买房中摆设

游客看上了客房内的某一摆设，要求购置，导游员可协助其与饭店有关部门联系。

2.1.3 娱乐方面的个别要求

文娱活动是晚间活动的重要内容，它能充实游客的夜间生活，也会给他们留下深刻的印象，帮助他们进一步了解旅游目的地。对于文娱活动，游客各有爱好，不应强求统一。游客提出种种要求，导游员应本着"合理而可能"的原则，视具体情况妥善处理。

1. 计划内的文娱活动

计划内的文娱活动一般在协议书中有明确规定，若无明文规定，导游员最好事先与游客商量，然后安排。旅行社安排观赏文娱演出后，游客要求观看另一场演出，若时间许可，又有可能调换，可请旅行社调换；如无法安排，导游员要作耐心解释，并明确告知游客票已订好，不能退换，请他们谅解；若游客坚持要求观看别的演出，导游员可协助，但费用自理。

部分游客要求观看别的演出，处理方法与上面一样。若决定分路观看文娱演出，导游员要在交通上作好以下安排：如果两个演出地点在同一线路，导游员要与司机商量，尽量为少数游客提供方便；若不同路，则要为他们安排车辆，但车费由他们自理。

2. 计划外的娱乐活动

游客提出自费观看文娱演出或参加某种娱乐活动，导游员要给予协助，可帮助他们购买门票、要出租车等，通常不陪同前往。但是，如果游客要求去大型娱乐场所等情况复杂的场所，导游员需提醒游客注意安全，必要时应主动陪同前往。

3. 要求前往不健康的娱乐场所

游客要求去不健康的娱乐场所和过不正常的夜生活，导游员应断然拒绝并介绍中国的传统观念和道德风貌，严肃提出不健康的娱乐活动和不正常的夜生活在中国是禁止的，是违法行为。

2.1.4 购物方面的要求

1. 要求单独外出购物

游客要求单独外出购物时，导游员要予以协助，当好购物参谋，如建议其去哪家商场，并为其找好出租车，对于外国朋友，要让他们带上写有商店名称、地址、饭店名称的中文便条。但在旅游团快离开本地时不宜安排游客到热闹地区购物，也要劝阻游客单独外出购物。

2. 要求退换商品

若游客购物后发现商品有质量问题、计价有误或对商品不满意等，要求导游员帮其退换，导游员不得敷衍搪塞，更不能以"商品售出，概不退换"之类的话来推托，而应积极协助，必要时陪同前往，以维护我国的商业信誉。

3. 要求再去商店购买看中的商品

游客在某家商店看中某件商品，当时犹豫不决，回来后下决心购买，要求导游员协助。一般情况下，只要时间允许，导游员可写个便条让游客自己前往商店购买，或亲自陪同前往。

4. 要求购买古玩或仿古艺术品

游客希望购买古玩或仿古艺术品，导游员应建议其到文物商店购买，买妥物品后要提醒他们保管好发票，不要将物品上的火漆印去掉，以便海关查验；游客要在地摊选购古玩，导游员应劝阻，并告知中国的有关规定，以免出海关时遇到麻烦；若发现个别游客有走私文物的可疑行为，导游员需及时报告有关部门。

5. 要求购买中药材

外国游客想购买中药材、中成药时，导游员应告知我国海关的相关规定：游客出境时携带用外汇购买的、数量合理的中药材、中成药，需向海关交验盖有国家外汇管理局统一制发的"外汇购买专用章"的发票，超出自用合理数量范围的不准带出海关，前往国外的，总值限人民币300元；前往港、澳地区的，总值限人民币150元。

6. 要求代为搬运物品

游客购买大件物品后，要求导游员帮助代办托运时，导游员可告诉他外汇商店一般经营托运业务，购物后当场就可办理托运手续；如果商店无托运业务，导游员要协助游客办理托运手续。

游客欲购某一商品，但当时无货，请导游员代为购买并托运，对游客的这类要求，导游员一般应婉拒；实在推托不掉，导游员也应先请示领导，不得自作主张，贸然接受委托。一旦接受委托，导游员必须在领导指示下认真办理委托事宜：收取足够的钱款，发票、托运单及托运费收据寄给委托人，旅行社保存影印件，以备查验。

2.2 要求自由活动

游客要求自由活动或单独活动时，导游员应根据不同情况，按"合理而可能"的原则妥善处理，并认真回答游客的咨询，提出建议，尽量满足他们的要求。

2.2.1 一般情况下允许游客自由活动

个别游客已多次来过某地区或来华旅游，几次游览过某个景点，因而希望不随团活动而去游览另一景点或购物或探亲访友。如果他的要求不影响整个旅游活动，可满足其要求并提供必要的协助：提醒他带上饭店的店徽并写一个便条（上面写上前往目的地的名称、地址及下榻饭店的名称和电话号码），帮助找出租车，提醒游客晚餐时间和用餐地点。

在游览点，若个别游客希望不按规定的线路游览，而希望自己单独活动，若环境允许，可准其自由活动。导游员要提醒他集合时间、地点及旅游车的车牌号，必要时留一字条，上写集合时间、地点及车牌号、电话号码，以备不时之需。

晚上，无活动安排，游客要求自由活动，导游员一般应准其外出。但要提醒他不要走得太远，不要去秩序混乱的地方，不要回来太晚。

2.2.2 有时要劝阻游客自由活动

在不宜让游客单独活动时，导游员要劝阻游客，不过，导游员要耐心说明原因，以免游客产生误会。

1. 影响活动计划

游客自由活动是在不影响旅游活动计划的前提下进行的，如果游客自由外出活动会影响旅游活动计划进行时，导游员应劝该游客随团活动。例如，旅游团计划去另一地游览，第二天回来，若有人要求留在本地活动，由于牵涉面太大，导游员就应劝其随团活动，不要轻易答应，否则就有可能给旅游活动带来不必要的麻烦。

2. 存在安全问题

如果游客要求的单独活动存在安全问题，导游员应拒绝游客自由活动的要求；劝阻游客去复杂、混乱的地方自由活动；不宜让游客单独骑自行车去人生地不熟或车水马龙的街头游玩；导游员不应答应游客划小船或在非游泳区游泳的要求，更不能置旅游团于不顾而陪少数人去划船、游泳。

3. 去不对外开放的地方

无论是国内游客还是海外游客要求去不对外开放的地区、机构参观游览，导游员都要予以拒绝，这是导游员必须牢记的外事纪律。

4. 时间不允许

在时间不允许的情况下，导游员要劝阻游客单独活动，以免误机（车、船）。例如，旅游团即将离开本地前，若有游客单独活动，一旦发生游客走失事故，就会影响整个旅游活动的行程。

3.3 要求探视亲友或要求亲友随团活动

3.3.1 在华亲友是中国公民

1. 要求探视中国亲友

外国游客要求探望在中国的亲戚朋友时，这可能是他们来华的重要目的之一，导游员要设法满足，帮助游客找到亲友，并协助安排会见，了其夙愿。这会大大缩短游客与导游员之间的心理距离，有利于旅游活动的顺利进行，因此导游员应尽力为之。

如果游客知道亲友的姓名、地址，导游员应协助联系；如果游客只知道亲友的姓名而不知道地址，导游员可通过旅行社请公安户籍部门帮助寻找，找到后及时告诉游客并帮其联系；若游客在华期间没有找到要找的亲友，导游员可让其留下地址，待找到后书面通知他。

外国游客要求探望他认识的中国朋友或是别人介绍的朋友，导游员可根据提供的线索进行联系，经对方同意后协助会见；游客要求会见中国同行，洽谈业务、联系工作或其他活动，导游员要向旅行社汇报，在领导的指导下给予积极的协助；游客慕名访问一位中国名人，导游员应了解游客要求会见的目的并向有关部门领导汇报，按规定办理。

导游员帮助游客会见亲友或同行，一般不参加会见，也没有义务充当翻译。

2. 要求让中国亲友随团活动

外国游客希望其中国亲友随团活动，甚至到外地旅行游览时，导游员一般应予以协助，满足其要求，但事先应征得领队和旅游团其他成员的同意，然后导游员要协助其办理入团手续，要求其出示有效证件、填写表格、交纳费用。

3.3.2　在华亲友是外国人

1. 要求会见在华外国人

外国游客会见在华外国人或外国驻华使、领馆人员是他们的权利，中国导游员不应干涉，如果要求协助，导游员还应给予热情帮助。游客若知道电话号码，导游员可帮助其进行联系；若不知道电话号码和地址，可根据所提供的使、领馆及工作单位名称，帮其寻找电话号码和地址，让其自行联系，必要时也可协助联系。导游员不参与外国人之间的会见，也不参与在使、领馆举行的宴请活动，如果游客盛情邀请，导游员须请示领导，经批准后方可前往。

2. 要求让在华外国人随团活动

游客要求在华外国朋友随团活动时，导游员一般应满足其要求，但须征得旅游团其他成员和领队的同意，然后要求在华工作的外国人出示有效证件，证明其身份及工作单位，并协助其办理入团手续、按规定付费。

对于驻华使、领馆人员的随团活动，导游员要了解其姓名、身份，随团参加哪些活动。外国外交官享受外交礼遇，对他们的随团活动，要求导游员必须严格按照我国政府的有关规定办理。

如果外国游客在华亲友的身份是记者，不管他是中国人还是外国人，一般都应拒绝其随团活动，或请示有关部门，获准后方可安排其随团活动。

3.4　要求帮助转递物品

外国游客要求旅行社和导游员帮助其向有关部门或亲友转递物品及信件时，应视情况严格按有关规定和手续办理。

一般情况下，应由游客将物品或信件亲手交给或邮寄给收件部门或收件人，若确有困难，可予以协助。转递物品或信件，手续要完备。

3.4.1　要求转递物品

导游员要问清是何物，若是应税物品，应敦促其纳税；若是贵重物品，导游员一般要婉拒，无法推托时，应请游客书写委托书，注明物品名称和数量并当面点清，签字并留下详细通讯地址。收件人收到物品后要写收条并签字盖章。导游员要将委托书和收条一并交旅行社保管。游客要求转交的物品中若有食物，导游员应婉拒，请其自行处理。

3.4.2　要求转递信件

若游客要求转递的是信件，导游员可提供必要的协助，但不可帮其转递。若要求转递的是重要资料，最好让其自行处理。但是一旦答应转递，导游员则应做好必要的记录并留下委托者的详细通讯地址。收件人收到资料后要出具收据，交旅行社保存。

3.4.3　要求转递他人委托的物品

如果是中国出国人员或其他人员委托来华游客捎带物品及信件给亲友，游客又要求导游员代为转递时，若是信件，最好让游客自己寄出；若是物品，导游员应了解委托人的情况以及与游客的关系、收件人的情况及与委托人的关系、物品的名称和数量，然后按规定办理。

3.4.4　收件人是外国驻华使、领馆及其工作人员

游客要求导游员帮助将物品或信件转递给外国驻华使、领馆及其工作人员，导游员建议其自行办理，但要给予必要的帮助。若游客确有困难不能亲自转递，导游员可答应予以帮助，了解详细情况并将物品和信件交给旅行社，由旅行社转递。

3.5　要求中途退团或延长旅游期

3.5.1　游客要求中途退团

游客因病或家中出事，或工作上急需，或其他特殊原因，要求提前离开旅游团并中止旅游活动的，经接待社与组团社协商后应同意其要求。未享受的综合服务，按旅游协议书规定或行业惯例办理。

若游客没有特殊原因，只是对某些服务不满而提出退团，导游员要配合领队或全陪做说服工作，劝其继续随团活动；若接待社确有责任，应设法弥补不足之处。若游客提出的要求是无理的，要耐心解释，若劝说无效，游客仍执意

要求退团，可满足要求，但应明确告知未享受的综合服务费不予退还。

游客不管什么原因要求退团，导游员都应协助其重订航班、机座，若是外国游客还要帮其办理分离签证及其他离团手续，但所需费用均由游客自理。

3.5.2　游客要求延长旅游期限

外国游客因伤、因病需要延长在中国的居留时间，导游员应为其办理有关手续，还应前往医院探望，帮助解决伤病者及其亲属在生活上的困难。

外国游客在旅游活动结束后要求继续在中国旅行游览，若不需要延长签证，一般应满足其要求；若需延长签证，应予以拒绝。若个别游客确有特殊原因需要留下，导游员应请示旅行社，然后向其提供必要的帮助：陪同游客持旅行社的证明、护照及集体签证，去当地公安局办理分离签证手续和延长签证手续，帮助其重订航班、机座，订妥客房，所需费用由游客自理。旅游团离境后，留下的游客若需要旅行社继续为其提供服务，则需另签合同，一般视作散客处理。

总之，导游员在处理游客的各种个别要求时，既要设身处地地为游客着想，又要坚持原则，维护旅行社的利益；既要让游客满意，又要维护旅行社的声誉，认真处理好游客提出的每一个个别要求，树立中国旅游企业的良好形象。

实践要点

1. 购物方面的实践要点
① 游客要求单独外出购物时，导游员应注意提醒的事项；
② 游客要求购买中药材时，导游员应注意提醒购买中药材的相关规定；
③ 游客要求代为搬运物品时，导游员处理过程中的注意事项。
2. 要求帮助转递物品的实践要点
① 要分清转递物品的内容，特别是对于转递食物和信件的要求要婉拒；
② 特别要注意转递对象的不同及相应方法的采取；
③ 转递物品过程中的细节问题。

实战演练

实训活动一
1. 实训项目
购物方面的个别要求。
2. 实训内容
（1）要求单独外出购物；

（2）要求退换商品；

（3）要求再去商店购买看中的商品；

（4）要求购买古玩或仿古艺术品；

（5）要求购买中药材；

（6）要求代为搬运物品。

3. 实训目的和要求

通过训练，使学生熟悉游客购物过程中出现的各类情形，并能够对各类情形进行正确分析，并正确掌握对各类购物要求的处理方法、技巧和注意事项等，为游客的购物活动提供满意的服务。

4. 组织实训

（1）把学生分为6组并准备相应的材料和道具；

（2）各组学生分开演练，每个学生轮流扮演导游员和游客；

（3）教师进行现场指导。

实训活动二

1. 实训项目

处理帮助转递物品的个别要求。

2. 实训内容

（1）要求转递食品；

（2）要求转递信件；

（3）要求转递贵重物品；

（4）要求转递普通物品。

3. 实训目的和要求

通过训练，使学生熟悉游客要求转递物品过程中出现的各类情形，并能够对各类情形进行正确分析，并正确掌握对各类转递物品要求的处理方法、技巧和注意事项等，为游客转递物品的要求提供满意的服务。

4. 组织实训

（1）把学生分为4组并准备相应的材料和道具；

（2）各组学生分开演练，每个学生轮流扮演导游员和游客；

（3）教师进行现场指导。

本项目总结

知识梳理

1. 个别要求的处理原则

① 尊重游客　② 认真倾听、仔细分析　③ 尽可能满足　④ 耐心解释

⑤ 避免对抗、以理服人

2. 餐饮方面的个别要求

① 特殊的饮食要求　② 要求换餐　③ 要求单独用餐　④ 要求提供客房用餐服务　⑤ 要求自费品尝风味

3. 住房方面的个别要求

① 要求调换房间　② 要求更高标准的客房　③ 要求住单间　④ 要求购买房中物品

4. 购物方面的个别要求

① 要求单独外出购物　② 要求退换商品　③ 要求再去商店购买看中的物品　④ 要求购买古玩或仿古艺术品　⑤ 要求购买中药材　⑥ 要求代为搬运物品

5. 劝阻游客自由活动的情况

① 影响活动计划　② 存在安全问题　③ 去不对外开放的地方　④ 时间不允许的情况

6. 游客要求帮助转递物品

① 要求转递物品　② 要求转递信件　③ 要求转递他人委托的物品　④ 收件人是外国驻华使、领馆及其工作人员

知识习题与技能训练

1. 个别要求可分为哪几种类型？

2. 处理个别要求的原则是什么？

3. 如何处理游客在餐饮、住房、购物方面的个别要求？

4. 如何处理外国游客提出的帮助转交物品的要求？

5. 如何处理游客中途退团的要求？

6. 怎样处理游客自由活动的要求？

7. 游客要求亲友随团活动时怎么处理？

8. 怎样处理游客提出的延长在一地旅游期限的要求？

项目 **8** 旅游事故和问题的 处理与预防

■ 学习目标

■ 知识目标

通过本项目的教学，使学生了解旅游接待中一些主要问题和事故的预防及处理方法，为以后导游实际工作中相关问题的处理提供帮助。

■ 技能目标

通过本项目的技能训练，使学生掌握旅游活动中发生的各类旅游事故的处理方法和技巧。

■ 案例目标

通过本项目案例的教学，让学生对各类旅游事故产生的原因和对旅游活动带来的负面影响有个较为深刻的认识，以使其在校期间就能提高对各类旅游事故的预防意识，增强他们的工作责任感。

■ 实训目标

通过实训活动，巩固本项目所学知识，让学生熟悉处理各种旅游事故的程序，以提高学生将来在实际工作中处理各类旅游事故的能力。

■ 教学建议

1. 通过案例教学把学生引入书本的理论学习中去；

2. 在结束每类事故理论学习后，让学生根据自己的认识总结事故发生的原因、事故处理程序以及避免事故发生的措施。

每位外出旅游的游客都不希望在游览过程中发生任何事故，每一家旅行社也不愿意出现令人不愉快的事情。如果发生了事故，不仅会为游客带来不快、困难、烦恼、痛苦，甚至是灾难，也会给旅行社带来经济和声誉上的损失与影响。因此，导游员在带团过程中要尽心尽力地工作，积极主动地采取各种必要的防范措施，努力避免或减少事故的发生。一旦事故发生了，不管责任在谁，导游员和旅行社都要高度重视，特别是处在一线的导游员更要沉着、冷静、果断地采取措施，力争将事故的损失和影响减小至最低程度。

旅游事故按性质可划分为业务事故、个人事故和安全事故；按事故的责任划分，可分为责任事故和非责任事故；按事故的严重程度分可分为轻微事故、一般事故、重大事故和特大事故。其中，安全事故是指有关游客人身和财产安全方面的事故，业务事故是指因旅游服务部门运行机制出现故障而造成的事故；责任事故是指由于接待方疏忽、计划不周等原因造成的事故；而由于天气变化、自然灾害或非接待部门的原因造成的事故则称为非责任事故或自然事故。无论是安全事故还是业务事故都存在责任事故和非责任事故两种可能。本章就向大家介绍各类事故的产生原因、处理方法和预防措施。

学习任务 ❶ 旅游活动日程和计划变更的处理

【想一想，做一做】

"十一"黄金周期间，某高校师生参加了某旅行社组织的天柱山二日游。根据旅游合同约定，旅行社为游客提供天柱山各景点门票、上下山索道、准星级宾馆标准间住宿、进口空调旅游车接送、全程导游陪同等各项服务，游客每人交纳旅游费用400元。该团于10月1日早晨出发，途中1号旅游车半路抛锚，导游只好安排先行抵达的2号车把游客接至潜山。此过程延误了2个小时，导致张恨水纪念馆、太平塔等旅游景点的游览活动被迫取消。旅行社得知该团旅游车出现故障，立即派出车队队长连夜带专业人员赶到潜山，对旅游车进行维修。经过队长的亲自检查，认定该车车况良好，可以继续行驶。于是10月2日晚，该团再次乘坐1号车从潜山返回。然而，旅游车在途中又一次发生故障而抛锚，致使该车游客在高速公路上长时间滞留。经多方联系，旅行社最终从武汉调车，将游客于次日凌晨5点接回武汉。游客认为旅行社提供的旅游车车况极差，不达合同约定标准，严重侵害了游客利益，于是联名向有关管理部门投诉。

被投诉方旅行社辩解称旅游行程不顺系由不可抗力的机械故障引起，并非旅行社故意降低标准欺骗游客。

经有关管理部门调查核实，认为此案系因汽车机械故障引起交通服务未达旅游合同约定的内容和标准，属于服务质量问题。被诉方旅行社作为旅游合同的主体，在提供旅游产品或服务的过程中，因汽车机械故障，造成服务不达合同标准，致使游客遭受损失，旅行社应承担主要的赔偿责任。该管理部门作出协调意见：旅行社退还游客未游览景点的费用，赔偿往返交通补偿费用共计每人100元。

分析与提示

尽管本案例中出现的事故是由于汽车机械故障造成的，但该旅行社过于相信旅游车队司机的维修水平，使得事故严重性进一步扩大，以致最后不可收拾。虽然该旅行社在此次事故中并没有遭受太大的经济损失，但对该旅行社声誉的负面影响却是很大的，这可比经济损失更为严重，因为企业的声誉是企业的生存之本。

知识储备

旅游活动日程和计划一旦商定，各方都应当严格执行，一般不要轻易更改。但有时一些不可预料的因素会迫使变更旅游计划和日程，例如，天气变化、交通事故、自然灾害等。

1.1 旅游活动日程和计划的变更类型

这类变更一般有三种情况：一是缩短甚至取消在一地的游程；二是延长在一地的游览时间；三是在一地游览时间不变，但被迫取消某一活动内容，由另一活动内容替代。

1.2 处理方法

导游员在遇到上述变更情况时，一般按照下面两个具体步骤进行处理。

1.2.1　设法说服游客

不管何种原因导致的旅游计划和日程的变更都会引起游客的不快，影响游客的游兴，因此导游员要设法说服游客接受事实。导游员既要分析事故的性质及其严重性和可能造成的后果，也要分析游客可能出现的心理状态和情绪，并根据三种变更情况迅速制订出应变计划及时报告旅行社，但切不可把自己的计划强加给游客。

为了说服游客接受事实，妥善处理出现的问题，导游员一般应采取下列措施：地陪、全陪协商一致后，找个适当的时机向领队及团内有影响的游客实事求是地说明情况和困难，诚恳地致歉，求得他们的谅解；提出可行的应变计划并与他们协商，征求他们的意见，争取他们的认可和支持，然后分头向游客做好解释工作，力争问题得到圆满解决。

1.2.2　具体的应对措施

1. 缩短在一地的游览时间

缩短在一地的游览时间一般是由于某种原因导致旅游团必须提前离开本地或推迟离开本地造成的。针对这种情况一般采取下列措施。

第一步，导游员要尽量抓紧时间，将计划内的活动内容安排完；如果确有困难，就应当让游客参观本地最具代表性的、最具特色的景点，使游客对本地的旅游景点有个基本的了解。

第二步，适当地加菜、加酒或赠送具有本地特色的小纪念品。

第三步，必要时，由旅行社领导出面诚恳地向游客表示歉意，尽可能让游客高兴地离开。

2. 延长在一地的游览时间

旅游团提前到达或推迟离开都会导致延长在一地的游览时间。遇到这类情况，导游员应采取以下措施。

第一步，应与旅行社有关部门联系，重新落实旅游团的用餐、住房、用车的安排等。

第二步，调整活动里程，适当延长主要景点的游览时间，酌情增加游览景点。

第三步，晚上可适当安排一些文体活动或市容游览，力求让游客感到充实、愉快。

总之，对延长在一地游览时间问题的处理，导游员要避免给游客留下浪费时间的印象。

3.改变部分旅游计划

改变部分旅游计划是指减少一地游览时间（一般是半天）或取消一地游览时间。针对这种情况，导游员应当这样处理。

第一步，全陪将情况报告国内组团社，由其作出决定并通知有关地方接待社。

第二步，如果情况发生在某地接社，地接社也要通知国内组团社并通知下一站接待社。

4.被迫改变活动内容

导游员要灵活地运用导游推销原则，以精彩的介绍、新奇的内容和最佳的安排激起游客的游兴，让他们高兴地随导游员去游览替代的景点。

实践要点

1.弄清日程变更类型及相应的处理方法。

2.做好说服客人的工作。

实战演练

1.实训项目

日程计划变更。

2.实训内容

分别对各种原因造成的日程计划变更进行处理。

3.实训目的及要求

通过模拟实训，让学生熟悉和掌握各种情况下日程计划变更的处理措施和方法。

4.组织实训

（1）实训地点：教室或导游实验室；

（2）把全班学生按每组10人分为3~4组，每组推选出3名学生分别扮演导游员、全陪、领队，其余的学生扮演游客，分别就缩短日程、延长日程、时间不变但要取消某项活动3种情况进行演练；

（3）教师对每组模拟的情况进行点评，指出他们的优点和不足，并提出改正方法。

学习任务 ❷ 业务事故的处理与预防

【想一想，做一做】

马虎的危害

某天晚上，导游员小吴正在家里休息，突然接到电话，他的表情立刻严肃起来，原来他忘了送两位游客去机场，客人正在饭店大厅等候送机，此时离飞机起飞还有1小时20分钟，而且客人的机票还在小吴手中。

从家里到饭店需要40分钟，从饭店到机场又需要30分钟，时间很紧张。小吴急忙打电话与司机联系，请他接上客人直接去机场，自己从家里坐出租车赶去机场送机票。一路上小吴的心情十分焦急，不断地催促出租司机加快速度，车子打着紧急信号灯向机场疾驶。途中通过电话联系，小吴知道接团司机已经找到了客人，并带他们离开了饭店。50分钟后，小吴终于赶到了机场，他迅速找到焦急等待的客人，道了歉，替他们买好机场税，急忙去办理登机手续。谁知离起飞只有25分钟了，按规定不能再办登记手续了，由于旅行社在机场的人员的事前铺垫和机场人员的大力配合，客人终于办好手续顺利登机了。

回来的路上，小吴深深为自己所犯的错误而悔恨，只因一时的粗心，险些造成经济上的损失和国际上的坏影响，这真是一次不小的教训呀！

资料来源：程新造. 导游接待案例选析. 旅游教育出版社，2004

分析与提示

导游员在接待旅游团队前要查看接待计划，应做到认真细致，不要因为工作繁忙或是觉得枯燥而放松对自己的要求，以免给工作带来困难或不良后果。本案例中的小吴就是因为没有认真阅读接待计划，而忘记了还有一个两人旅游团，险些造成误机事故的发生。因此，只有在接团前真正重视每一个旅游团的接待计划，细致认真地查看和确认每一个工作环节，才可以确保接待工作的顺利进行。假如是你，在今后工作中应怎样避免此类事故的发生？

知识储备

业务事故主要包括漏接、错接、行李丢失、空接和误机（车、船）等事故，其中漏接、错接和行李丢失属于一般性事故，后者属于严重事故。

2.1 漏接、错接、空接事故的处理与预防

2.1.1 漏接事故

所谓漏接事故就是指导游员没有按预订航班（车次、船次）时刻迎接旅游团，导致旅游团抵达后，无导游员接团的现象。这一事故有责任事故和非责任事故之分。

1. 造成漏接事故的原因

造成非责任事故的原因有：在前往接站途中出现严重堵车、交通事故、汽车抛锚等。责任事故一般是由以下几方面原因造成的。

• 没有认真阅读接待计划

航班（车次、船次）时间变更是经常发生的事情，但导游员却犯经验主义错误不去认真阅读计划，没有及时掌握相关信息，仍按原计划时间接团。

• 没有认真核对

导游员没有注意到新旧航班（车次、船次）时刻的交替，没有认真核对计划单上航班（车次、船次）注明的时间，仍按习惯时间去接团。另外，由于航班（车次、船次）临时变更，组团社没有及时转发变更通知，使地接社导游员仍按原计划接团。

2. 事故的处理方法

第一步，不管漏接责任在何方，导游员面对游客的抱怨、责难应表示歉意；

第二步，等游客情绪稳定后，导游员要实事求是地向游客说明情况；

第三步，尽快引导游客登车，离开机场（车站、码头）；

第四步，向游客提供热情周到的服务以取得游客的好感；

第五步，必要时可在征得旅行社同意后，酌情给游客一定的物质补偿。

3. 事故的预防

为了避免漏接事故的发生，导游员在接团前要认真阅读接待计划，及时核对时刻表，掌握有关航班（车次、船次）时刻变更的最新信息，组团社应及时把航班（车次、船次）临时变更情况通报给下一站接待社，下一站接待社也要勤与上一站接待社或组团社联系，了解将要接待的旅游团的情况。

2.1.2 错接事故

所谓错接就是指导游员接到的旅游团并不是自己应该接的，而是接了别人应该接的或别的旅行社的旅游团。错接旅游团一般属于责任事故。

1. 造成错接事故的原因

• 没有留有足够的时间，仓促上岗。

• 接团前没有准备接团必需的物品，也没有与司机作好工作分工。

• 导游员责任心不强，接到旅游团后不仔细核对。

2. 事故的处理方法

第一步，若错接发生在同一家地接社的两个旅游团之间，导游员应立即向旅行社报告，经同意后，将错就错，地陪可不再交换旅游团，但是接待入境团的全陪还是要交换旅游团并向游客致歉的；

第二步，若错接发生在不同旅行社之间，导游员要立即向旅游社汇报，及时找到自己的旅游团，并向游客说明情况，诚恳地向客人道歉。

3. 事故的预防

• 导游员要提前到达接站地点，当旅游团抵达后要与司机分好工，站在出口的醒目位置，高举接站牌便于旅游团认找。

• 要认真分析旅游团成员的民族成分，通过旅游团的特征认找旅游团。

• 找到旅游团后要认真细致地核对旅游团的领队或全陪的姓名、旅游团的人数、旅游团的编号、国内组团社或境外组团社的名称、旅游团所下榻的饭店。

2.1.3 空接事故

空接事故就是导游员按接待计划到接站地点接团，却没有接到要接的旅游团的事故。空接事故一般不是责任事故。

1. 造成空接事故的原因

• 旅游团提前到达，却没有与接待社联系上，径直去了将要下榻的饭店。

• 旅游团所乘交通工具由于天气或机械故障延误了出发时间，而组团社又没有及时通知地接社。

2. 事故的处理方法

第一步，导游员应立即询问机场（车站、码头）有关人员，旅游团所乘交通工具是否到达或者是否有变更情况；

第二步，要把情况及时汇报给旅行社，请求协助查明原因；

第三步，若推迟时间不长，导游员应继续留在接站地点等候，若推迟时间较长，则要根据旅行社的安排，重新落实接团事宜；

第四步，导游员向下榻饭店询问旅游团是否已经自己住进饭店；如果确定旅游团没有到达饭店，导游员要在接站地点寻找至少30分钟，若仍没有找到旅游团，经旅行社有关部门领导同意后返回。

3. 事故的预防

• 上一站全陪或领队应及时将旅游团临时变更情况通知下一站接待社，本站接待社也应主动与上一站接待社或组团社沟通。

• 旅行社内勤人员要有高度责任心，在接到上一站变更通知后，应立即设法通知导游员。

● 导游员自己也应在接团前再次核实接待计划，必要时，亲自到旅行社查阅有关值班记录和变更通知，并按接待计划预订时间提前抵达接站地点。

2.2 误机（车、船）事故的处理与预防

误机（车、船）事故是重大事故，往往是由导游员的疏忽大意造成的责任事故，一般会给旅行社带来重大经济损失和严重的不良影响。误机（车、船）一般会出现两种情况：导游员预知旅游团无法在飞机（车、船）离港前抵达，误机（车、船）即将成为事实的将成事故；另一种是已经造成误机（车、船）的既成事故。

2.2.1 造成误机（车、船）事故的原因

导致误机（车、船）事故的原因很多，可归纳为以下几点：一是导游员安排日程不当，没有留有余地，临行前安排游客前往范围广、地域复杂的景点或商业区参观、游览、购物，延误了时间；二是导游员没有按服务规范提前抵达机场（车站、码头）；三是在每年交通工具的新旧时刻交替时，导游员犯经验主义错误，仍按以往的离开时间送团；四是交通工具时间变更，旅行社内勤没有及时通知导游员或导游员没有提前与内勤联系和确认时刻，仍按原计划航班（车次、船次）送团。

2.2.2 事故的处理方法

1. 对将成事故的处理

第一步，导游员要立即向旅行社有关部门报告情况，请求协助；

第二步，导游员和旅行社有关部门尽快与机场（车站、码头）调度室取得联系，讲明旅游团的性质、人数、所乘班次（车次、船次）及延误原因，现在旅游团的大致位置及可能抵达的时间；

第三步，旅行社应协调各方面的关系，力争旅游团能按原计划离开；

第四步，事后要写书面报告，分析事故的原因和责任，叙述事情的处理经过及游客的反应。旅行社要对有关责任人和部门进行批评和处罚。

2. 对既成事故的处理

第一步，导游员应及时向旅行社汇报情况；

第二步，导游员和旅行社尽快与机场（车站、码头）调度室联系，争取让旅游团乘下一班交通工具离开当地；

第三步，如果计划中的交通工具当天无法实现，应与游客商量是否能换乘其他交通工具；

第四步，若旅游团不能马上离开本地，就应当重新安排游客的食宿和活动，并通知下一站作必要的变动；

第五步，稳定游客的情绪，向游客赔礼道歉，必要时旅行社领导应亲自前往道歉并给予适当的补偿，力争挽回旅行社的声誉；

第六步，事后写书面报告，分析事故原因，查清责任，并对责任人和部门给予相应的处罚。

3. 事故的预防

• 旅行社应当强化管理，制定必要的规章制度，增加导游员、计调及接待部门工作人员的责任心；制定严密有效的接待工作程序和岗位责任并严格执行，加强接待工作各个环节的联系检查和审核；制定处罚条例，对责任人进行必要的政纪处分和经济处罚。

• 导游员临行前要对交通票据进行核实（计划时间的核实、票面时间的核实、时刻表的核实、问讯处核实等）；在送团前不要安排游客去环境复杂的闹市区购物或自由活动，不安排旅游团去范围大、地域环境复杂的景点参观。

• 导游员要给途中留有足够的时间，要提前抵达机场（车站、码头）。若乘国内航班则提前90分钟抵达机场；若乘国际航班出境或去沿海地区的航班则提前120分钟抵达机场；若乘火车则要提前60分钟抵达车站。

2.3 行李丢失事故的处理与预防

行李丢失往往发生在运输途中和搬运过程中。行李丢失会给游客的生活带来诸多的不便和困难，也会影响他们的旅游情绪。因此，尽管大多数情况下行李丢失的责任不在导游员身上，但也必须认真对待，积极地协助寻找，妥善处理好。

2.3.1 对来华途中行李遗失事故的处理

在来华途中游客的行李丢失了，责任一般在游客所乘飞机的航空公司，导游员要尽力协助游客找回行李。

1. 协助失主办理行李丢失和认领手续

导游员在得知游客的行李丢失后，要积极协助游客到机场失物登记处办理行李丢失和认领手续。由失主出示机票和行李托运卡，详细说明始发站、中转站、行李件数及丢失行李的大小、形状、颜色、标记等特征，并一一填写在失物登记表上。导游员还应将失主所下榻饭店的房间号及电话告诉登记处，并记下登记处的电话和联系人，记下有关航空公司办事处的地址和电话，以便联系。

2. 帮助失主解决部分实际困难

由于行李丢失会给游客在生活上带来很多不便，导游员要积极地协助游客购买一些必需的生活用品，帮助他们解决部分实际困难，尽量让游客心情舒畅。

3. 及时与机场保持联系、督促寻找行李

导游员要经常打电话给机场失物登记处，询问行李寻找情况。若在游客离开本地前还没有找到，导游员应把失主后面的全部线路及各地下榻饭店名称和各地接待社名称、电话告诉航空公司，以便行李找到后及时运往最佳地点交予失主。如果行李确实丢失，国内组团社应负责帮助失主向有关航空公司索赔。

2.3.2　对在中国境内行李丢失事故的处理与预防

游客的行李在中国境内丢失，责任一般在交通部门和行李员。具体的处理方法如下。

1. 判断出错环节，采取相应措施

游客在中国境内行李丢失一般会出现在两上环节上：一是在出站前不见行李，二是在抵达饭店后不见行李。导游员要根据行李丢失的不同环节，采取相应的措施。

如果是出站前行李丢失，导游员应采取下列处理措施。

• 带失主到失物登记处办理行李丢失和认领手续。

• 及时向旅行社相关部门领导汇报，请旅行社有关部门和人员与上一站旅行社、民航等单位联系，帮助寻找。

假如是抵达饭店后行李丢失，导游员采取的处理措施如下。

• 和全陪、领队一道先在本旅游团成员所住房间寻找，查看是否是饭店行李员将行李送错了房间或是团内其他游客误拿行李。

• 如果没有找到，应与饭店行李部联系，在饭店其他楼层寻找。

• 若还没找到，应向旅行社汇报，请旅行社派人或行李员在其他环节寻找，查看是否送错了饭店或在运输途中丢失。

2. 帮助游客解决实际困难并继续寻找丢失行李

• 安慰失主，并帮助其解决生活上的困难。

• 经常与有关方面联系，询问行李查找情况，督促查找行李。

• 行李找到后，及时将行李归还失主，并诚恳道歉。

• 若行李确实已经丢失，则应由旅行社领导出面表示歉意，说明情况。

• 帮助失主向有关部门索赔。

3. 分析原因，总结教训

事后，导游员应写出书面报告，叙述行李丢失的经过和原因、查找过程以及失主与其他游客的反应。针对事故发生的原因，总结教训。

4. 在中国境内行李丢失事故的预防措施

导游员应针对行李丢失的环节及原因，积极采取各种预防措施，防止发生游客行李丢失的事故。

- 行李交接时要认真核对，把好每一个交接环节。
- 在离开每一站前进行行李集中时要确定集中地点，并标明旅游团的名称，最好用网罩罩住，以防别的旅游团的游客拿错行李。
- 提醒游客认真检查自己的行李是否有遗漏。
- 行李上车前要认真清点行李的件数是否正确。

小技巧 8-1

真诚的效应

一个观光游览的旅游团，当他们高高兴兴地走出红色通道来到行李输送机前准备拿行李时，团中一名游客发现自己少了一只行李箱。箱内有许多生活必需品和一些贵重物品。这名游客十分着急，一时也不知道该怎么办才好。这时，导游员一面安慰她，一面积极地采取措施。他去机场失物登记处办理有关手续、帮助失主购置生活用品、向航空公司申请索赔，沿途参观游览时也不断地打电话询问行李的下落……每一件事都主动热心去地办，他的帮助就像无声的安慰，给客人以鼓舞、关怀和温暖。这位游客在旅途即将结束时，深有体会地说："虽然我的行李不见了，在经济上受到了损失，但是，我得到的却是导游员一颗火热的心……"

这就是真诚的效应。

实践要点

1. 处理漏接事故的要点
① 漏接事故的原因分析及事故责任的判断；
② 事故发生后选择恰当的处理措施，争取客人的谅解。
2. 处理误机事故的要点
① 首先要对误机事故是否一定会发生进行判断；
② 根据将成事故和既成事故采取相应的处理措施。
3. 处理行李丢失事故的要点
① 对事故责任进行判断；
② 根据行李丢失的环节采取相应的措施帮助客人寻找行李；
③ 帮助客人解决生活用品上的困难。

实战演练

1. 实训项目

业务事故的处理。

2. 实训内容

模拟漏接事故、误机事故、行李丢失事故等发生时应采取的解决方法和措施。

3. 实训目的及要求

熟悉事故预防的方法和措施，掌握各种意外事故发生时正确合理的处理方法、程序、技巧和注意事项等，使学生的专业综合素质、技能及应变能力得以提高。

4. 组织实训

（1）实训地点：教室或导游实验室；

（2）把全班学生按每组10人分为3~4组，每组推选出2~3名学生分别扮演导游员和游客，每一组分别准备财物丢失事故、误机事故、漏接事故等方面材料；

（3）教师根据每位参加模拟的学生在处理各类事故中所表现出来的处理步骤和措施等方面进行点评，指出他们的优点和不足，并提出改正方法。

学习任务 ❸ 个人事故的处理与预防

【想一想，做一做】

少了一位旅游者

一个国外旅游团在当日游完北京最后一个景点——天安门广场之后，次日准备飞往下一站。也许是天安门的雄姿吸引了旅游者，晚上清点人数时发现有一位旅游者丢失，这可急坏了团队的全陪。全陪安排团队其他游游者在饭店住好之后，迅速通知饭店值班经理及旅行社经理，并与国际饭店团队电话联络，以期获得旅游者求助的消息，及时与其联系。此时，走失的旅游者发现自己脱离了集体，也很着急，幸好旅游者找到了一个涉外酒店求助，该酒店的主管根据多年的经验与几家经常接待外国团队的酒店联系，几经周折，终于有了音讯。该团队在得知旅游者的消息后，迅速前去迎接，终于接回了走失的旅游者，并向旅游者深深道歉，同时向积极帮助寻找的人们致以谢意。旅游者终于归队了，一场有惊无险的事故结束了，但其中的教训值得深思。

分析与提示

　　旅游者在跟团旅游过程中偶然走失的情况并不罕见，但如何处理好这类事故是非常重要的，它事关旅行社的声誉和形象，在旅行社的经营管理过程中影响较大。本案例中，该旅行社完满地处理了这类事故，不但没有使自身形象受损，同时也给旅游者留下了美好的印象。如果是你，会通过哪些途径来避免此类事故的发生？

知识储备

　　旅游度假期间，游客往往自由散漫、丢三落四，患上所谓的"旅游病"，丢失物品是比较常见的现象。丢失了物品、证件等，会给旅游活动带来很多麻烦，有时甚至会影响旅游活动的进程。因此，导游员对此要有足够的重视，既要妥善处理好各类事故，更要采取恰当的措施，尽量减少游客个人事故的发生。

3.1　丢失证件事故的处理与预防

　　旅游证件很多，如护照、签证、旅行证、《港澳居民来往内地通行证》、《台湾同胞旅行证明》、中国公民的身份证等。对于游客旅游证件的丢失，导游员要根据证件类型的不同采取相应的处理方法。

3.1.1　外国游客护照和签证丢失

1. 开具遗失证明

由当地接待旅行社开具证明，失者持旅行社的证明去当地公安局挂失，并由当地公安机关出具证明。

2. 重新申请护照和办理签证

失主持公安机关报失证明，随身携带照片去所在国驻华使、领馆申请新护照。

失主领到新护照后，再到当地公安机关出入境管理部门补办签证。

3.团队签证的补办手续

由海外领队准备签证副本和团队成员护照并重新打印团队全体成员名单，填写有关申请表，再到公安局出入境管理处办理补办签证。

3.1.2 华侨在中国丢失护照和签证

1.开具遗失证明

由当地接待旅行社开具证明，失者持旅行社的证明去当地公安局挂失，并由当地公安机关出具证明。

2.重新申请护照和签证

失主持遗失证明到省、市、自治区公安局（厅）或授权的公安机关报失并申请新护照。领到新护照后去侨居国在华使、领馆办理入境签证手续。

3.1.3 中国公民在境外丢失护照和签证

1.开具报案证明

中国公民在境外丢失护照，应先由当地接待社开具遗失证明，然后持当地接待社的遗失证明到当地警察局报案，取得警察局开具的具有法律效力的报案证明。

2.重新申请护照

失主持当地警察局的报案证明、本人照片及团队人员护照资料到我国驻该国使、领馆办理新护照。

3.重新申请签证

失主领到新护照后，携带证明和签证复印件等必备材料到旅游目的地国移民局办理签证。

3.1.4 丢失《港澳居民来往内地通行证》

失主持接待社开具的证明向遗失地的市、县公安部门报失，经查实后由公安机关的出入境管理部门签发一次性有效的《中华人民共和国入出境通行证》。

3.1.5 丢失《台湾同胞旅行证明》

失主向遗失地的中国旅行社或户口管理部门或侨办报失，相关部门经核实后发给其一次性有效的入出境通行证。

3.1.6 丢失身份证

由当地旅行社核实后开具遗失证明，失主持证明到当地公安局报失，经核实后开具身份证明，机场安检人员核准放行。

3.1.7 证件丢失事故的预防措施

为了防止游客丢失证件，导游员要提醒海外领队帮助游客统一保管证件。导游员需用游客证件时，要由领队收取，用完后及时如数归还，千万不可代为保管。中国公民在境外旅游期间，出境领队要时刻提醒游客保管好自己的证件，最好由领队统一保管。

3.2 游客财物丢失事故的处理与预防

旅游期间游客的财物不慎丢失时，导游员要以高度的责任感去帮助失主寻找丢失的物品。具体的方法如下。

3.2.1 弄清情况，积极寻找

导游员在得知游客的财物丢失后，应保持清醒的头脑，帮助失主回忆最后一次见到失物的时间、地点，弄清到底是放错了地方还是真的丢失了。如果确实是丢失了，要问清失物的形状、大小、颜色、特征、价值等。然后，由领队、全陪、失主到可能丢失的地方寻找。

3.2.2 安慰失主

如果一时找不到，导游员要安慰失主，同时导游员要提供热情周到的服务，以缓解失主的不快情绪，并请失主留下详细的地址、电话号码，以便找到后及时归还。

3.2.3 帮助失主开具遗失证明

若在游客离开中国前还没有找到失物，且丢失的物品又是进关时申报的或保过险的贵重物品，接待社应出具遗失证明，失主持证明到当地公安机关开具遗失证明，以备出海关时查验和向保险公司索赔。

3.3 游客走失事故的处理与预防

3.3.1 游客在游览活动中走失

• 了解情况，迅速寻找

一旦发现游客走失，导游员应保持冷静，向其他游客了解情况，分析走失者的走失时间和可能去向。然后，地陪、全陪和领队密切配合，留下一人照看在场的游客，其余两人再请少数游客一起寻找。

• 请有关部门协助寻找

若一时找不到，导游员应立即向游览地派出所或管理部门报告，把走失游客的特征告知他们，请求他们帮助寻找。

- 与饭店联系

导游员在寻找过程中可以通过电话与下榻饭店联系，询问饭店前台和楼层服务员走失游客是否已回饭店，如果没有回，就请他们留意，一旦走失游客返回就电话通知导游员。

- 报告旅行社

导游员经过寻找，仍未能找到走失游客时，应打电话告诉旅行社，报告相关情况，请求帮助，必要时就地报案。

- 继续做好后面的游览工作

导游员不能因为个别游客走失而放弃整个旅游团的旅游活动，应当继续带领其他游客参观游览，并设法调节游客的游兴，不要让走失事故过分影响大家的情绪。

- 做好善后工作

找到走失者后，导游员首先要安慰他，然后分析走失原因，如果责任在导游员，则要诚恳地向客人道歉；如果责任是游客自己，则应委婉地提出善意的批评，但不要过多地指责，并提醒他在后面的游程中要遵守团队纪律，以免再犯。

- 写出书面报告

事后导游员要写出书面报告，详细叙述游客走失的经过、寻找过程、走失原因、善后处理情况及游客的反应。总结教训，以防此类事故再次发生。

3.3.2 游客在自由活动中走失

- 了解情况，立即报告旅行社并组织寻找

一旦发现游客走失，导游员应保持冷静，向其他游客了解情况，分析走失者的走失时间和可能去向。并立即把情况报告旅行社，请求指示和帮助，同时全陪、地陪、领队应与其他热心游客一起寻找。

- 有关部门协助寻找

若一时找不到，导游员应立即向游览地派出所或管理部门报告，把走失游客的特征告知他们，请求他们帮助寻找。

- 与饭店联系

导游员在寻找过程中可以通过电话与下榻饭店联系，询问饭店前台和楼层服务员走失游客是否已回饭店，如果没有回，就请他们留意，一旦走失游客返回就电话通知导游员。

- 做好善后工作

找到走失者后，导游员首先要安慰他，并问清情况，还应委婉地提出善意的批评，但不要过多地指责。

• 写出书面报告

事后导游员要写出书面报告，详细叙述游客走失的经过、寻找过程、走失原因、善后处理情况及游客的反应。总结教训，以防此类事故再次出现。

3.3.3　游客走失事故的预防措施

为了避免游客走失事故的发生，导游员在导游活动过程中应做好以下工作。导游员每天要向游客通报当日的游览流程、游览景区、用餐点的名称和地址、抵达时间和逗留时间，以便走失者自己去餐厅或下一个景点与旅游团汇合；在游览过程中，地陪在导游员讲解时一定要分出精力观察周围环境、留意游客的动向，全陪要尽全力与领队合作，随时注意游客的活动，及时提醒落后游客跟上队伍，避免游客走失事故发生。

实践要点

1. 注意区别应对外国游客、华侨护照丢失事故所采取措施的异同。

2. 注意办理护照补办时所要准备的材料。

3. 注意外国游客与华侨办理护照补办的程序。

实战演练

1. 实训项目

个人事故的处理。

2. 实训内容

模拟外国游客丢失护照、华侨丢失护照等事故发生时的情形并采取相应的解决方法和措施。

3. 实训目的及要求

熟悉预防个人事故发生的方法措施，掌握中外游客护照等证件丢失时正确合理的处理方法、程序和注意事项等。

4. 组织实训

（1）实训地点：教室或导游实验室；

（2）把全班学生按每组10人分为4组，每组推选出2~3名学生分别扮演导游员和游客，每一组分别准备外国游客丢失护照、华侨丢失护照等方面的材料；

（3）教师对每位参加模拟的学生在处理这类事故时所表现出的语言表达方式、处理步骤和措施等方面进行点评，指出他们的优点和不足，并提出改正方法。

学习任务 4 安全事故的处理与预防

【想一想，做一做】

一旅游团参加某旅行社组织的旅游，他们乘坐汽车公司的大客车行驶在崎岖不平的山路上。驶至一急转弯处时，由于司机未放慢速度，致使车在高速转弯过程中碰在了岩崖上。结果，当时一位正靠在车窗边休息的游客头部被撞伤，并因诊治无效，右脸面部神经麻痹。据查，旅游团乘坐汽车在山路上行驶时，因路况极差车体抖动得非常厉害，但车上导游员并未作出任何警示以及采取必要的措施。事后，该游客提出了索赔。

分析与提示

此案中的导游员和司机应当承担主要责任。《旅行社管理条例》明确规定，旅行社组织旅游，对可能危及旅游者人身、财物、安全的事宜，应当向旅游者作出真实的说明和明确的警示，并采取防止危害发生的措施。导游员（包括地陪、全陪和领队）对事关旅游团人身财产安全的事宜要给予及时且明确的警示，这不仅是对游客的安全负责，也是对司陪人员自身的安全负责。

假如你是一名导游员，你认为在旅游活动中应当采取哪些有力措施来避免各类安全事故的发生，使游客的生命财产得到保护？

知识储备

安全事故包括交通事故、治安事故、火灾事故、食物中毒事故、游客摔伤和被蛇、虫咬伤等。这类事故一旦发生，后果往往不堪设想，危及游客的生命、财产安全，同时也威胁着导游员自身的安全。因此，导游员在旅游途中要时刻保持高度警惕，努力避免此类事故发生。

4.1 交通事故的处理与预防

旅游安全事故中，交通事故是比较常见的，且多数是汽车交通事故。一旦发生交通事故，导游员要沉着、冷静、果断处理，并做好善后工作。

4.1.1　交通事故的处理措施

1. 组织抢救

交通事故发生时，导游员要沉着应对。首先，设法让游客离开出事车辆，抢救受伤者，特别是对重伤者进行止血、包扎、上夹板等初步处理；立即打电话给救护中心或拦车送重伤员去医院抢救。

2. 保护好现场

导游员在组织抢救工作的同时不要忘记对事故现场的保护，一旦现场遭到破坏就会为事故调查增加难度，会影响最终事故责任的认定。因此，导游员要派专人看护现场。

3. 立即报案并向旅行社汇报

交通事故发生后，导游员要尽快向交通和公安部门报案，让其派人前来调查处理；导游员和司机要密切配合调查工作，如实介绍事故发生时的情况，不得推诿责任，更不许无理取闹。

导游员还要在最快时间内向旅行社汇报事故发生及游客伤亡情况，请求指示并派人前来指挥处理。

4. 安定游客

导游员要多提供超常服务，若事故不严重，可组织一些适合气氛的活动，安定游客的情绪，力争继续按活动计划组织参观游览。查明事故原因后，要慎重地向游客说明调查结果。

5. 做好善后工作

若有人员伤亡，要按伤亡事故处理程序办事。请医生出具有主管医生签字的诊断证明书及治疗证明，由交通、公安部门出具证明书。帮助游客向有关保险公司索赔。

6. 书面报告

处理完事故后，导游员要写出书面报告，详细报告事故发生的原因及抢救经过、处理经过及结果、游客的情绪及对处理结果的意见和反映。导游员在写这类报告时要实事求是地反映游客的状况，最好能和领队联署报告。

4.1.2　交通事故的预防措施

导游员在旅途中不要与司机交谈；要提醒司机不开英雄车、赌气车，不要酒后驾车，不开疲劳车；阻止非本车司机开车；提醒司机雨雾天谨慎驾驶并准备好雪天的车轮防滑设备。

4.2 治安事故的处理与预防

治安事故就是指在旅游活动期间，发生的游客遭歹徒行凶、诈骗、偷窃、抢劫、欺侮等事件。在发生治安事故时，导游员要充分履行安全员的职责，要勇于与不法分子作斗争，保护游客的人身和财物安全。

4.2.1 治安事故的处理措施

1. 保护游客的人身和财物安全

在遇到不法分子对游客进行不法活动时，导游员的首要任务是保证游客的人身安全，其次要保护游客的财物不受侵害。遇到危险，导游员要挺身而出，要敢于保护游客的人身安全和财产安全；要迅速把客人转移到安全地方，配合公安人员缉拿罪犯，挽回游客的损失。如果在与犯罪分子作斗争的过程中，有游客受伤，导游员要组织抢救。

2. 报告公安部门和旅行社

事故发生后要在最短时间内报警，要向公安机关说明事故发生的地点、时间、案情经过，提供作案者的体貌特征，报告受害者姓名、性别、国籍、伤势及损失物品的名称、特征、数量、型号等。导游员事后还要经常与公安部门联系，及时了解案情的进展情况，并由领队向全体游客介绍。

导游员要及时把情况报告给旅行社领导，按照领导的指示工作，必要时旅行社领导应到现场指挥处理。

3. 安定游客的情绪

导游员要采取必要措施稳定游客的恐慌情绪，不能让事故影响游客的游兴，要设法让游客安心于后阶段的旅游活动，力争按计划完成旅游接待任务。

4. 协助领导处理善后事宜

导游员要在领导的指示下准备好必要的证明文件、材料，妥善处理好伤残、死亡等的善后事宜和相关理赔工作。

5. 写出书面报告

导游员事后要写书面报告，详细介绍事故发生的经过及处理过程。报告要写明受害人的姓名、性别、国籍及受害程度，要写明事故的性质、侦破情况及受害人和其他游客的情绪。

4.2.2 治安事故的预防措施

为了防止此类事故的发生，导游员要采取下列措施：要经常提醒游客把身边的贵重物品存入饭店的保险柜内；不要与陌生人接触，不要贸然开门；不私自交换外币；每次离开旅游车时，导游员都要提醒游客不要把贵重物品和证件放在车上，要提醒司机关好车窗、锁好车门；旅游活动中导游员要始终与游客在一起，密切注意周围环境的变化，一旦发现不正常现象，就要提醒游客注意并迅速转移到安全地带；交通工具在行驶过程中，提醒司机不要随意停车，不允许搭乘无关人员。

4.3　火灾事故的处理与预防

火灾事故在旅游活动过程中一般不多见，但一旦发生，带来的危害就非常严重，损失也是十分巨大的。因此，导游员对火灾事故要有高度的警觉。

4.3.1　火灾事故的处理措施

1. 立即通知游客

导游员遇到火灾时一定要镇定，要立即通知旅游团的全体成员，并配合饭店服务员，听从统一指挥，有条不紊地指挥游客疏散。导游员在自己旅游团的全体成员全部离开后才能离开，不准只顾自己逃命而置游客于危险境地。

2. 引导客人自救

在被大火和浓烟包围的情况下，导游员要引导游客进行自救。例如，用毛巾和床单塞住门窗缝隙，不让浓烟进房间；要求客人沿着墙壁站立，或用湿毛巾捂住鼻子和嘴巴顺着墙跟爬出去，或打开未燃烧的窗户向外呼叫求救。

3. 处理善后事宜

游客得救后，导游员要立即组织抢救受伤者；把重伤游客立即送到最近的医院，若有人死亡，则按有关规定处理；采取措施安定游客的情绪，为其解决生活等方面的困难，设法动员游客继续进行旅游活动；协助领导处理善后工作，写出书面报告。

4.3.2　火灾事故的预防措施

导游员要提醒游客不要躺在床上抽烟，不要乱扔烟蒂和火种，不要把易燃易爆物品夹在行李中；导游员要熟悉饭店的安全通道，将每一楼层的太平门、安全出口、安全楼梯的位置都熟记在心。

4.4　食物中毒事故的处理与预防

有些游客在旅游期间被当地各种各样的小吃和水果所诱惑，在进食过程中没有注意到饮食方面的卫生，或者是部分商家不讲职业道德出售腐烂变质的食品等，导致游客食物中毒事故发生。由于食物中毒潜伏期短、发病快，若抢救不及时就可能会出现生命危险。这样不仅会给游客的身体健康带来极大危害，也会让旅行社的声誉受到极大的损害，所以导游员在带团过程中要慎重行事，要以游客的利益为重、以旅行社的利益为重，严格遵守导游员的职业道德，要防患于未然。

4.4.1 食物中毒事故的处理措施

1. 设法缓解病情

游客食物中毒后，导游员要设法催吐，让中毒者多喝水以加速排泄，缓解中毒者的病情。

2. 立即送往医院

在对中毒游客进行初步解毒处理后，要立即把他送往最近的医院进行抢救，并要求医生开具诊断证明和填写抢救经过报告。

3. 立即报告

导游员在把游客送往医院的同时要向旅行社报告游客中毒情况及采取的措施，追究供餐单位的责任；协助游客向有关单位索赔。

4.4.2 食物中毒事故的预防措施

为避免此类事故的发生，导游员在带团过程中要做好以下方面的事：严格按旅行社的规定到定点餐馆用餐；提醒游客不要随意在小摊上吃东西；若游客在用餐时发现饭菜、饮料、水不卫生或变质，应立即与餐厅联系，要求更换，并要求餐厅负责人出面道歉。

4.5 游客摔伤或被蛇、虫咬伤事故的处理与预防

游客在野外游览参观，有时会不小心摔伤或被蛇、虫等咬伤，导致旅游活动受阻，严重影响旅游活动的正常开展，也会影响游客的情绪。导游员要对此类事故高度重视，不得掉以轻心。

4.5.1 摔伤事故的处理措施

1. 立即进行初步处理

游客摔伤后，导游员要先观察伤情，再根据伤情进行初步处理，千万不要盲目进行救治，以免给医生抢救人为地造成困难。一般程序是先止血，再进行包扎伤口。若伤势严重，造成骨折就应当就地取材为客人上夹板。

2. 送往医院抢救

若游客的伤势比较严重，导游员应设法把游客及时送往最近的医院救治，所需费用由受伤游客自己承担。

3. 做好善后工作

导游员要立即将事故报告旅行社，根据领导的指示前往医院探望，如果是境外游客要为其办理离团手续，并帮助其向有关单位索赔。事情结束后，要认真写出书面报告，总结教训，避免事故再次发生。

4.5.2　被蛇、虫咬伤的处理措施

1. 应急处理

如果游客被蛇、虫咬伤，导游员首先要设法把毒液排出并采取措施阻止毒液进一步向游客身体其他部位扩散。如果是被蝎、蜂蜇伤，导游员要帮助游客将毒刺拔出，将毒液挤出或吸出，然后用消毒液冲洗伤口；若是被毒蛇咬伤，要立即用带子或细绳在伤口靠近心脏方向扎紧，防止毒液扩散，然后再用小刀沿着纵向切口，再设法把毒液吸出。

2. 送医院抢救

初步应急处理后，导游员要立即把受伤游客送往最近的医院进行救治，并要求主治医生开具证明等。一切治疗费用由受伤游客自己承担。

3. 做好善后工作

导游员应将事故报告旅行社领导，严格按照领导的指示处理好善后工作。

4.5.3　游客摔伤和被蛇、虫等咬伤事故的预防措施

为了防止此类事故的发生，导游在工作中要足够细心，提醒游客靠山边行走并注意自己的脚下，告诉游客走路不看景，看景不走路；阻止游客前往有危险的地方拍照、攀爬、嬉戏；提醒游客不要在草丛或灌木中穿行等。

实践要点

1. 处理交通事故的要点
① 注意组织抢救和保护现场两个环节的处理；
② 力争按计划完成旅游参观活动。
2. 处理火灾事故的要点
① 通知全体团员并报警；
② 如何引导客人自救。
3. 处理食物中毒事故的要点
① 帮助中毒客人缓解病情的措施；
② 在医院抢救过程中所要注意的事项。

实战演练

1. 实训项目
安全事故的处理。
2. 实训内容
模拟交通事故、火灾事故、食物中毒事故等发生时应采取的解决方法和措施。

3. 实训目的及要求

熟悉预防事故发生的方法措施，掌握各种安全事故发生时正确合理的处理方法、程序、技巧和注意事项等，以提高学生的专业综合素质、技能及应变能力。

4. 组织实训

（1）实训地点：教室或导游实验室；

（2）把全班学生按每组10人分为4组，每组推选出2~3名学生分别扮演导游员和游客，每一组分别准备财物交通事故、火灾事故、食物中毒事故等方面的材料；

（3）教师对每位参加模拟的学生在处理各类事故中所表现出的语言表达方式、处理步骤和措施等方面进行点评，指出他们的优点和不足，并提出改正方法。

学习任务❺ 游客生病或死亡问题的处理与预防

【想一想，做一做】

旅游者突然患病

一个旅游团到某市旅游，该团成员中老年人占了一多半。旅游团抵达目的地当天的气温很高，有一位老太太没有家人陪伴，她已经60多岁了，外表看上去身体不错，而就在导游召集游客聚在一起准备开始讲解的时候，这位老太太忽然躺倒在地，不省人事了。地陪迅速疏散了人群，并及时拨打了120求救热线，在向旅行社汇报情况后继续带领其他游客游览，由全陪照顾生病老太太去医院。由于抢救及时，老太太脱离了生命危险。

分析与提示

此案例中由于导游员采取了得当、规范的处理措施，所以旅游团的行程没有受到任何影响，且生病游客得到了及时的救治。这说明该导游员工作经验丰富、应急能力较强。广大学生和有志于从事导游工作的人应当就此进一步思考在以后的导游工作中应怎样避免和处理此类突发事件。

知识储备

由于旅途劳累、气候变化、水土不服和饮食习惯改变等原因，游客，特别是那些年老体弱者，常会感到身体不适，有的还会生病，更有甚者会患重症急需抢救乃至救治无效而死亡等。遇到游客患病甚至是死亡的情况时，导游员要沉着、冷静，根据有关规定和程序，在旅行社领导的指示下妥善处理。

5.1 游客患一般疾病的处理措施

游客因水土不服或旅途劳累而感到身体不适时，一般情况下不会有太大关系，导游员可根据生病游客的实际情况及其自己的意见来处理。导游员要问清其病因，了解其病情，如果病情不重且客人自己也希望参加旅游活动，导游员一般应答应其要求，但在游览中要特别注意该游客的反应，要不时询问其感受，一旦客人病情加重就要终止他的旅游活动并送至医院治疗；若生病游客不想随团活动，而要求留在饭店里休息，导游员就不应该强拉其随团活动；有时导游员应劝阻部分身体不适却想随团活动的游客留在饭店内休息，或在旅游车上休息。导游员要与餐厅联系好，为留在饭店内的生病游客提供餐饮服务。

游览结束后，导游员要到游客的房间探望、询问病情，必要时应陪其上医院看病、买药。导游员不要随意把自己随身携带的药给生病的游客吃。

5.2 游客患重病的处理措施

游客在旅行途中突然患重病是一个处理起来相当棘手的问题，导游员要全力以赴，积极抢救。

5.2.1 积极采取救护措施

旅行途中游客突然生病时，导游员应就地采取措施进行抢救，可以请机组人员、列车员、船上服务员在交通工具上寻找医生，也可请领队或病人的亲属在病人口袋里寻找常备药物，让其服用以缓解病情；同时通知下一站急救中心和旅行社作好抢救准备。如果游客是在前往旅游景点的途中突然发病，导游员应立即拦车将其送到最近的医院抢救，必要时可暂时终止旅游活动，用旅游车将病人送往医院。若游客在饭店突然发病，应先由饭店医务人员抢救，然后再送往医院救治。导游员应尽早通知旅行社，请求领导指示和派人协助处理。

事情结束后，导游员要写出详细的书面报告，介绍患病游客的病情、抢救经过和结果，以及患者亲属和其他游客的反应等。

5.2.2　注意事项

1. 抢救工作必须有对方人员在场

送重病游客去医院必须由患者亲属、领队或其他游客陪同前往；在抢救过程中对方人员必须在场，如需要动手术，应在手术前征得患者亲属或领队的同意并签字。

2. 严格按规定处理游客病危事故

对于外国来华旅行者，当患病游客出现病危，而其亲属又不在身边时，导游员要提醒领队与患者所属国驻华使、领馆联系，由其通知患者的家属来华；家属来华后，导游员要协助其解决生活方面的困难；如果没有找到亲属，一切必须按使、领馆的书面意见处理。

3. 保管好相关书面材料

导游员一定要保管好由主治医生签字的有关诊治、抢救及动手术的书面材料，必要时可出示给患者亲属。

4. 探望患病游客并办好相关手续

患者虽转危为安但仍需住院治疗，不能按时随团出境时，旅行社领导和导游员要常去医院探望以示关心；帮助游客办理分离签证和延期签证及出院、回国手续；帮助游客办理返程所需交通票证等。

5. 与患者做好相关费用的结算工作

患病游客在当地住院及医疗费用全部由游客自理，患病游客住院期间未享受的综合服务费由接待旅行社与组团旅行社结算，并按规定退还本人；患病游客亲属在华的一切费用均自理。

5.3　游客死亡的处理措施

导游员在旅游过程中遇到游客死亡的情况，不要惊慌失措，要先稳定自己的情绪，再有条不紊地处理。

- 保护好现场并立即报案

一旦出现有游客死亡的情况，导游员与相关人员要保护好现场，并立即向公安机关报案，以便查明死因。

- 向旅行社报告

导游员要及时把游客死亡的情况报告给旅行社领导，由领导出面处理善后事宜。

- 设法通知死者亲属

如果死者亲属不在中国，导游员要提醒领队通过就近的所属国驻华使、领馆通知其在国内的亲属尽快来华处理后事。

- 准备相关证明书

导游员要协助旅行社领导办妥相关证明："抢救经过报告"、"死亡证明书"或"死亡鉴定书"，并由主治医生或法医签字，一式数份，分别交给死者亲属、领队和旅行社。

- 清点遗物

清点遗物由死者同行人员、所属国在华使、领馆人员和我方工作人员共同进行，有时可请公证人员到场进行公证。对清理出的遗物要列出清单，由参与清点的人员逐一签字，并办理公理手续。

- 遗体的处理

如果需要解剖遗体，须经死者亲属、领队或使、领馆书面同意；对海外游客遗体的处理，应尊重死者亲属的意见。若就地火化，须持医院的"死亡证明书"或法医的"死亡鉴定书"到民政部门办理"火化证明"；若要将遗体带出境外，则除要具备"死亡证明书"或"死亡鉴定书"外，还须出示医院的"防腐证明书"及防疫部门出具的"尸体、棺柩出境许可证明书"。

- 帮助索赔

旅行社要为死者亲属准备好向投保公司索赔所需的必要材料，帮助他们进行索赔。

- 写出书面报告

导游员要将游客死亡的原因、处理经过等报告给旅行社，旅行社根据事故的性质报告上级有关部门。

5.4 游客生病或死亡事故的预防措施

对于游客因为旅游劳累、气候变化、水土不服、饮食起居习惯改变而引起的疾病，导游员可以采取一些必要措施进行预防：导游员在安排旅游日程时要注意劳逸结合，力争让游客生活轻松愉快，不要使游客过于劳累；平时要多提醒游客注意饮食卫生，注意休息；及时报告天气情况，提醒游客注意增减衣服；在气候比较干燥的北方旅游时，导游员要提醒游客多喝水、多吃水果等。

实践要点

1.要分析游客生病或死亡的原因。

2.要分清各方的责任。

3.要严格按照书中规定的程序来处理。

4.要注意总结处理事故的经验。

实战演练

1. 实训项目

事故处理。

2. 实训内容

模拟游客生病和死亡等事故发生时应采取的解决方法与措施。

3. 实训目的及要求

熟悉游客生病、死亡事故预防的方法和措施，掌握这类意外事故发生时正确合理的处理方法、程序、技巧和注意事项等，提高学生的专业素质及应变能力。

4. 组织实训

（1）实训地点：教室或导游实验室；

（2）把全班学生分为4组，每组推选出4名学生分别扮演导游员和游客；

（3）教师对每位参加模拟的学生在处理各类事故时采取的步骤和措施等方面进行点评，指出他们的优点和不足，并提出改正方法。

学习任务 ❻ 游客越轨言行的处理

【想一想，做一做】

某旅行社组织了一次旅行活动，导游员王某负责全程陪同。她是一名刚从学校毕业不久、从事导游工作时间还不长的女孩子，但组织能力较强、旅游知识较丰富。在前往目的地的途中，王某为游客唱了几首歌，并介绍了当地的风土人情、风景名胜。但其中一位游客L对王某的讲解并不满意，还故意刁难她，要求她讲些"黄色"笑话。王某婉言拒绝了这位游客的要求，并提议让所有游客参与做一个互动游戏。游客L因自己的要求没有得到满足而遂生怨气。抵达目的地后，游客L发现自己的手机不见了，怀疑是导游员王某拿了，要求检查王某的包并搜身。王某反复说明自己没拿，但游客L坚持要查包和搜身，否则就去旅游行政管理部门投诉她和旅行社。导游员王某无奈之下让游客L检查了自己的包，并让一名女游客搜查了自己身上的衣服，均未发现游客L的手机。

分析与提示

此案例中导游员王某在处理游客L的第一个无礼要求时的方法是恰当的，但在处理其第二个要求时却没有捍卫自己的正当权利。如果你遇到这种情况，将采取怎样的措施来应对该游客的无理要求？

知识储备

所谓越轨行为是指违反重要社会规范的行为，也称离轨行为或偏离行为。

游客的越轨言行虽然是游客的个人行为，但处理不好就会产生不良后果，甚至有可能引发外交纠纷，因此有关人员在处理此类事件时一定好掌握好分寸，严格按照国家的相关政策办事。事前要认真调查核实，分清越轨行为和非越轨行为的界限，分清言论和行为的界限，分清有意和无意的界限，分清正常交往和非正常交往的界限。只有这样才能正确地处理此类问题，才能既维护了国家主权、社会秩序，又不伤害到朋友。

导游员要具有高度的政策、法规观念，要熟悉各国的社会制度、政治观念，还要了解各民族的风俗习惯和宗教信仰；要积极主动地向外国游客宣传和介绍中国有关的法律、法规、注意事项和道德观念，以免个别游客无意中做出越轨行为；要提高警惕，发现可疑现象要进行必要的提醒和警告。一旦出现了问题，导游员要坚持原则，合情、合理、合法地处理，对于劝告不听者，必要时可报告有关部门并协助处理。

下面介绍一些对外国游客在中国出现的各种越轨言行的处理方法。

6.1 对游客的攻击和诬蔑言论的处理

由于社会制度的不同、政治观念上的差异，外国游客可能对中国的方针政策及国情有误解或不理解，在某些问题上存在分歧。这些都是在情理之中的事，导游员不必对游客求全责备。导游员要通过积极的宣传，认真解答游客的问题，友好地介绍我国的国情，鲜明地表明我们对某些问题的看法和立场，尽量做到求同存异。

但对那些抱有敌视态度的游客的攻击和诬蔑，导游员要理直气壮、态度鲜明、立场坚定地予以严正驳斥，但不要与之作无谓的纠缠；必要时报告有关部门，查明后严肃处理。

6.2 对游客违法行为的处理

一国公民在另一国生活、工作、旅游必须遵守该国的法律，这是一项最基本的国际准则，也是对该国主权和尊严的最基本的尊重。因此，无论是哪国的游客在中国旅游都必须遵守中国的法律，不得有违法犯罪的行为。但由于社会制度、传统习惯和观念的不同导致各个国家在法律制度上也存在极大的差别，某些行为按中国的法律是违法行为，但按照游客自己国家的法律却可能不被认定有罪。因此，对于因对中国法律不了解或传统习惯不同而做出某些违法行为的游客，导游员要向他讲明他所做行为的性质，指出他的错误和责任之所在，并报告有关部门，根据情节轻重适当处理；但是对那些明知故犯、有意挑衅我国法律尊严者，导游员要向其发出严重警告，报告公安部门，并配合公安部门严肃处理，情节严重者应绳之以法。

6.3 对违反我国宗教政策游客的处理

我国的宗教政策是坚持独立自主、自办教会的原则，任何外国组织或个人未经允许不得私办教会、传教、布道等。如果有些外国游客受宗教信仰的影响在旅游过程中私自散发宗教宣传品，或主持宗教活动，或进行布道活动等，导游员要向其讲明我国的宗教政策，并劝告其停止此类活动。由于宗教问题是一个非常敏感的问题，因此在处理这类问题时要注意政策的界定和方式方法，主要通过说服教育让游客自动停止活动，但对那些不听劝告并有明显破坏活动者，应迅速报告，交由有关司法、公安和宗教管理部门处理。

6.4 对异性越轨行为的处理

由于中外文化和道德观的差异，西方游客与中国人在对待与异性之间的关系方面存在较大差异，他们在旅游过程中可能会有意或无意地对中国异性做出不恰当的行为。导游员对游客的这类行为应予以阻止，并告知中国的道德观和异性间的行为准则，对不听劝阻者应严正指出问题的严正性，必要时采取断然措施。

导游员自己在工作中也要注意与异性游客之间保持一定的距离，不要单独去异性游客的房间，如有必要，应在领队的陪同下前往，且不要耽搁太久。

6.5 对酗酒闹事行为的处理

导游员对游客酗酒闹事的行为要加以劝阻，并向他讲明中国法律规定即使在酗酒状态下犯罪同样要负法律责任。对不听劝阻、扰乱社会秩序、侵犯他人、造成财物损失的肇事者，导游员要配合司法部门追究其相应的法律责任。

实践要点

1. 注意各相关政策对各类越轨行为的界定。
2. 选择处理各类越轨行为的正确方法和恰当方式。

实战演练

1. 实训项目
游客越轨行为的处理。
2. 实训内容
模拟游客违法、违反我国宗教政策、对异性越轨等行为发生时应采取的解决方法和措施。

3. 实训目的及要求

熟悉我国就各类相关政策的规定，掌握各种越轨行为发生时正确恰当的处理方法、程序、技巧和注意事项等，力求提高学生的专业综合素质、技能及应变能力。

4. 组织实训

（1）实训地点：教室或导游实验室；

（2）把全班学生分为4个小组，每组推选出6名学生分别扮演导游员和游客，每一组分别准备游客违法、违反我国宗教政策、对异性越轨行为等方面的材料；

（3）教师对每位参加模拟的学生在处理各类越轨行为中所表现出来的语言表达方式、处理步骤和措施等方面进行点评，指出他们的优点和不足，并提出改正方法。

学习任务 ❼ 旅游投诉的处理

【想一想，做一做】

某国际旅行社的导游员小李带一个境外团赴B城海滨旅游度假，下榻B城的某饭店。这天中午，当游客们兴致勃勃地从海滨浴场回来用餐时，一位游客发现餐桌上菜有中有一条虫子。顿时一桌游客食欲全无，有的还感到恶心。游客们当即找到导游员小李，气愤地向他投诉，要求换家餐馆用餐。面对愤怒的游客，导游员小李首先代表旅行社和饭店向全体游客表示歉意，然后很快找来该饭店餐饮部经理，向他反映了情况，并提出解决问题的建议。餐饮部经理代表饭店向游客作了诚恳的道歉，同时让服务员迅速撤走了这盘菜，为了表示歉意，还给游客加了一道当地的风味特色菜。面对导游员小李和餐饮部经理真诚、积极的态度，游客们谅解了饭店餐厅的失误，也不再提出换餐馆的要求。

分析与提示

这是一个有关饮食服务方面的典型案例。由于导游员小李处理及时、措施得当，完善地处理了这次投诉案件。从这个案例中，我们可以看到一名合格的导游员在处理客人投诉时应具备哪些技巧？

知识储备

　　游客在旅游期间，因为旅行社没有按照旅游协议提供服务，可以向有关部门进行投诉，以求自己的合法权益得到维护并获得赔偿。

7.1　游客的权利和旅行社的职责

7.1.1　游客的权利

　　游客根据与旅行社签订的旅游协议的规定可享受不同的权利，但就一般情况而言，游客可以享受以下最基本的六项权利。

- 享受由旅行社提供的航空、铁路、公路、轮船等旅游交通服务。
- 享受领队、全陪、地陪组织的旅游活动和导游服务。
- 享受由旅行社提供的一定标准的住宿、餐饮、文娱活动及其他服务。
- 享受不交纳旅游所在地政府征收的地方税的权利，此种税全由旅行社缴纳。
- 享有对旅行社提供的不符合规格的"旅游产品"和服务进行投诉的权利。
- 享有按旅游协议书规定由旅行社投保的旅游期间人身、财产的保险和索赔的权利。

7.1.2　旅行社的职责

　　按照我国国务院颁布的《旅行社管理条例》，旅行社应当承担如下职责。

- 要承担按照游客选定的路线，为他们提供符合标准的食宿、交通、游览、娱乐服务的职责；
- 要承担为游客提供对口翻译、导游员的职责；
- 要承担保卫游客在旅游期间的生命财产安全，维护他们正当权益的职责；
- 要承担为游客提供有关的委托代办服务的职责；
- 要承担完善经营管理，提高服务水平，听取游客意见、建议、批评，查处本单位工作人员侵害游客权益的违章违纪行为的职责；
- 要承担接待、处理游客的投诉，并根据规定对游客进行赔偿的职责。

7.2　引起游客投诉的常见原因

　　引起游客投诉的原因尽管从形式上看多种多样，但按内容和性质可归纳为以下几类。

- 提供的食宿不符合标准

在旅游期间多次提供恶劣的饮食给游客，给游客住的客房低于合同规定的标准；饭店周围的噪音、异味、水污染等不断干扰游客的休息，客房内常有臭虫、跳蚤、蚊虫等影响游客的身体健康。

- 有欺骗游客的行为

旅游说明材料上写明的服务而实际上无法提供，或是材料上没有注明但实际上却存在明显缺陷的；特种旅游目标无法实现，事先允诺但又没有兑现或根本就无法实现。

- 不尊重游客的权益

旅行社或导游员在不能提出任何正当理由而取消已经确定的旅游项目，或者尽管有正当理由但没有征得游客同意就改变行程、取消部分旅游项目。

- 导游服务质量差

接待旅行社不配置合同上规定语种的导游员；导游员在旅游车上精神不佳、不进行沿途导游、不理睬游客；在游览时导游员游而不导等。

- 出现旅游事故

在旅游期间出现各类旅游事故，如误机（车、船）事故、漏接错接事故、食物中毒等，有时即使是游客自身原因引发的事故也会引起游客的投诉。

- 饭店服务不周

游客下榻饭店的服务员态度冷淡、对游客提出的要求不闻不问，餐厅服务员把菜、汤倾洒在游客的衣服上等。

7.3　处理游客投诉的基本方法

游客进行投诉的心理比较复杂，但可归纳为以下三类：一是求得尊重；二是求得补偿；三是求发泄。导游员要能够判断游客投诉的心理，根据引起投诉的原因，积极配合有关部门合情、合理、合法地处理好游客的投诉。

游客向导游员提出口头投诉时，导游员要引起高度重视，积极与游客进行沟通，尽快消除误解、纠正错误，使游客满意。处理游客投诉的方法与步骤如下。

- 认真倾听

对于游客的口头投诉，导游员首先要做到耐心倾听，不管游客投诉的理由是否正当，导游员不要立即反驳、辩解，更不要一口否定；有时个别游客态度不好，言辞比较刻薄，导游员也不要与之争吵，要给游客把心里话说出来的机会，让他们把心中的怨气发泄掉。

- 调查核实并分析原因

对游客提出来的投诉，导游员要立即向旅行社或有关部门汇报，认真调查，核对情况，客观地分析，判断游客投诉的真实性。若投诉属实，要分析投诉的性质；若投诉没有合理的成分，导游员也要找出游客投诉的真正原因。

● 正确处理、积极弥补

在核实游客投诉内容的真实性后，导游员要向游客诚恳地道歉，并请求原谅。但更为重要的是采取恰当的补救措施，对服务缺陷进行弥补。补救措施一般有：提供标准的客房服务或合同规定的标准客房，改善饮食质量或调换餐馆，导游员改善服务态度、提高导游服务质量或应游客的要求更换导游员；能替换尽快替换，该赔偿的就赔偿。总之，要合情合理地处理好游客的投诉，力求挽回影响。

● 耐心解释说服

至于个别因不合理要求得不到满足而提出的投诉，导游员了解情况后要耐心地向其解释说明，并指出其要求的不合理之处。如果客人坚持要向旅游行政管理机关投诉，导游员要积极主动地协助调查核实，实事求是地提供证据。

● 继续做好导游服务工作

妥善处理投诉后，导游员要向游客表示感谢，感谢他们对旅行社和自己的信任。若能圆满解决投诉，应感谢他们的谅解和协作，并继续向他们提供热情周到的服务；对于无理取闹者，事后也不要与之赌气而故意冷落他们，而应像对待其他游客一样，继续提供各类服务项目。

总之，旅行社和导游员都要正确认识和对待游客的投诉，既要对游客的投诉引起高度重视，又不要被游客的投诉束缚手脚。游客投诉是对旅行社和导游员工作的一种最直接、最有效的监督手段，旅行社和导游员都要虚心接受游客的投诉。如果在实际工作中真的遇到了游客投诉的情况，就要认真、彻底地纠正错误并在以后的工作中杜绝此类情况再次发生；如果没有遇到游客投诉的情况，也要引起高度警惕，注意在后面的工作中不会发生。

实 践 要 点

1. 注意掌握好"息事宁人"原则在处理客人投诉中的运用。
2. 严格按照投诉处理步骤对投诉进行处理，不可操之过急。
3. 把握好处理投诉的技巧和艺术。

实 战 演 练

1. 实训项目

处理客人投诉。

2. 实训内容

客人对餐饮、住宿、交通、购物等方面提出投诉时相应的处理方法和技巧。

3. 实训目的及要求

通过实训使学生进一步熟悉处理客人投诉的步骤和方法，掌握一般的处理技巧和艺术。

4. 组织实训

（1）实训地点：教室或导游实验室；

（2）把全班学生按每组10人分为3~4组，每组推选出2~3名学生分别扮演导游员和投诉游客，每一组分别准备餐饮、住宿、交通及购物4个方面的投诉材料，但不预先设定投诉的处理结果。

（3）教师对每位参加模拟的学生在处理游客投诉时所表现出来的语言表达方式、面部表情、肢体语言和处理方式等方面进行点评，指出他们的优点和不足，并提出改正方法。

本项目总结

知识梳理

1. 旅游活动日程变更情况

① 缩短甚至取消一地的游程　② 延长在一地的游览时间　③ 游览时间不变但取消某项活动或由另一项活动替代

2. 业务事故种类

① 漏接事故　② 错接事故　③ 空接事故　④ 误机（车、船）事故　⑤ 行李丢失

3. 丢失证件事故的处理

① 外国游客护照和签证丢失　② 华侨在中国丢失护照和签证　③ 中国公民在境外丢失护照和签证　④ 丢失《港澳居民来往内地通行证》　⑤ 丢失《台湾同胞旅行证明》　⑥ 丢失身份证　⑦ 证件丢失的预防措施

4. 游客在游览活动中走失的处理措施

① 了解情况、迅速寻找　② 请有关部门协助寻找　③ 与饭店联系　④ 报告旅行社　⑤ 继续做好后面的游览工作　⑥ 做好善后工作　⑦ 写出书面报告

5. 处理交通事故的具体措施

① 组织抢救　② 保护好现场　③ 立即报案并向旅行社汇报　④ 安抚游客　⑤ 做好善后工作　⑥ 写出书面报告

6. 治安事故的处理措施

① 保护客人的人身与财物安全　② 报告公安部门和旅行社　③ 安抚游客的情绪　④ 写出书面报告

7. 处理游客患重病事故应注意的事项

① 抢救工作必须有对方人员在场　② 严格按规定处理游客因病去世的事故　③ 保管好相关书面材料　④ 探望患病游客并办好相关手续　⑤ 与患者做好相关费用的结算

8. 游客死亡的处理措施

① 保护好现场并立即报案　② 向旅行社报告　③ 设法通知死者亲属　④ 准备相关证明　⑤ 清点遗物　⑥ 遗体的处理　⑦ 帮助索赔　⑧ 写出书面报告

9. 引起游客投诉的原因

① 提供的食宿不符合标准　② 有欺骗游客的行为　③ 不尊重游客的权益　④ 导游服务质量差　⑤ 出现旅游事故　⑥ 饭店服务不周

10. 处理游客投诉的方法

① 认真倾听　② 调查核实并分析原因　③ 正确处理、积极弥补　④ 耐心解释说服　⑤ 继续做好导游服务工作

主要概念

1. 业务事故　　2. 责任事故　　3. 非责任事故

知识习题与技能训练

1. 旅游事故是如何分类的？

2. 漏接事故属于什么事故？发生这类事故的原因是什么？如何处理和预防这类事故？

3. 误机事故一般是怎样发生的？应当如何处理和预防它的发生？

4. 如何处理游客在旅游过程中的行李丢失？

5. 发生交通事故时如何处理？

6. 游客在旅游途中发病时如何处理？

7. 外国游客在中国旅游期间对异性导游员有越轨行为，导游如何应对此事？

8. 某外国游客在旅游期间酗酒并酒后伤人，导游员应如何处理？

9. 在旅游期间发生游客死亡事故，导游员应当怎样处理好此事？

10. 在旅游景点发生游客被蛇咬伤事故怎样处理？

项目 9 导游业务相关知识

■ 学习目标

■ 知识目标

通过本项目的教学，使学生了解旅行社的基本业务知识、旅游交通相关知识、行李托运和货币知识；了解计调、外联、财务等旅行社业务、出入境知识和行李托运的基本手续。

■ 技能目标

通过本项目的技能训练，让学生掌握机票的购买、确认、变更及退票等方面的程序，同时还要掌握出入境方面的相关经验。

■ 案例目标

通过本项目案例的教学，使学生更加认识到导游业务相关知识的重要性，从而增加他们学习本章知识的热情。

■ 实训目标

通过实训活动，提高学生办理机票、车船票、通关等方面的实际操作能力，为今后参加工作打好扎实基础。

■ 教学建议

1. 本章教学应当准备好相应实物，通过这些实物让学生对相关知识有个直观的了解；

2. 在有条件的情况下，邀请旅行社的业务员来与学生进行面对面的交流，通过他们的现身说法，增加学生对旅行社业务知识的了解。

学习任务 ❶ 旅行社业务知识

【想一想，做一做】

小旅行社的营销之道

小旅行社生财之道一

1982年，陈安华在上海长寿路创办了普陀旅行社，社址设在弄堂里的一个过街楼下，面积才13.8平方米。当时上海已有十几家旅行社，均设在繁华的南京路、西藏路、延安路、淮海路、四川路上，镀金的招牌和耀眼的霓虹灯十分引人注目。陈安华明白他的旅行社地理条件先天不足，而且做不起广告。于是他就想到用发"求爱信"的方式获取客源，信中开诚布公地表明：敝社开张不久，希望各方大力支持。并随信附上了旅游路线、服务项目及收费标准。陈安华从此开始了"求爱信"的批量生产。此后的8年他发出了一百万封"求爱信"，春夏秋冬每季一封。无论对方有意无意，陈安华一往情深，从不间断，他的"求爱信"遍及全国各地，如今普陀旅行社生意越做越旺，社址也迁到了长寿路的街面房子，到了1990年，该社年营业额突破百万。

小旅行社生财之道二

1997年上海市18家中小旅行社在完全自发自愿的基础上，组成了联合体，以统一的品牌、统一的价格、统一的服务、统一的承诺在申城旅游市场刮起散客旅游新旋风，并向在国内旅游中一直处于垄断"霸主"地位的大旅行社发出挑战。其特点和做法是：① 18家成员皆为上海小旅行社，且分布在申城东南西北的角角落落，符合"旅游超市"方便散客就近买票，不与市中心大旅行社抢客源的原则；② 18家旅行社，每家都根据自己的特长，拿出一两条过硬的线路，一共30条，在18家旅行社统一挂牌出售，任何散客只要到这18家中的任何一家，就可选择这30条线路中的任何一条，而不会像以前那样，买一张旅游票得跑许多家旅行社，各家旅行社同一线路、价格、内容又有很大不同；③ 坚持优势互补、共同发展的原则，为防利益不均，"超市"提出了一家举旗、18家卖，在利润分配上采取倒四六折账法，即代卖票拿六、组团社拿四。

资料来源：杜江. 旅行社经营与管理. 天津：南开大学出版社，2001

分析与提示

从以上案例我们可以看出只要采取对路的销售策略，无论旅行社规模有多小都能够取得好的成绩。请各位学生根据自己所在地的旅游市场环境，假设自己开办一家小旅行社所要采取的营销策略。

知识储备

在整个旅游过程中，导游员应为游客提供各种服务，要随时随地帮助游客处理旅行中的一些必要手续，解答他们的各种咨询，帮助他们解决各种难题，这就需要导游员掌握相关的旅行业务知识。这些知识包括：旅行社业务知识、旅游交通知识、出入境知识、行李业务知识、货币知识等。

1.1 旅行社类型

1.1.1 旅行社的分类

根据国务院1996年10月15日颁布的《旅行社管理条例》，我国的旅行社按照经营的业务范围划分为国际旅行社和国内旅行社两种类型。国际旅行社的经营范围包括入境旅游业务、出境旅游业务和国内旅游业务。国内旅行社的经营范围限于国内旅游业务。

1.1.2 旅行社的业务范围

《旅行社管理条例实施细则》对国际旅行社和国内旅行社的经营业务范围作了详细的说明。

1. 国际旅行社的业务范围

• 招徕外国旅游者来中国，华侨与香港、澳门、台湾同胞归国及回内地旅游，为其代理交通、游览、住宿、饮食、购物、娱乐事务及提供导游、行李等相关服务，并接受旅游者委托，为旅游者代办入境手续。

• 招徕我国旅游者在国内旅游，为其代理交通、游览、住宿、饮食、购物、娱乐事务及提供导游、行李等相关服务。

• 经国家旅游局批准，组织中华人民共和国境内居民到外国和香港、澳门、台湾地区旅游，为其安排领队、委托接待及行李等相关服务，并接受旅游者委托代办出境及签证手续。

• 经国家旅游局批准，组织中华人民共和国境内居民到规定的与我国接壤国家的边境地区旅游，为其安排领队、委托接待及行李等相关服务，并接受旅游者委托，为旅游者代办出境及签证手续。

• 其他经国家旅游局规定的旅游业务。

2. 国内旅行社的业务范围

• 招徕我国旅游者在国内旅游，为其代理交通、游览、住宿、饮食、购物、娱乐事务及提供导游等相关服务。

- 为我国旅游者代购、代订国内交通客票、提供行李服务。
- 其他经国家旅游局规定的与国内旅游有关的业务。

1.1.3 旅行社的部门组成

一般大部分旅行社是以内部生产过程导向进行业务部门划分与设立的，其业务经营部门主要包括外联、计调、接待和市场部等，并在内部设立相应的人事、财务、办公室等管理部门。

1. 外联部

其职能是将各种旅游资料有机地组成旅游产品，卖给海外旅游中间商或游客，由此实现买卖双方的市场供求关系。其主要业务是与饭店、交通部门、参观游览和娱乐单位等社会经济合作方签订总的合同协议书及办理具体的预订事务和进行业务往来。

2. 接待部

按照具体接待计划安排导游（全程陪同或地方陪同）帮助游客完成旅游活动。

3. 计调部

旅行社计调业务的宗旨是为业务服务，它具有以下几种职能：信息、计划、选择、协调、联络、统计和创收职能。计调部在社内应保证24小时的联络畅通，随时将导游员在外碰到的问题和变故汇报给接待部经理，对电话内容作记录，并将接待主管或其他负责人的处理意见和安排通知陪同人员。

4. 市场部

进行市场营销、招徕客源。

5. 人事部

负责旅行社人事关系的处理，包括招聘、培训、晋升等工作，做好人事管理。

6. 财务部

处理旅行社对内和对外的一切财务事务。

7. 办公室

对旅行社的日常事务进行处理。

旅行社的部门组成不是一成不变的，各旅行社可依据本社的生产规模、管理水平等适当增添或减少部门。

1.2 旅行社产品知识

旅行社产品就是旅行社为满足游客旅游过程中的需要而向游客提供的各种有偿服务。旅行社产品的形态是多种多样的，主要包括以下几种。

1.2.1　单项服务

单项服务（single service）也称零星代办业务，或委托代办业务，是旅行社根据游客的具体要求而提供的各种有偿服务。通常包括以下旅游服务项目。

- 导游服务；
- 交通集散地接送服务；
- 代办交通票据和文娱票据；
- 代订饭店客房；
- 代客联系参观游览项目；
- 代办签证；
- 代办旅游保险。

随着游客需求呈现出多样性，尤其是散客旅游的发展，单项服务越来越受到游客的青睐。我国也已经出现了一批专门经营单项服务的旅行社。例如，广东粤星国际旅游公司早在1987年就推出了一系列单项服务项目。

1.2.2　团体包价旅游

团体包价旅游（group inclusive tour）也称全包价，是指10人以上的旅游团队，其游客采取一次性预付旅费的方式将各种旅游服务全部委托一家旅行社办理。团体包价旅游通常包括以下服务项目。

- 依照规定等级提供饭店客房；
- 一日三餐和饮料；
- 固定的市内游览用车；
- 翻译导游服务；
- 交通集散地接送服务；
- 每人20千克的行李服务；
- 游览场所门票和文娱活动入场券；
- 全陪服务。

团体包价旅游是我国传统的旅行社产品形式，对于游客而言，他们可以从旅行社获得优惠的价格，预知旅游费用。旅行社提供全部旅游安排和全部费用，令游客既省心又有安全感。但参加旅游团队意味着大家必须行动一致，同吃同住、同行同看，不能照顾到游客的个性需求。就旅行社而言，团体包价旅游预定周期较长，而且是批量操作，降低了成本，运作比较简单高效，但由于受外界因素影响，团体包价旅游在预订和实际旅游期间经常会发生各种变化，旅行社也会承担相应的风险。

1.2.3　散客包价旅游

散客包价旅游是指参加10人以下旅游团的游客采取一次性预付旅费的方式将各种相关旅游服务全部委托一家旅行社办理。散客包价游客虽然不属于旅游团，但在目的地也可参加某一旅游团一起游览。散客包价游客不享受团体旅游的优惠，但相对于个体游客，又能在价格上享受一定的优惠。

近年来，在商业会员制的影响下，一些旅行社也开始以旅游为主题组织其会员外出旅游，成为散客包价旅游的一种形式。

1.2.4　半包价旅游

半包价旅游（semi-package tour）是指在全包价旅游的基础上，扣除中、晚餐费用的一种包价形式。半包价旅游的目的在于降低旅行社产品的直观价格，提高产品的竞争能力，同时也是为了更好地满足游客在用餐方面的不同需求。

1.2.5　小包价旅游

小包价旅游（mini-package tour）又叫可选择性旅游，它由非选择部分和可选择部分构成，非选择部分包括接送、住房和早餐，旅游费用由游客在旅游前预付；可选择部分包括导游、风味餐、节目欣赏和参观游览等。游客可根据自己的时间、兴趣和经济状况自由选择，费用既可预付，也可现付。

小包价旅游对游客而言，除非选择部分外，游客有较大自主权，且明码标价，使游客的费用大部分花在明处，与全包价旅游相比，经济实惠、机动灵活。小包价旅游由于包价范围小，在旅行前，游客在与旅行社签定协议时，无须考虑太多细节，因此其手续也相应简单。同时由于旅行社提供接送和住房，满足了游客旅游过程中住、行两大环节，令游客不必为住不到宾馆或买不到返程机票而担忧，解决了旅行过程中的后顾之忧，令游客感到舒适、安宁和方便。

1.2.6　零包价旅游

零包价旅游（zero package tour）是指所有旅行时间由游客自己支配的包价旅游形态。它要求参加这种旅游的游客必须随团前往和离开旅游目的地，但游客在旅游目的地的活动是完全自由的，形同散客。

参加零包价旅游的游客可以获得团体机票价格的优惠，并可以由旅行社代办旅游签证，同时可以满足游客个性化的旅游需求。因此，这种旅游形式在发达国家逐渐流行。

1.2.7　组合旅游

组合旅游（joint tour）是指游客分别从不同的地方来到旅游目的地，然后由当地事先确定的旅行社组织活动的一种旅游产品形式。

组合旅游组团时间短，最多一周内即可成行；团队形式比较松散，团队内没有领队；游客选择性强，既可参加团队活动，也可有相当多的自由时间。

1.3　旅行社的外联业务

外联业务就是指旅行社对外联络工作，其主要目的是扩大客源、销售旅游产品。旅行社一般会设立外联部或销售部来承担该任务。外联工作的主要内容是：旅游产品的设计、旅游产品包装策划、旅游产品销售策划及对外宣传等。在设计旅游产品时一定要认真收集本地接待市场和客源市场的相关信息，充分掌握旅游产品的特点和游客对旅游产品的现实与潜在的需求量，然后根据游客不同层次的需求进行产品包装（就是产品组合方式）并采取相应的销售策略。

一个旅行社业务量的大小主要取决于外联工作是否做得扎实、有效，因此旅行社在选择外联部经理或负责外联业务的负责人时要特别注意其业务拓展能力。只有那些具备旅游销售综合素质的人才能胜任该项工作，因为旅游产品无形性及不稳定性的特点决定了旅游销售工作与一般商品销售有着本质上的差别。一般商品可以通过实物展示、试用让消费者或商家认可并订购该产品，而旅游产品却做不到。旅游产品在销售宣传时仅仅是一些宣传材料、图片、光盘等，也就是说组团社在大多数情况下只能根据旅游销售人员的信誉来决定是否与某地接社建立业务关系。所以，信誉是旅行社外联工作人员所要具备的最重要的条件。

旅游产品销售成功与否还有一个关键环节，那就是对外宣传工作。外联工作负责人一定要采取最佳的宣传途径把本旅行社的旅游产品信息正确无误地传递给旅游采购商和游客。常见的宣传销售途径主要有以下几条：参加旅游展销会、刊登广告、寄发宣传资料、登门拜访、邀请客源地旅游商来实地考察等。

1.4　旅行社的计调业务

旅行社的计调业务就是指旅行社内勤人员为做好旅游接待工作，按照旅游接待计划协议书的规定组织安排好接待工作。这些工作主要包括：选派合适的导游员、预订饭店、预订机（车、船）票、联系参观活动、落实旅游车辆或旅游船等。一般旅行社都设立了计调部，可以说计调部是一个旅行社负责旅游接待业务的调度中枢。

做好计调工作是保证旅游接待工作顺利实现的首要条件。为了做好该项工作，旅行社的计调部工作人员必须具备两个最基本的条件：一是要有高度负责的敬业精神；二是有足够的耐心和细心。另外，计调在工作中要有周密的计划性，做事要干练果断、雷厉风行，不能拖拉、马虎。为了使计调工作顺利开展，计调人员要与社会各方建立良好、稳固的关系，不仅与协作单位相关人员建立正常的工作关系，而且还要建立密切、良好的私人关系。只有这样才能保证旅行社的拿房能力、出票能力等，特别是在关键时刻能够及时得到这些关系单位的帮助。

1.5　旅行社的报价策略

旅行社在一定时期内，都有自己既定的经营目标，如以最大利润为目标；以长期利润或短期利润为目标；以扩大营业额、占领市场为目标；以竞争为目标等。这些经营目标都会通过旅行社的报价反映出来，应在价格制定和报价时采取相应的计策与谋略。

1.5.1　新产品报价策略

1. 撇油报价策略

即在新产品刚进入市场阶段，采取高价投入政策，以便在短期内获取高额利润，从而较快地收回投资。这种方法适合于下列情形。

- 接待能力有限；
- 垄断性经营；
- 需求缺乏弹性。

这种报价策略的优点是可以获得较多的利润，并且当竞争者加入时可以利用原有积累击败竞争者，保持市场优势。

2. 市场渗透报价策略

即采取低价投放，以增加销量、开拓市场，从而占有较大市场份额。当企业具备以下条件时，可考虑采用以下报价策略。

- 具备大批量的接待能力。
- 提供同种产品的企业较多，产品的替代性大。
- 产品被模仿的可能性大，不易被少数企业垄断。
- 消费者对价格很敏感，只有低价才能刺激需求。

这种策略的优点是可以迅速占领市场，并可有效地排斥竞争对手，占有较大的市场份额，通过规模效应获得较多利润。

3. 市场满意报价策略

这种报价也叫均匀价格策略，介于高价与低价之间，适合于需求弹性大和非垄断性新产品。

1.5.2　旅行社的折扣报价策略

1. 数量折扣

为鼓励合作伙伴多送客，旅行社采取多送客多给折扣的方法。这种优惠大客户的办法主要有以下几种。

- 降低单位产品售价；
- 给予一定数量的促销费用补贴；
- 数量折扣，在年初商定达到多少数量给予多少折扣；
- 对客户组织的一定数量的旅行团给予优惠价格或免收费用。

这四种方法最有效的是数量折扣方法。

2. 季节和地区折扣

季节折扣也称为季节差价，在旅游淡季时，客流量少，宾馆等合作单位都会相应以低价向旅行社提供服务，旅行社可因此而降低成本，从而将其中一部分利润让给合作伙伴，以鼓励其多送团。地区差价，即对于旅游热、冷点地区采取相应的折扣报价，因为这些地区的景区及旅游服务机构为吸引游客愿意以低价向旅行社提供服务，这样旅行社就有利润空间可以给合作伙伴以更多的优惠。

3. 现金折扣

旅游市场多为买方市场，买方就相应有较大的主动权，经常要求卖方提供便利，如延期付款、变预付款为后付款等。这就给卖方带来一定的风险，因为旅行社交易一般没有担保，往往旅行社规模都较小、信誉较差。推迟付款，经常会造成呆账、坏账。因此，旅行社为鼓励客户及早付款，往往会采用现金折扣的方式给予优惠，以避免这种风险。

1.6   旅行社的财务业务

财务业务是旅行社业务的重要组成部分，它主要包括旅行社资金管理业务、固定资产管理业务、成本费用管理业务、营业收入与利润的管理业务等内容。

1.6.1   资金管理业务

旅行社的资金管理业务主要涉及资金筹集、资金投放、资金耗费以及资金回收与分配的项目。首先，旅行社应从多渠道筹集资金，没有资金，企业就无法经营。资金在企业经营过程中，起着第一推动力和持续推动力的作用，资金是旅行社从事经营活动的前提条件。旅行社可以采取自筹资金、银行贷款、发行债券、发行股票等形式筹集资金。其次，旅行社应注意资金投放的安全性，旅行社在投放资金时应多考虑其风险，事先做好考察与预测。再次，除正常耗费外，旅行社应提倡节俭、开源节流、降低损耗，以减少资金的耗费。最后，旅行社应注意资金回收与分配，尤其是对外投放资金的及时回收。由于旅行社业务的特点，经常会出现替合作伙伴先行付款的情形，因此旅行社尤其要注意对应收账款的管理，及时回收应收账款，避免发生呆账、坏账。同时，在资金分配上应按国家规定做到公正、公平、合理。

1.6.2　固定资产管理业务

固定资产是指使用年限在一年以上的房屋、建筑、交通工具和设备设施。旅行社的固定资产相对较少，但同样应该加强管理，例如，按规定对固定资产计提折旧、提取修理费用，做好对固定资产的盘点工作和报废处理工作。

1.6.3　成本费用管理业务

旅行社的营业成本是指旅行社组织接待游客而发生的直接费用部分，包括已计入营业收入总额的房费、餐费、交通费、文娱费、行李费、运费、票务费、门票费、专业活动费、签证费、陪同费、宣传费、保险费和机场费等代收费用。

旅行社的费用包括营业费用、企业费用和财务费用。营业费用是指旅行社各营业部门为组织经营活动而发生的工资、折旧费、旅游公务费、旅游外事费和服装费等；企业费用是指企业管理部门为组织和管理业务经营所发生的费用，以及由企业统一负担的费用，例如，企业管理部门的工资、折旧费、旅游业务费、旅游外事费、旅游宣传费、服装费和水电费等；财务费用是指旅行社经营期间发生的利息净支出、汇兑净损失、金融机构手续费、加息及筹集资金发生的其他费用。

旅行社的成本费用核算可以根据旅行社的经营规模和范围分别实行单团核算和等级核算。单团核算是指旅行社按接待的旅游团（者）为核算对象进行经营盈亏的核算。单团核算有利于考核每个团队的经济效益，有利于各项费用的清算和考核，有利于降低成本，但单团核算的工作量较大，一般适于业务量不太大的旅行社。等级核算就是按照接待的旅游团（者）的不同等级为核算对象进行经营盈亏的核算，如豪华、经济等。等级核算可以提供不同等级的盈亏状况，从而为旅行社开拓市场、改善经营管理提供依据。此核算方法适宜于业务量大的旅行社使用。

1.6.4　营业收入与利润的管理业务

根据旅行社的经营特点，旅行社的营业收入主要是各项服务费，包括综合服务收入、组团外联收入、零星服务收入、劳务收入、票务收入、地游及加项收入、其他收入等。

从旅行社的经营活动来看，通过提供服务获得营业收入并不是马上实现的，而有一个结算过程。按照权责发生制原则，无论收入是否确实收回，都作为已实现收入入账，从而形成应收账款项目。按照时间价值的观念，应收账款越早收回对旅行社越有利，可以减少对旅行社的资金占用和避免呆账损失。因此，旅行社应制定收款方针和计划，将应收账款控制在一定比例内，并协同各部门共同努力，尽早收回应收款。

旅行社的利润是其经营活动的财务成果。它是一定时期内营业收入扣除成本、营业税及其他支出后的余额。旅行社应根据国家规定的财经制度和核算要求，正确核算利润，真实地记录各项收入，严格控制成本开支范围和开支标准，保证财务成果的客观性和准确性，并对利润进行正确的分配，要兼顾国家、企业和个人三者利益。积极纳税，同时按国家规定比例提取各项专用基金，以保证旅行社经营发展的需要，并保证员工利益，且对员工起到奖勤罚懒的作用。

实践要点

1. 注意报价策略的运用。

2. 订房要做好房价、房型、付费方式等方面的记录。

3. 订机票时注意身份证等有效证件的核对，特别是中、英文名字的核对。

实战演练

1. 实训项目

计调业务。

2. 实训内容

计调业务中报价、订房、订票等工作。

3. 实训目的及要求

通过模拟实训，使学生对旅行社计调业务有一个全面的了解，提高对导游工作复杂性的认识，增强今后工作责任感；同时要求学生通过实训掌握计调业务中报价技巧、订房和订票工作中特别应注意的细节问题。

4. 组织实训

（1）实训地点：教室或导游实验室；

（2）实验道具：电话、传真机、计算器、电脑。

（3）把全班学生按每组6人分为若干组，每名学生均需扮演业务员、游客、票务员各一次，分别模拟报价、订房、订票等工作中的沟通技巧。

（4）教师再对每位参加模拟的学生从语言特色、沟通技巧等方面进行点评，指出他们的优点和不足，并提出改进方法。

学习任务 ❷ 旅游交通知识

【想一想，做一做】

旅客质疑国内某航空运输公司服务质量

王女士曾与朋友两家一行6人搭乘国内某航空公司航班从A市起飞前往B市旅游，原计划到达B市后立即前往风景区C。他们办理了行李托运手续。

可是，飞机到达B市后，他们才得知同行朋友的行李居然在A市机场没有被托运上。无奈之下，他们只好在B市先找地方住下，等待行李。9月的B市恰逢旅游旺季，由于没有提前预订酒店，加之人生地不熟，他们不得不掏高价订房间，先让孩子们住下休息。

他们在酒店一直等到晚上9点多，行李才被找回。该航空公司送行李的工作人员并未就行李延误作出解释，也没有就耽误旅客行程、额外增加住宿费用一事给个说法。

但事情并没有就此结束，就在他们游玩时，突然接到该航空公司的电话通知：因飞机故障，9月17日从B市飞A市的航班时间改为9月16日。航空公司临时取消航班再次打乱了王女士的行程，迫使他们不得不提前赶回B市。这样一来，他们在景点C处已交过的住宿费就不可能退，而且提前回B市，又要临时找高价酒店住宿。此次旅行就这样不欢而散。

分析与提示

由于航空公司延误了客人的行李托运和临时取消了航班，导致本案例中的王女士及其朋友的旅程被打乱，而事后又没能得到及时的解释说明和赔偿。如果你是为他们提供服务的导游员，将如何处理这些问题，如何帮助游客索赔？

知识储备

旅游交通是旅游业的重要组成部分，贯穿于整个旅游过程，与导游员的工作息息相关，因此导游员掌握必要的旅游交通知识是保证整个导游工作顺利进行的前提条件。

2.1 航空客运知识

2.1.1 航班和班次

1. 航班

民航的运输方式主要有三种形式，即班期飞行、加班飞行和包机飞行。其中，班期飞行是按照班期时刻表规定的航线，定机型、定日期、定时刻的飞行；加班飞行是根据临时需要在班期飞行以外增加的飞机航班；包机飞行则是按照包机单位的要求，在现有航线上或以外进行的专用飞行。此外，还有不定期航班和季节性航班飞行。

航班按照是否定期可分为定期航班和不定期航班，定期航班是指飞机定期自始发站起飞，按照规定的航线经过经停站至终点站，或直接到达终点站的飞行。航班根据是否穿越国界可分为国际航班和国内航班，在国际航线上飞行的航班称为国际航班，在国内航线上飞行的航班称为国内航班。根据是由基地出发还是返回基地，航班还可分为去程航班与回程（返程）航班。

2. 班次

班次是指在单位时间内（通常用一星期计算）飞行的航班数（包括去程航班与回程航班）。班次一般是根据运量需求与运能来确定的。

3. 航班号

目前国内航班的编号是由执行任务的航空公司的二字英文代码和四个阿拉伯数字组成的。其中，第一个数字表示执行该航班任务的航空公司的数字代码，如1表示中国国际航空公司，2表示西北航空公司，3表示南方航空公司，4表示西南航空公司，5表示东方航空公司，6表示北方航空公司；第二个数字表示该航班终点站所属的管理局或航空公司所在地的数字代码；第三个和第四个数字则表示该航班的具体编号。第四个数字若为单数，则表示去程航班，若为双数则表示回程航班。例如，SZ4301是西南航空公司自成都至广州的飞机，CA1501是中国国际航空公司自北京至上海的飞机。

我国国际航班的航班号是由执行该航班任务的航空公司的二字英文代码和三个阿拉伯数字组成的。其中，中国国际航空公司的第一个数字为9，其他航空公司的第一个数字以执行航班任务的该航空公司的数字代码表示。例如，中国国际航空公司北京至新加坡的航班号为CA977；中国东方航空公司上海至新加坡的航班号为MU545。目前，我国航空运输飞国际航班的航空公司有中国国际航空公司、中国东方航空公司、中国南方航空公司、中国北方航空公司和中国新疆航空公司。

2.1.2　机票

1. 客票

客票是指"客票"和"行李票",是承运人或由代理人代表承运人填开给旅客的运输文件,是承运人和旅客之间运输契约的凭证。旅客凭客票乘机和托运行李。客票仅限票上所列姓名的本人使用,不得转让和涂改;否则客票无效,票款不退。

2. 购票

乘坐飞机旅行,旅客应根据有关规定预订座位和购买机票(reservation and purchase of ticket)。旅客可直接到航空售票处或通过电话订购。购买机票须出示相关有效证件,并填写《旅客定座单》,中国居民须出示本人的《居民身份证》或其他有效身份证件;外国旅客、华侨、港、澳地区居民和台湾同胞购票,须持有效护照、《港澳居民来往内地通行证》、《台湾同胞旅行证明》(或台胞证)、居留证或公安机关出具的其他有效身份证件。

3. 机票确认

机票有OK票和OPEN票之分。OK票是指订妥日期、航班和机座的机票。持OK票的旅客若在该联程或回程站停留72小时以上,国内机票须在联程或回程航班起飞前两天中午12时以前,国际机票须在72小时前办理座位再确认手续(reconfirmation of reservation),否则,原订座位将不予保留。OPEN票是指不定期机票,旅客乘机前须持机票和有效证件去民航办理订座手续。

4. 机票有效期

正常票价的客票有效期自旅行开始之日起,一年内运输有效;如果客票全部未使用,则从填开客票之日起,一年内运输有效;特种票价(优惠票、打折票等)的客票有效期,按航空公司规定的该特种票价的有效期计算。

5. 机票变更

购妥国内航班机票的旅客若要更改航班、日期或舱位等级,须在预定航班起飞前48小时内提出,并只能变更一次。航空公司根据实际可能和运输条件给予办理,但优惠票和打折票不予变更。

6. 退票

国内机票持有者退票,若在客票上列明的航班规定离站时间24小时以前要求退票(含不定期客票),航空公司将收取客票价5%的退票费;若在航班规定离站时间24小时以内至2小时(含2小时)以前要求退票,航空公司将收取客票价10%的退票费;若在航班规定离站2小时以内要求退票,航空公司将收取客票价20%的退票费;若在航班规定离站时间以后要求退票,按误机处理,需支付票价50%的退票费。

7. 客票遗失

旅客遗失客票，应以书面形式向航空公司或其销售代理人申请挂失，并提供原购票的日期、地点、有效身份证件、遗失地公安部门的证明以及足以证实客票遗失的其他证明。在申请挂失之前，客票如已被冒用或冒退，责任自负。

8. 儿童票

航空公司向旅客出售儿童票。国内机票规定，已满2周岁未满12周岁的儿童按成人全票价的50%购票；未满2周岁的婴儿按成人全票价的10%购票，但不单独占一个座位。每一成人旅客携带婴儿超过一名时，超过的婴儿人数应购儿童票。

9. 机场建设费

机场建设费不属于机票费用，但一般乘坐民航飞机的旅客都应该在乘机前交纳机场建设费。但对下列旅客免收机场建设费：在国内机场中转未出隔离厅的国际旅客；乘坐国际航班出境和乘坐香港、澳门地区航班出港持外交护照的旅客；12周岁以下持半票的儿童；乘坐国内航班在当天8小时内中转的旅客。

2.1.3 乘机有关事项

1. 乘机时间

旅客须注意到达机场和登机时间。按规定，对于国内航班，旅客须在班机起飞前90分钟抵达机场；对于国际航班，旅客应在班机起飞前2小时抵达机场。班机起飞前30分钟，机场停止办理登机手续。

2. 办理登机手续

旅客凭机票、个人有效证件（居民身份证、护照、团体签证）办理乘机手续（check-in procedure），机场工作人员发给旅客登机卡（boarding card），其上有持卡人的具体座位号，乘客凭此卡从指定登机口登机入座。如有随机托运的行李，工作人员会发给行李票（baggage check），到达目的地后，乘客凭行李票领取行李，所有票据都要妥善保管。旅客须按机场规定交纳机场建设费。

3. 安检

根据《中国民用航空安全检查规则》规定，在乘机前，所有旅客及其行李必须经过安全检查。未经过安全检查的旅客，航空公司有权拒绝其乘机；未经过安全检查的行李，航空公司有权拒绝收运。由此可能造成的损失，航空公司不负责任。

4. 误机（no-show）

误机是指旅客未按规定时间办妥乘机手续或因其他旅行证件不符合规定而未能乘机。旅客误机后，可要求改乘后续航班或退票。旅客要求改乘同一航空公司的后续航班的，按该航空公司的有关规定处理；旅客要求改变承运人或退票的，需支付客票价50％的误机费。

5. 航班不正常处理

如果由于不可抗因素造成航班延误或取消，如天气、空中交通管制、突发事件等，航空公司将协助旅客安排就餐或住宿，并用各种办法尽快将旅客运至目的地，但不负任何赔偿责任。如果由于承运人的原因造成航班延误或取消的，航空公司应向旅客提供免费膳食等服务。

2.1.4　行李有关事项

1. 行李

行李是指旅客在旅行中为了穿着、使用、舒适或者便利而携带的必要、适量的物品和其他个人财物，包括托运行李和非托运行李，行李免费额由旅客实际支付票价的舱位等级决定。

2. 免费行李额和可携带行李

中国民航允许持票旅客每人免费交运一定重量和体积的行李（free baggage allowance），持成人票或儿童票的旅客，每人免费行李额为：头等舱40千克，公务舱30千克，经济舱20千克，持婴儿票的旅客无免费行李额。

民航关于旅客随身携带物品的规定：随身携带物品的重量，每位旅客以5千克为限。持头等舱的旅客，每人可随身携带两件物品；持公务舱或经济舱客票的旅客，每人只能随身携带一件物品。每件随身携带物品的体积不得超过20cm×40cm×55cm。超过上述重量、件数或体积限制的随身携带物品应作为托运行李进行托运。

3. 不准托运或携带的行李

不准作为行李运输的物品：旅客不得在自理行李、托运行李或随身携带物品内夹带易燃、易爆、腐蚀、有毒、放射性物品、可聚合物质、磁性物质及其他危险物品。旅客乘坐飞机不得携带武器、管制刀具利器和凶器。

不准在托运行李内夹带的物品：旅客不得在托运行李内夹带重要文件、资料、证券、货币、汇票、贵重物品、易碎易腐物品，以及其他需要专人照管的物品。航空公司对托运行李内夹带上述物品的遗失和损坏，按一般托运行李承担赔偿责任。

托运行李必须包装完善、锁扣完好、捆扎牢固，并能承受一定压力。对包装不符合要求和不符合运输条件的行李，航空公司可拒绝收运。

4. 行李价值声明

托运行李每千克价值超过50元时，可办理行李声明价值。承运人将收取声明价值附加费。声明价值不能超过行李本身的实际价值。每位旅客的行李价值最高限额为人民币8 000元。若该行李发生损坏或丢失，承运人按声明价值赔偿。

5. 行李赔偿限额

除了已经办理声明价值并支付有关费用的行李外，托运行李若发生延误、损坏或丢失，承运人负责赔偿，最高限额是每千克50元人民币。实际损失少于最高限额时，按实际损失赔偿。

2.2 铁路运输知识

2.2.1 旅客列车种类

旅客列车分为国际旅客列车和国内旅客列车。国内旅客列车分为普通客车、普通快车、直达快车、特快直达客车、旅游列车等类型。

2.2.2 车票

1. 客票

车票是旅客乘车的凭证，同时也是旅客加入意外伤害强制保险的凭证。车票分为两种：客票和附加票。客票包括软座和硬座；附加票包括加快票（特别加快、普通加快）、卧铺票（高级软卧、软卧、包房硬卧、硬卧）和空调票。

2. 儿童票

身高1.1~1.4米的儿童乘车时，应随同成人购买座别相同的半价客票、加快票及相应空调票，若该儿童单独使用卧铺时，则应购买全价卧铺票。超过1.4米的儿童应买全价票。每一位成人旅客可以免费携带身高不足1.1米的儿童一名，超过一名时，超过的人数应买儿童票。

3. 加快票

旅客购买加快票，必须有软座或硬座客票。发售不换车的加快票的到站，必须是所乘快车或特别快车的停车站。特别加快票最远售至列车终到站。发售需要在中转站换车的普通加快票的中转站必须是同等级快车始发的车站。

4. 卧铺票

旅客购买卧铺票，必须有软座或硬座客票。乘坐快车时还应有加快票。卧铺票必须和客票的到站、座别相同，中转换车的旅客，卧铺票只发售到换车站。买卧铺票的旅客在中途站开始乘车时，应在买票时向车站说明。持卧铺票的旅客，提前乘坐其他列车到中途站时，应另行购买始发站至中途站的车票。为了维护卧车的正常秩序，每个卧铺只能由持票本人使用。成人带一名，或两名儿童，可共用一个卧铺。

5. 空调票

旅客乘坐空调列车时，应购买相应等级的车票或空调票。旅客在全部旅途中分别乘坐空调车和普通车时，可发售全程普通硬座车票，对乘坐空调车的区段另行核收空调车和普通车的票价差额。

6. 站台票

进站接送旅客的人应购买站台票。站台票当日使用，一次有效。随同成人进站身高不够1.1米的儿童及特殊情况经车站同意进站的人员，可不买站台票。旅客未经车站同意无站台票进站时，加倍补收站台票款。

7. 伤残军人半价票

中国人民解放军和中国人民武装警察部队因公伤残的军人，凭《革命伤残军人证》可购买半价软、硬座客票及附加票。

8. 学生减价票

就读于普通大、中专院校，中、小学和中等专业学校、技工学校，没有工资收入的学生、研究生，家庭居住地和学校不在同一城市时，每年可享受4次居住地至院校所在地（包括实习地）之间的半价硬座客票、加快票和空调票。华侨、港澳学生如要求到国内参观、游览或探亲访友时，凭县以上教育机关证明，每年可买两次学生票。

2.2.3　车票的有效期

• 客票的有效期限按乘车里程计算：500千米以内为两日；超过500千米时，每增加500千米增加一日，不足500千米的尾数也按一日计算。

• 卧铺票按指定的乘车日期和车次使用有效，其他附加票随同原客票使用有效。

• 各种客票和加快票的有效期间，从指定乘车日起至有效期间最后一日的24时止计算。

• 改签后的客票提前乘车时，有效期间从实际乘车日起计算；改晚乘车时，按原票指定乘车日起计算。

2.2.4　乘车条件

• 旅客应按车票票面指定的乘车日期、车次、车厢、座别和铺别上车，并在票面规定的有效期间内到达车站。

• 旅客如在车票票面指定的乘车日期、车次于中途车站上车时，未乘区间的车票价不退。旅客可在中途停车站下车，也可在车票有效期间内恢复旅行，但中途下车后，卧铺票即自行失效。

• 旅客在乘车途中，车票的有效期终了，要求继续乘车时，应自有效期终了站最近前方停车站起，另行补票，核收手续费。定期票可按有效票使用至到站。

2.2.5　车票签证

旅客如不能按票面指定日期和车次乘车时，在不延长客票、加快票有效期间和列车运输能力的条件下，可办理一次提前或改晚乘车手续。办理改晚乘车签证手续时，最迟不超过开车后2小时。团体旅客必须在开车48小时以前办理。往返票、联程票、卧铺票不办理改签。

由于承运人责任造成旅客不能按票面记载的日期、车次、座别、铺别乘车时，站、车应重新安排。重新安排的列车，座席、铺位高于原票等级时，超过部分票价不予补收；低于原票等级时，应退还票价差额，不收退票费。

2.2.6　退票

旅客要求退票时，按下列规定办理，并核收退票费。

- 在开车前，特殊情况也可以在开车后2小时内，退还全部车票票价。团体旅客必须在开车48小时以前办理。
- 在购票地退还联程票和往返票时，必须于折返地或换乘地的列车开车前5天办理。在折返地或换乘地退还未使用部分车票时，按本条例第1条办理。
- 旅客开始旅行后不能退票。如因伤、病不能继续旅行时，经站、车证实，可退还已收票价同已乘区间的票价差额。已乘区间不足起码里程时，按起码里程计算；同行人同样办理。
- 退还带有"行"字戳记的车票时，应先办理行李变更手续。
- 站台票售出后不退。

2.2.7　丢失车票

旅客在乘车前丢失车票，应另行买票。在乘车途中丢失车票，应从发现丢失车票的车站补收票款，核收手续费；不能判明车票是否丢失时，按无票旅客处理。

2.2.8　行李

行李是指旅客自用的被褥、衣服、个人阅读的书籍、残疾人车和其他旅行必需品。旅客可免费携带一定数量的物品：儿童（包括免费儿童）10千克，外交人员35千克，其他旅客20千克。携带行李的长度和体积要适于放在行李架上或座位下边，并不妨碍其他旅客乘坐和通行。携带物品的外部尺寸（长、宽、高的总和）最大不得超过160厘米；杆状物品的长度不得超过200厘米；重量不得超过20千克。

车上禁止携带危险品，如雷管、炸药、鞭炮、汽油、煤油、电石、液化气体等爆炸、易燃、自燃物品和具有杀伤性剧毒物品；限量携带下列物品：气体打火机5个，安全火柴20小盒；指甲油、去光剂、染发剂不超过20毫升，酒精、冷烫精不超过100毫升，摩丝、发胶、卫生杀虫剂、空气清新剂不超过600毫升。

2.3 公路运输知识

2.3.1 公路客车分类

用于公路交通的营运客车按舒适程度可分为普通客车和豪华客车，按座位设置的多少可分为小型客车、中型客车和大型客车。

2.3.2 车票

• 成人及身高超过1.3米的儿童购买全价票。持全价票的旅客可携带1.1米以下的儿童一人乘车，但不单独占座；携带免费儿童超过一人或要求为免费儿童提供座位时，必须购买儿童票。身高1.1米至1.3米的儿童购买半价儿童票，并供给座位。

• 残废军人凭《革命伤残军人证》购买半价票。

• 旅客应按规定购买与所要乘坐的班车类别、客车类型相符的客票。需要躺卧的伤、病旅客，应按实际占用的座位购票。

2.3.3 旅游客运

• 旅游客运是以运送游客游览观光为目的的，其线路必须连结旅游景区。

• 提供旅游综合服务的旅游客运车上应备有饮水、常用药等服务性物品，并根据实际需要，配备御寒和降温设备，随车配有服务员兼导游员。

• 提供旅游综合服务的旅游客运使用旅游客票，按旅游要求发售直达旅游客票或往返旅游客票，代办食宿和其他服务的款项另外单独列出，载入旅游客票面一并计收。

• 提供旅游综合服务的旅游客运，退票须在开车前办理，退还原票款中运费部分，核收退票费，代办食宿和其他服务费用根据具体情况办理；对不予退还的，应在售票时公告。旅客中途终止旅行的不予退票。

2.4 水路客运知识

2.4.1 水路客运的类型

我国的水路交通分为沿海航运和内河航运两大类。但近几十年来，我国内河游轮发展迅速，沿海的海上游艇也在慢慢起步，这为游客的水路旅游创造了较为方便的条件。

航行在沿海和江湖上的客轮大小不等，船上的设备差异也很大。大型客轮的舱位可分为五等：一等舱（软卧，1~2人）、二等舱（软卧，2~4人）、三等舱

（硬卧，4~8人）、四等舱（硬卧，8~24人）和五等舱（硬卧），还有散席（包括座席）。豪华客轮设有特等舱，带有软卧室、休息室、卫生间等。

2.4.2　船票

船票根据是否加快，可分为普通船票和加快船票；船票还可根据旅客是否为成人，分为成人票和儿童票（1.1~1.3米的儿童）；还有特殊种类的船票，如残疾军人的优待票。

2.4.3　丢失船票

旅客在乘船前丢失船票，应另行购票，上船后旅客丢失船票，如能证明，经确认后无须补票；若无法证明，则按无票处理。

2.4.4　退票

旅客退票必须在开船前办理，承运人可收一定的退票费；30人以上的团体购票时，须在开船4小时前办理；已办理托运的，先办理行李、包裹取消或变更托运手续后才能退票。

2.4.5　行李

1. 免费行李

乘坐沿海和长江客轮时，持全价票的旅客可随身携带免费行李30千克，持半价票的乘客和免费儿童可携带免费行李15千克，每件行李的体积不得超过0.2立方米，长度不超过1.5米，重量不超过30千克。乘坐其他内河客轮，免费携带的行李分别为20千克和10千克。

2. 禁止携带和托运的物品

法令限制运输的物品：有臭味、恶腥味的物品；能损坏、污染船舶和妨碍其他旅客的物品；爆炸品、易燃品、腐蚀性物品、有毒物品；杀伤性物品以及放射性物品。

实践要点

1. 注意提醒游客托运行李的体积、重量及托运物是否符合航空公司的规定。
2. 行李托运办理程序。

实战演练

1. 实训项目：行李托运
2. 实训内容
行李托运过程中的行李装箱打包、称重、填写托运单、交付托运行李等流程。

3. 实训目的及要求

通过模拟实训，使学生掌握行李托运的整个流程、注意事项。

4. 组织实训

（1）实训地点：教室或导游实验室；

（2）实验道具：工作服务台、计价器、行李托运单、打包机等；

（3）把全班学生按每组6人分为若干组，每位学生均需扮演机场工作人员、游客、导游员各一次，就行李托运的整个流程进行演练；

（4）教师再对每位参加模拟的学生从动作规范、手动流程等方面进行点评，指出他们的优点和不足，并提出改正方法。

学习任务 ❸ 出入境知识

【想一想，做一做】

出国旅行证件不符遭遣返

李某一家三口与某旅行社签订了一份《××市出境旅游组团合同》，约定李某等三人参加该旅行社组织的巴里岛双飞五日游，并向其交纳了参团费。之后某日，李某一家三人按照旅行社要求携带有关证件随团出发，当抵达出游国印度尼西亚办理入境签证时，印尼海关以李某持有的香港签证身份书不符合该国签证要求而拒绝其入境，并于次日将其遣返香港。而李某妻儿则继续随团参加了旅游。后李某向××市旅游局投诉，该局答复中称造成投诉人李某不能随团旅游的原因为投诉人持香港特别行政区签证身份书（大陆移民，未住满7年），在印尼海关被拒绝入境。该局还作出调查结论称，被投诉方即该旅行社缺乏对身份证种类的了解，未能及时发现并提醒投诉人需办理印尼签证，造成被投诉人在印尼海关被拒绝入境。

分析与提示

本案中的旅行社在为李某办理巴里岛双飞五日游时没能认真履行核查游客相关旅行证件的义务，而导致李某在印尼被拒入境，使李某利益受损。如果你是该旅行社的工作人员，在接待游客报名出国旅游的业务时应当怎样做？

知识储备

3.1 旅行证件

旅行证件是各国政府为其公民出入境颁发的各种有效证件。公民在通过出入境指定口岸时，必须向边防检查机关交验。下面介绍同我国入境旅游有关的几种旅行证件。

3.1.1 护照

护照（passport）是一国主管机关发给本国公民出国或在国外居留的证件，证明其国籍和身份。护照一般分为外交护照、公务护照和普通护照三种。有的国家为团体出国人员发放团体护照，中国为出境旅游的公民发给一次性有效的旅游护照。

1. 外交护照

外交护照是指发给政府高级官员、国会议员、外交和领事官员，负有外交使命的人员、政府代表成员等人员的护照。持有外交护照者在国外享有外交礼遇，如豁免权等。

2. 公务护照

公务护照是发给政府一般官员，驻外使、领馆工作人员以及因公派往国外执行文化、经济等任务的人员。

3. 普通护照

普通护照（如图9-1）是发给出国的一般公民、国外侨民等的护照。旅游护照属于普通护照。

图9-1a 普通护照封面　　图9-1b 普通护照资料页　　图9-1c 普通护照备注签证页

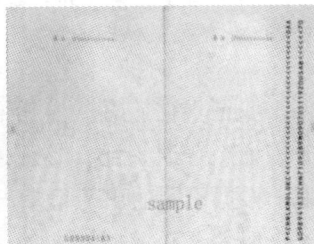

在中国，外交护照、公务护照由外事部门颁发，普通护照由公安部门颁发。中华人民共和国护照的有效期限一般为五年，可延期两次，每次不超过五年；华侨可在有效期满前向中国驻外使、领馆或外交部授权的驻外机构提出申请。

3.1.2　签证

签证（visa）（如图9-2）是被访问国家驻外领事机构在持护照人申请去该国访问时，在申请人的护照或其他旅行证件上签注、盖印，表示准其出入本国国境或者过境的手续。签证手续实际上是一国实施有条件准许入境的措施。随着国际关系和旅游业的发展，许多国家之间签订了互免签证的协议。

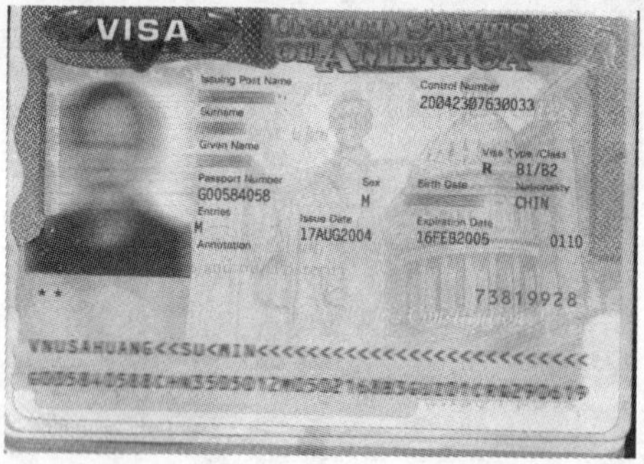

图9-2a　美国签证样本 
图9-2b　澳大利亚签证样本

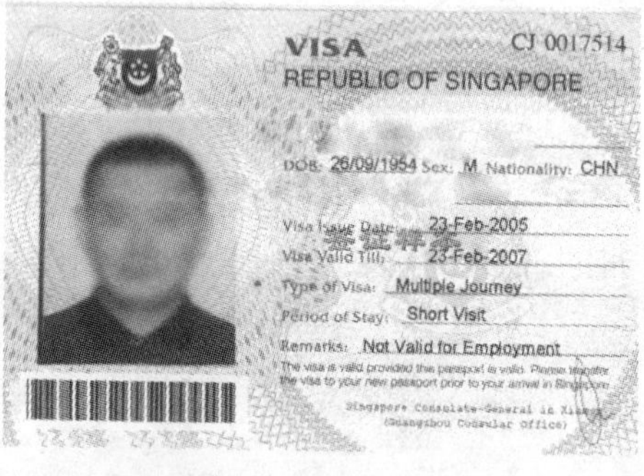

图9-2c　新加坡签证样本

资料来源：图9-2a来自游易旅游网，图9-2b、图9-2c来自签证服务网。

1. 签证的种类

签证根据旅客的身份和所持护照的种类，可分为外交签证、礼遇签证、公务签证、普通签证；签证还可根据需要次数和时间限制分为长期签证和短期签证。根据不同的出入境情况，签证可分为：入境签证、出境签证、出入境签证、入出境签证和过境签证等。"L"字签证是发给来中国旅游、探亲或因其他私人事务入境的外国人，其中九人以上组团来中国旅游的，可以发给团体签证。

2. 签证手续

希望进入中国境内的外国人须持有效护照向中国的外交代表机关、领事机关或外交部授权的其他机关申请办理签证。但在特定情况下，如事由紧急、确实来不及去上述机关办理签证手续者，可向公安部授权的口岸签证机关办理签证。中国公安部授权的口岸签证机关设立在下列口岸：北京、上海、天津、大连、福州、厦门、西安、桂林、昆明、广州（白云机场）、深圳（罗湖、蛇口）、珠海（拱北）。去深圳、珠海、厦门经济特区的外国人，可直接向上述口岸签证机关申请"特区旅游签证"。

游客申请签证，须口头答复被询问的有关情况，并履行相关手续；提供有效证件；填写签证申请表；交近期2寸半身正面免冠照片；交验中国旅游行政管理部门的接待证明（签证通知）；向相关部门申请"L"字签证。

3. 签证的有效期限

签证的有效期限（period of validity）是签证上规定的其持有者在访问国停留的起止日期。根据我国签证制度的不同，其有效期限也不同。目前我国采取三种签证制度，一般采取一次签证一次有效的方法，此外还有多次签证和免除签证。签证后，旅客必须在有效期内进入中国境内，超过期限则签证不再有效。外国游客可在签证准予在华停留的期限内在中国旅行，停留期限到期，如需继续旅行，可向当地公安机关申请延长在中国的停留期限。旅行结束后，须在签证有效期内填写出境卡，从对外国人开放的国际口岸经边防检查机关查验证件，加盖出境验讫章后出境。外国游客应当在签证准予停留的期限内从指定口岸出境。

3.1.3 港澳居民来往内地通行证

《港澳居民来往内地通行证》（如图9-3）是港、澳居民来往内地的旅行证件和在内地住宿、居留、旅行的身份证件。公安部委托香港、澳门中国旅行社受理通行证申请，授权广东省公安厅审批、签发通行证。

图9-3a 《港澳居民来往内地通行证》正面 　　图9-3b 《港澳居民来往内地通行证》背面

1999年1月1日前，港、澳同胞来往内地旅游须申请办理《港、澳同胞回乡

证》，而不必办理签证。但由于其使用年限已久，已不适应形势发展的需要。从1999年1月1日开始，港、澳居民来往内地包括来内地旅游将申请使用《港澳居民来往内地通行证》。

1. 申请条件

具有中国国籍的香港、澳门居民，只要未向国籍管理机关申报为外国人，无论是否持有外国护照或旅行证件，均可申请该通行证。

2. 有效期限

18岁以下的港、澳居民可申领3年期限有效证件；18岁以上（含18岁）的港、澳居民可申领10年期有效证件。

3.1.4 台湾同胞旅行证明和台胞证

《台湾同胞旅行证明》和《台湾居民来往大陆通行证》（简称台胞证）（如图9-4）是台湾同胞来祖国大陆探亲、旅游的证件。该证件经口岸边防检查站查验并盖验讫章后，即可作为台湾同胞进入祖国大陆的身份证明。该证由我国公安部委托香港中国旅行社签发，一次性有效，出境时由边防检查站收回。来自美国、日本或其他国家的台湾同胞由我国驻外使、领馆签发《中华人民共和国旅行证》。来自港、澳特别行政区的台湾同胞，可向外交部驻港、澳签证处申请该证，也可申请由港、澳中国旅行社代办该证。台湾同胞应当在该证有效期限内经入境口岸进入大陆旅行。

图9-4a　台胞证封面

图9-4b　台胞证签注页

3.1.5 大陆居民前往港澳

随着我国对外开放政策的深入和香港、澳门的回归，大陆居民前往香港和澳门两地旅游的增长势头极为迅猛，极大地推动了香港经济的发展。由于香港和澳门是我国两个具有高度自治权的特别行政区，根据《香港特别行政区基本法》和《澳门特别行政区基本法》的规定，内地居民前往这两个地区在人数和居留时间上都受到一定的限制。

为了规范和方便内地居民前往港澳两地的旅游，游客必须持有有效的《前往港澳通行证》（如图9-5）和旅游签注，并参加由国家旅游局批准的特许经营港澳游的旅行社组织的旅游团，集体进出港澳地区。

申请办理《前往港澳通行证》和旅游签注的程序是：首先，前往具有经营内地居民前往港澳旅游权的国际旅行社或旅游公司领取《中国公民往来港澳地区申请审批表》，填写申请表并由单位出具意见及盖章；其次，携带本人身份证和户口簿原件与复印件、三张符合规格要求的彩色照片及旅游团款发票前往当地公安机关出入境管理部门办理。申请

图9-5 前往港澳通行证

办理《前往港澳通行证》和旅游签注一般为十五个工作日。《前往港澳通行证》的有效期为五年，旅游签注自签发之日起三个月有效，可以一次入出境。

旅游签注分往返签注和单程签注两种，往返签注（即由香港去澳门再返回香港），单程签注（即从香港去澳门，由澳门经珠海拱北海关回内地）。

3.2 通关

3.2.1 海关的概念

海关是根据国家法令，对进出国境的货物、邮递物品、旅客行李、货币、金银、证券和运输工具等进行监督检查，征收关税并执行查禁走私任务，编制海关统计和办理其他海关业务的国家行政管理机关。

3.2.2 出入口岸（指定口岸出入）

外国人、华侨和台湾同胞可持有效证件在指定的对外开放的口岸出入中国或祖国大陆。香港同胞持证经深圳（罗湖、蛇口），澳门同胞持证经珠海（拱北）通行。台湾同胞持旅行证从港、澳经深圳或珠海进入祖国大陆。其他外国游客持护照及签证经指定口岸通行。

3.2.3 海关通关

1. 入出境手续

办理入出境手续的部门一般设在口岸和旅客入出境地点。我国海关规定了

对外国游客进行"一关四检"的检查制度。

• 海关检查

海关检查是指海关在国境口岸依法对进出国境的货物、运输工具、行李物品、邮递物品和其他物品执行监督管理、征收关税和查禁走私等任务时所进行的检查。根据《中华人民共和国海关法》和《中华人民共和国海关对进出境旅客行李物品监管办法》的规定，进出境旅客行李物品必须通过设有海关的地点进境或出境，接受海关监管。进出中国国境的游客应将携带的需要查验的行李物品交海关检查，游客应填写《旅客行李申报单》一式两份，经海关查验行李后签章，双方各执一份，在游客回程时交海关验核。来我国居留不超过六个月的游客，携带海关认为必须复带出境的物品，由海关登记后放行，游客出境时必须将原物带出。游客携带的金银、珠宝、钻石等饰物，若准备携带出境，应向海关登记，并由海关发给证明书，以便出境时海关凭证核放。进出国境的游客携带的行李物品符合纳税规定的，应照章纳税。

• 边防检查

边防检查要求出入境人员按照规定填写出境、入境登记卡，向边境检查站交验有效护照或者其他出境、入境证件，经查验核准后，方可入境。

• 安全检查

为保证游客生命和财产安全，中国海关和边防站禁止携带武器、凶器、爆炸物品；采用安全门、磁性探测检查、红外线透视、搜身开箱检查等方法，对游客进行安全检查。

• 卫生检疫

为防止传染病由国外传入或由我国传出，保护人身健康，各国都制定了国境卫生检疫法。我国依据《国境卫生检疫法》设立了国境卫生检疫机关，在入出境口岸依法对包括游客在内的有关人员及携带的动植物和交通运输工具等实施传染病检疫、检测和卫生监督，只有经过检疫，由国境卫生检疫机关许可，才能入出境。

进入我国国内，入境者应根据国境检疫机关的要求如实填报健康申明卡，传染病患者隐瞒不报，按逃避检疫论处，一经发现，禁止入境；已经入境者，让其提前出境。来自传染病疫区的人员须出示有效的有关疾病的预防接种证书（俗称"黄皮书"）；无证者，国境卫生检疫机关将从他离开感染环境时算起实施六日的留验。来自疫区被传染病污染或可能成为传染病传播媒介的物品，须接受卫生检疫检查和必要的卫生处理。

• 动植物检疫

为保护我国农、林、牧、渔业生产和人体健康，维护对外贸易信誉，履行国际间义务，防止危害动植物的病、虫、杂草及其他有害生物由国外传入或由国内传出。我国根据相关法规，在边境口岸设立了口岸动植物检疫站，代表国家对入出境的动物、动物产品、植物、植物产品及运载动植物的交通工具等执行检疫任务。游客应主动接受此项检疫，并按有关规定入出境。

2. 海关通道

海关通道分"红色通道"和"绿色通道"两种。

● 红色通道

海外游客进入中国境内，一般须经"红色通道"，事先要填写《旅客行李申报单》向海关申报，经海关查验后放行，外国游客不准代他人携带物品进出境。海外游客来中国旅行，可携带旅程中需要的、数量合理的自用物品。从海外回程的中国旅客入境时，须向口岸边检站交验有效护照或其他有效证件以及出境时经海关盖章的《旅客行李申报单》。

● 绿色通道

持有中国主管部门给予的外交签证、礼遇签证护照的外籍人员及海关给予免检礼遇的人员，可选择"绿色通道"，但须向海关出示本人证件和按规定填写申报单据。

实践要点

1. 注意通关时要准备好应交验的有效证件。

2. 集体签证的旅游团应按照姓氏拼音第一个字母的排序排好队。

实战演练

1. 实训项目：通关

2. 实训内容

海关通关的程序，包括"一关四检"的具体程序。

3. 实训目的及要求

通过实训使学生进一步熟悉海关通关手续，掌握海关通关的内容和具体程序。

4. 组织实训

（1）实训地点：教室或导游实验室；

（2）布置通关时的模拟场景；

（3）把学生分为4组，每组选派2名学生扮演边防检查、安全检查、卫生检疫、动植物检疫4个检验关口的工作人员。

学习任务 ❹ 货币知识

【想一想，做一做】

安全性强但手续费高的旅行支票

旅行支票是一种全球范围内被普遍接受的票据，在很多国家和地区都有着如同现金一般的流动性，不仅很多商场和酒店都支持旅行支票付款，而且也可以在旅行地将旅行支票兑换为当地的货币使用。在旅行支票市场上，尤其以通济隆、美国运通、VISA、花旗银行所发行的旅行支票最为普遍。旅行支票有多个币种可以选择，为旅行者和商务人士根据目的地所使用的货币购买旅行支票提供了方便。例如，白女士一家将到欧洲旅行，那么就可以购买欧元的旅行支票。流动性堪与现金媲美的旅行支票，最大的优势在于安全性。在旅行的过程中，难免会发生一些小小的意外，与现金遗失或被窃后很难追回所不同的是，旅行支票拥有独特的遗失被窃理赔服务。如果游客们在境外旅游的过程中遭遇到这样的小意外，可以拨打旅行支票中心在世界各地的服务电话，报出旅行支票序列号，在符合相关条款的情况下，不产生任何额外费用，你可以就近在当地的旅行支票服务中心获得同等的补发。正是由于这一点，旅行支票的安全性要远远高于现金。不过，为了获得旅行支票的安全性，你也需要付出一些成本，那就是购买旅行支票所产生的费用。在国内多家银行的代销网点，你都可以购买到通济隆、美国运通、VISA等发行的旅行支票，目前银行所收取的手续费通常是旅行支票金额的0.5%~0.75%不等。例如，工行收取的旅行支票的手续费为支票金额的0.5%，中行收取的手续费为支票金额的0.75%。需要说明的是，手续费一般为另行支付，部分银行还要求以旅行支票币种的外币支付。

资料来源：尹娟. 巧用旅行支票全攻略. 理财周刊，2008.5.19

分析与提示

旅行支票是应旅游活动中携带现金不方便而出现的一种新的支付方式。这种支付方式之所以被广大旅游者所接受，就在于它的安全性和方便性。

知识储备

4.1 外汇

4.1.1 外汇的概念

外汇（foreign exchange）是指以外币表示的可用于国际结算的一种支付手段，它包括外国货币（钞票、铸币）、外币有价证券（政府公债、国库券、公司债券、股票、息票等）、外币支付凭证（票据、银行存款凭证、邮政储蓄凭证等）以及其他外汇资金。

4.1.2 外汇管理

我国对外汇实行国家集中管理、统一经营的方针。我国现行的《中华人民共和国外汇管理条例》规定，在中华人民共和国境内，禁止外汇流通、使用、质押，禁止私自买卖外汇，禁止以任何形式进行套汇、炒汇、逃汇，并不得以外币计价结算。

对海外游客来华带入的人民币和票据的金额没有限制，但入境时必须据实申报；在中国境内，游客可持外汇到中国银行及各兑换点兑换成人民币，但要保存好银行出具的外汇兑换证明（俗称水单，其有效期为半年）。外国游客离境时，可持水单将人民币兑换回外汇，最后经海关核验申报单后可将未用完的外币和票证带出。

4.1.3 世界流通货币

目前在我国可兑换成人民币的外币有：美元、欧元、英镑、日元、澳大利亚元、加拿大元、瑞士法郎、丹麦克郎、挪威克郎、瑞典克郎、新加坡元等。

4.1.4 汇率

汇率（foreign exchange rate）是一种货币用另一种货币表示的价格，或者说是两种货币的兑换比率。

对于外汇标价，我国目前采取直接标价法，即以一定整数单位（如1个或100个、1 000个单位）的外币为标准，折合成若干单位的本币来表示两种货币的汇率。目前我国采取浮动汇率制度，即外汇市场随行就市，按国际市场的变化而变化，以下是2010年3月5日中国银行的外汇牌价（外币以100为单位）。

小·资料9-1

中国银行2010年3月5日的外汇牌价

货币名称	现汇买入价	现钞买入价	卖出价	基准价	中行折算价	发布日期
英镑	1021.99	990.43	1030.2	1026.58	1026.58	2010-03-05
美元	681.28	675.82	684.02	682.66	682.66	2010-03-05
瑞士法郎	631.51	612.02	636.59		633.91	2010-03-05
新加坡元	485.14	470.16	489.03		486.84	2010-03-05
瑞典克朗	95.18	92.24	95.94		95.34	2010-03-05
丹麦克朗	124.13	120.29	125.12		124.59	2010-03-05
挪威克朗	114.86	111.31	115.78		115.18	2010-03-05
日元	7.6139	7.3788	7.675	7.6433	7.6433	2010-03-05
加拿大元	658.84	638.5	664.13		662.41	2010-03-05
澳大利亚元	613.15	594.22	618.08		614.69	2010-03-05
欧元	923.77	895.25	931.19	927.46	927.46	2010-03-05
菲律宾比索	14.76	14.31	14.88		14.8	2010-03-05
泰国铢	20.79	20.15	20.96		20.88	2010-03-05
新西兰元	468.77		472.54		469.19	2010-03-05
韩国元		0.5619	0.6107		0.585	2010-03-05

资料来源：中国银行网站。

4.2 旅行支票

旅行支票（traveler's check）是银行或旅行支票公司为方便旅行者，在旅行者交存一定金额后签发的一种面额固定的、没有指定的付款人和付款地点的定额票据。

游客购买旅行支票后，可随身携带，在预先约定的银行或旅行社的分支机构或代理机构凭票取款，比带现金旅行安全。

购买旅行支票时，游客要当场签字，作为预留印鉴，支取款项时必须当着付款单位的面在支票上签字，付款单位将两个签字核对无误后方予以付款，以防假冒。

中国银行在收兑银行支票时收取0.75％的贴息。

小·资料9-2

旅行支票的购买与兑付

银行	购买旅行支票手续费	兑付旅行支票手续费	优惠提醒
中国银行	旅行支票金额的0.75%	兑付金额的0.75%	
工商银行	旅行支票金额的0.5%	兑付金额的0.75%	购汇后购买美元运通旅行支票超过500美元免收手续费，购买美元旅行支票低于500美元手续费减半
农业银行	旅行支票金额的0.5%	兑付金额的0.75%	
交通银行	旅行支票金额的1%	兑付金额的0.75%	少数交行网点可进行运通美元旅行支票的免费兑付，限兑换为人民币
光大银行	旅行支票金额的1%	兑付金额的0.75%	购汇后购买运通旅行支票，等额1 000美元就可免除手续费，1 000美元以下手续费2折优惠

（表中"购买旅行支票手续费"与"兑付旅行支票手续费"列之间另有一列：外币现钞购买需要支付"钞转汇"费用）

资料来源：尹娟. 巧用旅行支票全攻略. 理财周刊，2008.5.19

4.3 信用卡

信用卡（credit card）是指银行或信用卡公司为提供消费信用而发给客户的、在指定地点支取现金、购买货物或支付劳务费用的信用凭证，实际上是一种分期付款的消费者信贷。

信用卡上印有持卡者姓名、持卡者账号及每笔赊购的限额、签字有效期和防伪标记等内容。为了避免风险，发卡机构对其发行的信用卡规定使用年限一般为1~3年，并规定一次取款或消费的最高限额。

信用卡的种类比较多，按持卡人的资信程度分为普通卡、银卡、金卡和白金卡，其资信程度依次递增；按发卡机构的性质分为旅游卡和信用卡，前者由商业、旅行社等部门发出；后者由银行和金融机构发出；按使用地区分为世界通用卡和地区通用卡。

目前我国受理的主要信用卡有：万事达卡（Master Card）、维萨卡（Visa Card）、运通卡（American Express Card）、JCB卡、大莱卡（Diners Card）、发达卡、百万卡。

实 践 要 点

1.购买旅行支票时的签名（初签）及签名位置。

2.在接受旅行支票支付时对签名（复签）的核对工作。

实 战 演 练

1.实训项目

旅行支票的使用。

2.实训内容

旅行支票使用的整个过程（包括购买旅行支票和支付旅行支票）与细节。

3.实训目的及要求

通过模拟实训，让学生了解旅行支票的特点并掌握使用旅行支票的整个环节。

4.组织实训

（1）实训地点：教室或导游实验室；

（2）实验道具：模拟在银行购买旅行支票和在宾馆支付旅行支票的场景，以及进行相应的票据练习；

（3）把全班学生按每组10人分为4组，每组推选出3对学生，每组学生均有机会扮演导游员、银行职员、宾馆前台收银员，分别模拟购买旅行支票和支付旅行支票的过程，教师再对每位参加模拟的学生的操作细节等方面进行点评，指出他们的优点和不足，并提出改正方法。

本项目总结

知识梳理

1.旅行社的部门组成

①外联部门　②接待部门　③计调部门　④市场部门　⑤人事部门

⑥财务部门　⑦办公室

2. 旅行社产品知识

① 单项服务　② 团体包价旅游　③ 散客包价旅游　④ 半包价旅游

⑤ 小包价旅游　⑥ 零包价旅游　⑦ 组合旅游

3. 旅行社新产品报价策略

① 撇油报价策略　② 市场渗透报价策略　③ 市场满意报价策略

4. 旅行社的折扣报价策略

① 数量折扣　② 季节和地区折扣　③ 现金折扣

5. 航空运输知识

① 航班和班次　② 机票　③ 乘机有关事项　④ 行李有关事项

6. 铁路运输知识

① 旅客列车种类　② 车票　③ 车票有效期　④ 乘车条件　⑤ 车票签证

⑥ 退票　⑦ 丢失车票　⑧ 行李

7. 水路运输知识

① 水路客运的类型　② 船票　③ 丢失船票　④ 退票　⑤ 行李

8. 旅行证件

① 护照　② 签证　③ 港澳居民来往内地通行证　④ 台湾同胞旅行证明和台胞证　⑤ 前往港澳通行证

9. 入出境手续

① 海关检查　② 边防检查　③ 安全检查　④ 卫生检疫　⑤ 动植物检疫

10. 货币知识

① 外汇　② 旅行支票　③ 信用卡

11. 外汇知识

① 外汇的概念　② 外汇管理　③ 世界流通货币　④ 汇率

主要概念

1. 旅行社新产品　2. 单项服务　3. 团体包价旅游　4. 散客包价旅游　5. 半包价旅游　6. 零包价旅游　7. 组合旅游　8. 护照　9. 签证　10. 海关　11. 外汇　12. 汇率　13. 旅行支票　14. 信用卡

知识习题与技能训练

1. 旅行社是如何分类的，它们的业务范围分别有哪些？

2. 旅行社有哪些旅游产品，各自有何特点？

3. 什么叫撇油报价策略？什么叫市场渗透报价策略？两者有何区别？

4. 民航运输的方式主要有哪几种？

5. 什么是OK机票和OPEN机票？它们分别如何确认座位？

6. 民航有关退票是如何规定的？

7. 哪些游客在国内乘机不需要交纳机场建设费？

8. 铁路交通中关于儿童票是如何规定的？

9. 水路交通关于游客免费行李是如何规定的？

10. 什么是护照？它是如何分类的？其有效期限是如何规定的？

11. 签证的概念是什么，办理签证需要办理哪些手续？

12. 《港澳居民来往内地通行证》的有效期限是如何规定的？

13. 什么是海关？通关的"一关四检"分别指什么？

14. 民航关于乘客免费行李的规定有哪些（包括国内航线和国际航线）？

附　录

附录A　旅行社条例

2009.2.20　国务院公布

第一章　总则

第一条　为了加强对旅行社的管理，保障旅游者和旅行社的合法权益，维护旅游市场秩序，促进旅游业的健康发展，制定本条例。

第二条　本条例适用于中华人民共和国境内旅行社的设立及经营活动。

本条例所称旅行社，是指从事招徕、组织、接待旅游者等活动，为旅游者提供相关旅游服务，开展国内旅游业务、入境旅游业务或者出境旅游业务的企业法人。

第三条　国务院旅游行政主管部门负责全国旅行社的监督管理工作。

县级以上地方人民政府管理旅游工作的部门按照职责负责本行政区域内旅行社的监督管理工作。

县级以上各级人民政府工商、价格、商务、外汇等有关部门，应当按照职责分工，依法对旅行社进行监督管理。

第四条　旅行社在经营活动中应当遵循自愿、平等、公平、诚信的原则，提高服务质量，维护旅游者的合法权益。

第五条　旅行社行业组织应当按照章程为旅行社提供服务，发挥协调和自律作用，引导旅行社合法、公平竞争和诚信经营。

第二章　旅行社的设立

第六条　申请设立旅行社，经营国内旅游业务和入境旅游业务的，应当具备下列条件：

（一）有固定的经营场所；

（二）有必要的营业设施；

（三）有不少于30万元的注册资本。

第七条　申请设立旅行社，经营国内旅游业务和入境旅游业务的，应当向所在地省、自治区、直辖市旅游行政管理部门或者其委托的设区的市级旅游行政管理部门提出申请，并提交符合本条例第六条规定的相关证明文件。受理申请的旅游行政管理部门应当自受理申请之日起20个工作日内作出许可或者不予许可的决定。予以许可的，向申请人颁发旅行社业务经营许可证，申请人持旅行社业务经营许可证向工商行政管理部门办理设立登记；不予许可的，书面通知申请人并说明理由。

第八条　旅行社取得经营许可满两年，且未因侵害旅游者合法权益受到行政机关罚款以上处罚的，可以申请经营出境旅游业务。

第九条　申请经营出境旅游业务的，应当向国务院旅游行政主管部门或者其委托的省、自治区、直辖市旅游行政管理部门提出申请，受理申请的旅游行政管理部门应当自受理申请之日起20个工作日内作出许可或者不予许可的决定。予以许可的，向申请人换发旅行社业务经营许可证，旅行社应当持换发的旅行社业务经营许可证到工商行政管理部门办理变更登记；不予许可的，书面通知申请人并说明理由。

第十条　旅行社设立分社的，应当持旅行社业务经营许可证副本向分社所在地的工商行政管理部门办理设立登记，并自设立登记之日起3个工作日内向分社所在地的旅游行政管理部门备案。

旅行社分社的设立不受地域限制。分社的经营范围不得超出设立分社的旅行社的经营范围。

第十一条　旅行社设立专门招徕旅游者、提供旅游咨询的服务网点（以下简称旅行社服务网点）应当依法向工商行政管理部门办理设立登记手续，并向所在地的旅游行政管理部门备案。

旅行社服务网点应当接受旅行社的统一管理，不得从事招徕、咨询以外的活动。

第十二条　旅行社变更名称、经营场所、法定代表人等登记事项或者终止经营的，应当到工商行政管理部门办理相应的变更登记或者注销登记，并在登记办理完毕之日起10个工作日内，向原许可的旅游行政管理部门备案，换领或者交回旅行社业务经营许可证。

第十三条　旅行社应当自取得旅行社业务经营许可证之日起3个工作日内，在国务院旅游行政主管部门指定的银行开设专门的质量保证金账户，存入质量保证金，或者向作出许可的旅游行政管理部门提交依法取得的担保额度不低于相应质量保证金数额的银行担保。

经营国内旅游业务和入境旅游业务的旅行社，应当存入质量保证金20万元；经营出境旅游业务的旅行社，应当增存质量保证金120万元。

质量保证金的利息属于旅行社所有。

第十四条　旅行社每设立一个经营国内旅游业务和入境旅游业务的分社，应当向其质量保证金账户增存5万元；每设立一个经营出境旅游业务的分社，应当向其质量保证金账户增存30万元。

第十五条　有下列情形之一的，旅游行政管理部门可以使用旅行社的质量保证金：

（一）旅行社违反旅游合同约定，侵害旅游者合法权益，经旅游行政管理部门查证属实的；

（二）旅行社因解散、破产或者其他原因造成旅游者预交旅游费用损失的。

第十六条　人民法院判决、裁定及其他生效法律文书认定旅行社损害旅游者合法权益，旅行社拒绝或者无力赔偿的，人民法院可以从旅行社的质量保证金账户上划拨赔偿款。

第十七条　旅行社自交纳或者补足质量保证金之日起三年内未因侵害旅游者合法权益受到行政机关罚款以上处罚的，旅游行政管理部门应当将旅行社质量保证金的交存数额降低50％，并向社会公告。旅行社可凭省、自治区、直辖市旅游行政管理部门出具的凭证减少其质量保证金。

第十八条　旅行社在旅游行政管理部门使用质量保证金赔偿旅游者的损失，或者依法减少质量保证金后，因侵害旅游者合法权益受到行政机关罚款以上处罚的，应当在收到旅游行政管理部门补交质量保证金的通知之日起5个工作日内补足质量保证金。

第十九条　旅行社不再从事旅游业务的，凭旅游行政管理部门出具的凭证，向银行取回质量保证金。

第二十条　质量保证金存缴、使用的具体管理办法由国务院旅游行政主管部门和国务院财政部门会同有关部门另行制定。

第三章　外商投资旅行社

第二十一条　外商投资旅行社适用本章规定；本章没有规定的，适用本条例其他有关规定。

前款所称外商投资旅行社，包括中外合资经营旅行社、中外合作经营旅行社和外资旅行社。

第二十二条　设立外商投资旅行社，由投资者向国务院旅游行政主管部门提出申请，并提交符合本条例第六条规定条件的相关证明文件。国务院旅游行政主管部门应当自受理申请之日起30个工作日内审查完毕。同意设立的，出具外商投资旅行社业务许可审定意见书；不同意设立的，书面通知申请人并说明理由。

申请人持外商投资旅行社业务许可审定意见书、章程，合资、合作双方签订的合同向国务院商务主管部门提出设立外商投资企业的申请。国务院商务主管部门应当依照有关法律、法规的规定，作出批准或者不予批准的决定。予以批准的，颁发外商投资企业批准证书，并通知申请人向国务院旅游行政主管部门领取旅行社业务经营许可证，申请人持旅行社业务经营许可证和外商投资企业批准证书向工商行政管理部门办理设立登记；不予批准的，书面通知申请人并说明理由。

第二十三条 外商投资旅行社不得经营中国内地居民出国旅游业务以及赴香港特别行政区、澳门特别行政区和台湾地区旅游的业务，但是国务院决定或者我国签署的自由贸易协定和内地与香港、澳门关于建立更紧密经贸关系的安排另有规定的除外。

第四章 旅行社经营

第二十四条 旅行社向旅游者提供的旅游服务信息必须真实可靠，不得作虚假宣传。

第二十五条 经营出境旅游业务的旅行社不得组织旅游者到国务院旅游行政主管部门公布的中国公民出境旅游目的地之外的国家和地区旅游。

第二十六条 旅行社为旅游者安排或者介绍的旅游活动不得含有违反有关法律、法规规定的内容。

第二十七条 旅行社不得以低于旅游成本的报价招徕旅游者。未经旅游者同意，旅行社不得在旅游合同约定之外提供其他有偿服务。

第二十八条 旅行社为旅游者提供服务，应当与旅游者签订旅游合同并载明下列事项：

（一）旅行社的名称及其经营范围、地址、联系电话和旅行社业务经营许可证编号；

（二）旅行社经办人的姓名、联系电话；

（三）签约地点和日期；

（四）旅游行程的出发地、途经地和目的地；

（五）旅游行程中交通、住宿、餐饮服务安排及其标准；

（六）旅行社统一安排的游览项目的具体内容及时间；

（七）旅游者自由活动的时间和次数；

（八）旅游者应当交纳的旅游费用及交纳方式；

（九）旅行社安排的购物次数、停留时间及购物场所的名称；

（十）需要旅游者另行付费的游览项目及价格；

（十一）解除或者变更合同的条件和提前通知的期限；

（十二）违反合同的纠纷解决机制及应当承担的责任；

（十三）旅游服务监督、投诉电话；

（十四）双方协商一致的其他内容。

第二十九条　旅行社在与旅游者签订旅游合同时，应当对旅游合同的具体内容作出真实、准确、完整的说明。

旅行社和旅游者签订的旅游合同约定不明确或者对格式条款的理解发生争议的，应当按照通常理解予以解释；对格式条款有两种以上解释的，应当作出有利于旅游者的解释；格式条款和非格式条款不一致的，应当采用非格式条款。

第三十条　旅行社组织中国内地居民出境旅游的，应当为旅游团队安排领队全程陪同。

第三十一条　旅行社为接待旅游者委派的导游员或者为组织旅游者出境旅游委派的领队人员，应当持有国家规定的导游证、领队证。

第三十二条　旅行社聘用导游员、领队人员应当依法签订劳动合同，并向其支付不低于当地最低工资标准的报酬。

第三十三条　旅行社及其委派的导游员和领队人员不得有下列行为：

（一）拒绝履行旅游合同约定的义务；

（二）非因不可抗力改变旅游合同安排的行程；

（三）欺骗、胁迫旅游者购物或者参加需要另行付费的游览项目。

第三十四条　旅行社不得要求导游员和领队人员接待不支付接待和服务费用或者支付的费用低于接待和服务成本的旅游团队，不得要求导游员和领队人员承担接待旅游团队的相关费用。

第三十五条　旅行社违反旅游合同约定，造成旅游者合法权益受到损害的，应当采取必要的补救措施，并及时报告旅游行政管理部门。

第三十六条　旅行社需要对旅游业务作出委托的，应当委托给具有相应资质的旅行社，征得旅游者的同意，并与接受委托的旅行社就接待旅游者的事宜签订委托合同，确定接待旅游者的各项服务安排及其标准，约定双方的权利、义务。

第三十七条　旅行社将旅游业务委托给其他旅行社的，应当向接受委托的旅行社支付不低于接待和服务成本的费用；接受委托的旅行社不得接待不支付或者不足额支付接待和服务费用的旅游团队。

接受委托的旅行社违约，造成旅游者合法权益受到损害的，作出委托的旅行社应当承担相应的赔偿责任。作出委托的旅行社赔偿后，可以向接受委托的旅行社追偿。

接受委托的旅行社故意或者重大过失造成旅游者合法权益损害的，应当承担连带责任。

第三十八条　旅行社应当投保旅行社责任险。旅行社责任险的具体方案由国务院旅游行政主管部门会同国务院保险监督管理机构另行制定。

第三十九条　旅行社对可能危及旅游者人身、财产安全的事项，应当向旅游者作出真实的说明和明确的警示，并采取防止危害发生的必要措施。

发生危及旅游者人身安全的情形的，旅行社及其委派的导游员、领队人员应当采取必要的处置措施并及时报告旅游行政管理部门；在境外发生的，还应当及时报告中华人民共和国驻该国使领馆、相关驻外机构、当地警方。

第四十条　旅游者在境外滞留不归的，旅行社委派的领队人员应当及时向旅行社和中华人民共和国驻该国使领馆、相关驻外机构报告。旅行社接到报告后应当及时向旅游行政管理部门和公安机关报告，并协助提供非法滞留者的信息。

旅行社接待入境旅游发生旅游者非法滞留我国境内的，应当及时向旅游行政管理部门、公安机关和外事部门报告，并协助提供非法滞留者的信息。

第五章　监督检查

第四十一条　旅游、工商、价格、商务、外汇等有关部门应当依法加强对旅行社的监督管理，发现违法行为，应当及时予以处理。

第四十二条　旅游、工商、价格等行政管理部门应当及时向社会公告监督检查的情况。公告的内容包括旅行社业务经营许可证的颁发、变更、吊销、注销情况，旅行社的违法经营行为以及旅行社的诚信记录、旅游者投诉信息等。

第四十三条　旅行社损害旅游者合法权益的，旅游者可以向旅游行政管理部门、工商行政管理部门、价格主管部门、商务主管部门或者外汇管理部门投诉，接到投诉的部门应当按照其职责权限及时调查处理，并将调查处理的有关情况告知旅游者。

第四十四条　旅行社及其分社应当接受旅游行政管理部门对其旅游合同、服务质量、旅游安全、财务账簿等情况的监督检查，并按照国家有关规定向旅游行政管理部门报送经营和财务信息等统计资料。

第四十五条　旅游、工商、价格、商务、外汇等有关部门工作人员不得接受旅行社的任何馈赠，不得参加由旅行社支付费用的购物活动或者游览项目，不得通过旅行社为自己、亲友或者其他个人、组织牟取私利。

第六章　法律责任

第四十六条　违反本条例的规定，有下列情形之一的，由旅游行政管理部门或者工商行政管理部门责令改正，没收违法所得，违法所得10万元以上的，并处违法所得1倍以上5倍以下的罚款；违法所得不足10万元或者没有违法所得的，并处10万元以上50万元以下的罚款：

（一）未取得相应的旅行社业务经营许可，经营国内旅游业务、入境旅游业务、出境旅游业务的；

（二）分社的经营范围超出设立分社的旅行社的经营范围的；

（三）旅行社服务网点从事招徕、咨询以外的活动的。

第四十七条 旅行社转让、出租、出借旅行社业务经营许可证的，由旅游行政管理部门责令停业整顿1个月至3个月，并没收违法所得；情节严重的，吊销旅行社业务经营许可证。受让或者租借旅行社业务经营许可证的，由旅游行政管理部门或者工商行政管理部门责令停止非法经营，没收违法所得，并处10万元以上50万元以下的罚款。

第四十八条 违反本条例的规定，旅行社未在规定期限内向其质量保证金账户存入、增存、补足质量保证金或者提交相应的银行担保的，由旅游行政管理部门责令改正；拒不改正的，吊销旅行社业务经营许可证。

第四十九条 违反本条例的规定，旅行社不投保旅行社责任险的，由旅游行政管理部门责令改正；拒不改正的，吊销旅行社业务经营许可证。

第五十条 违反本条例的规定，旅行社有下列情形之一的，由旅游行政管理部门责令改正；拒不改正的，处1万元以下的罚款：

（一）变更名称、经营场所、法定代表人等登记事项或者终止经营，未在规定期限内向原许可的旅游行政管理部门备案，换领或者交回旅行社业务经营许可证的；

（二）设立分社未在规定期限内向分社所在地旅游行政管理部门备案的；

（三）不按照国家有关规定向旅游行政管理部门报送经营和财务信息等统计资料的。

第五十一条 违反本条例的规定，外商投资旅行社经营中国内地居民出国旅游业务以及赴香港特别行政区、澳门特别行政区和台湾地区旅游业务，或者经营出境旅游业务的旅行社组织旅游者到国务院旅游行政主管部门公布的中国公民出境旅游目的地之外的国家和地区旅游的，由旅游行政管理部门责令改正，没收违法所得，违法所得10万元以上的，并处违法所得1倍以上5倍以下的罚款；违法所得不足10万元或者没有违法所得的，并处10万元以上50万元以下的罚款；情节严重的，吊销旅行社业务经营许可证。

第五十二条 违反本条例的规定，旅行社为旅游者安排或者介绍的旅游活动含有违反有关法律、法规规定的内容的，由旅游行政管理部门责令改正，没收违法所得，并处2万元以上10万元以下的罚款；情节严重的，吊销旅行社业务经营许可证。

第五十三条 违反本条例的规定，旅行社向旅游者提供的旅游服务信息含有虚假内容或者作虚假宣传的，由工商行政管理部门依法给予处罚。

违反本条例的规定，旅行社以低于旅游成本的报价招徕旅游者的，由价格主管部门依法给予处罚。

第五十四条　违反本条例的规定，旅行社未经旅游者同意在旅游合同约定之外提供其他有偿服务的，由旅游行政管理部门责令改正，处1万元以上5万元以下的罚款。

第五十五条　违反本条例的规定，旅行社有下列情形之一的，由旅游行政管理部门责令改正，处2万元以上10万元以下的罚款；情节严重的，责令停业整顿1个月至3个月：

（一）未与旅游者签订旅游合同；

（二）与旅游者签订的旅游合同未载明本条例第二十八条规定的事项；

（三）未取得旅游者同意，将旅游业务委托给其他旅行社；

（四）将旅游业务委托给不具有相应资质的旅行社；

（五）未与接受委托的旅行社就接待旅游者的事宜签订委托合同。

第五十六条　违反本条例的规定，旅行社组织中国内地居民出境旅游，不为旅游团队安排领队全程陪同的，由旅游行政管理部门责令改正，处1万元以上5万元以下的罚款；拒不改正的，责令停业整顿1个月至3个月。

第五十七条　违反本条例的规定，旅行社委派的导游员和领队人员未持有国家规定的导游证或者领队证的，由旅游行政管理部门责令改正，对旅行社处2万元以上10万元以下的罚款。

第五十八条　违反本条例的规定，旅行社不向其聘用的导游员、领队人员支付报酬，或者所支付的报酬低于当地最低工资标准的，按照《中华人民共和国劳动合同法》的有关规定处理。

第五十九条　违反本条例的规定，有下列情形之一的，对旅行社，由旅游行政管理部门或者工商行政管理部门责令改正，处10万元以上50万元以下的罚款；对导游员、领队人员，由旅游行政管理部门责令改正，处1万元以上5万元以下的罚款；情节严重的，吊销旅行社业务经营许可证、导游证或者领队证：

（一）拒不履行旅游合同约定的义务的；

（二）非因不可抗力改变旅游合同安排的行程的；

（三）欺骗、胁迫旅游者购物或者参加需要另行付费的游览项目的。

第六十条　违反本条例的规定，旅行社要求导游员和领队人员接待不支付接待和服务费用、支付的费用低于接待和服务成本的旅游团队，或者要求导游员和领队人员承担接待旅游团队的相关费用的，由旅游行政管理部门责令改正，处2万元以上10万元以下的罚款。

第六十一条　旅行社违反旅游合同约定，造成旅游者合法权益受到损害，不采取必要的补救措施的，由旅游行政管理部门或者工商行政管理部门责令改正，处1万元以上5万元以下的罚款；情节严重的，由旅游行政管理部门吊销旅行社业务经营许可证。

第六十二条　违反本条例的规定，有下列情形之一的，由旅游行政管理部门责令改正，停业整顿1个月至3个月；情节严重的，吊销旅行社业务经营许可证：

（一）旅行社不向接受委托的旅行社支付接待和服务费用的；

（二）旅行社向接受委托的旅行社支付的费用低于接待和服务成本的；

（三）接受委托的旅行社接待不支付或者不足额支付接待和服务费用的旅游团队的。

第六十三条　违反本条例的规定，旅行社及其委派的导游员、领队人员有下列情形之一的，由旅游行政管理部门责令改正，对旅行社处2万元以上10万元以下的罚款；对导游员、领队人员处4000元以上2万元以下的罚款；情节严重的，责令旅行社停业整顿1个月至3个月，或者吊销旅行社业务经营许可证、导游证、领队证：

（一）发生危及旅游者人身安全的情形，未采取必要的处置措施并及时报告的；

（二）旅行社组织出境旅游的旅游者非法滞留境外，旅行社未及时报告并协助提供非法滞留者信息的；

（三）旅行社接待入境旅游的旅游者非法滞留境内，旅行社未及时报告并协助提供非法滞留者信息的。

第六十四条　因妨害国（边）境管理受到刑事处罚的，在刑罚执行完毕之日起五年内不得从事旅行社业务经营活动；旅行社被吊销旅行社业务经营许可的，其主要负责人在旅行社业务经营许可被吊销之日起五年内不得担任任何旅行社的主要负责人。

第六十五条　旅行社违反本条例的规定，损害旅游者合法权益的，应当承担相应的民事责任；构成犯罪的，依法追究刑事责任。

第六十六条　违反本条例的规定，旅游行政管理部门或者其他有关部门及其工作人员有下列情形之一的，对直接负责的主管人员和其他直接责任人员依法给予处分：

（一）发现违法行为不及时予以处理的；

（二）未及时公告对旅行社的监督检查情况的；

（三）未及时处理旅游者投诉并将调查处理的有关情况告知旅游者的；

（四）接受旅行社的馈赠的；

（五）参加由旅行社支付费用的购物活动或者游览项目的；

（六）通过旅行社为自己、亲友或者其他个人、组织牟取私利的。

第七章　附则

第六十七条　香港特别行政区、澳门特别行政区和台湾地区的投资者在内地投资设立的旅行社，参照适用本条例。

第六十八条　本条例自2009年5月1日起施行。1996年10月15日国务院发布的《旅行社管理条例》同时废止。

附录B　导游人员管理实施办法

2001.12.27　国家旅游局公布

第一章　总则

第一条　为了加强导游队伍建设，维护旅游市场秩序和旅游者的合法权益，依据《导游人员管理条例》和《旅行社管理条例》，制定本办法。

第二条　旅游行政管理部门对导游人员实行分级管理。

第三条　旅游行政管理部门对导游人员实行资格考试制度和等级考核制度。

第四条　旅游行政管理部门对导游人员实行计分管理制度和年度审核制度。

第二章　导游资格证和导游证

第五条　国家实行统一的导游人员资格考试制度。经考试合格者，方可取得导游资格证。

第六条　国务院旅游行政管理部门负责制定全国导游人员资格考试的政策、标准和对各地考试工作的监督管理。

省级旅游行政管理部门负责组织、实施本行政区域内导游人员资格考试工作。

直辖市、计划单列市、副省级城市负责本地区导游人员的考试工作。

第七条　坚持考试和培训分开、培训自愿的原则，不得强迫考生参加培训。

第八条　经考试合格的，由组织考试的旅游行政管理部门在考试结束之日起30个工作日内颁发《导游人员资格证》。

获得资格证3年未从业的，资格证自动失效。

第九条　获得导游人员资格证、并在一家旅行社或导游管理服务机构注册的，持劳动合同或导游管理服务机构登记证明材料向所在地旅游行政管理部门申请办理导游证。

所在地旅游行政管理部门是指直辖市、计划单列市、副省级旅游行政管理部门以及有相应的导游规模、有相应的导游管理服务机构、有稳定的执法队伍的地市级以上旅游行政管理部门。

第十条　取得《导游人员资格证》的人员申请办理导游证，须参加颁发导游证的旅游行政管理部门举办的岗前培训考核。

第十一条 《导游人员资格证》和导游证由国务院旅游行政管理部门统一印制，在中华人民共和国全国范围内使用。

任何单位不得另行颁发其他形式的导游证。

第三章 导游人员的计分管理

第十二条 国家对导游人员实行计分管理。

国务院旅游行政管理部门负责制定全国导游人员计分管理政策并组织实施、监督检查。

省级旅游行政管理部门负责本行政区域内导游人员计分管理的组织实施和监督检查。

所在地旅游行政管理部门在本行政区域内负责导游人员计分管理的具体执行。

第十三条 导游人员计分办法实行年度10分制。

第十四条 导游人员在导游活动中有下列情形之一的，扣除10分：

（一）有损害国家利益和民族尊严的言行的；

（二）诱导或安排旅游者参加黄、赌、毒活动项目的；

（三）有殴打或谩骂旅游者行为的；

（四）欺骗、胁迫旅游者消费的；

（五）未通过年审继续从事导游业务的；

（六）因自身原因造成旅游团重大危害和损失的。

第十五条 导游人员在导游活动中有下列情形之一的，扣除8分：

（一）拒绝、逃避检查，或者欺骗检查人员的；

（二）擅自增加或者减少旅游项目的；

（三）擅自终止导游活动的；

（四）讲解中掺杂庸俗、下流、迷信内容的；

（五）未经旅行社委派私自承揽或者以其他任何方式直接承揽导游业务的。

第十六条 导游人员在导游活动中有下列情形之一的，扣除6分：

（一）向旅游者兜售物品或购买旅游者物品的；

（二）以明示或者暗示的方式向旅游者索要小费的；

（三）因自身原因漏接漏送或误接误送旅游团的；

（四）讲解质量差或不讲解的；

（五）私自转借导游证供他人使用的；

（六）发生重大安全事故不积极配合有关部门救助的。

第十七条 导游人员在导游活动中有下列情形之一的，扣除4分：

（一）私自带人随团游览的；

（二）无故不随团活动的；

（三）在导游活动中未佩带导游证或未携带计分卡；

（四）不尊重旅游者宗教信仰和民族风俗。

第十八条　导游人员在导游活动中有下列情形之一的，扣除2分：

（一）未按规定时间到岗的；

（二）10人以上团队未打接待社社旗的；

（三）未携带正规接待计划；

（四）接站未出示旅行社标识的；

（五）仪表、着装不整洁的；

（六）讲解中吸烟、吃东西的。

第十九条　导游人员10分分值被扣完后，由最后扣分的旅游行政执法单位暂时保留其导游证，并出具保留导游证证明，并于10日内通报导游人员所在地旅游行政管理部门和登记注册单位。正在带团过程中的导游人员，可持旅游执法单位出具的保留证明完成团队剩余行程。

第二十条　对导游人员的违法、违规行为除扣减其相应分值外，依法应予处罚的，依据有关法律给予处罚。

导游人员通过年审后，年审单位应核消其遗留分值，重新输入初始分值。

第二十一条　旅游行政执法人员玩忽职守、不按照规定随意进行扣分或处罚的，由上级旅游行政管理部门提出批评和通报，本级旅游行政管理部门给予行政处分。

第四章　导游人员的年审管理

第二十二条　国家对导游人员实行年度审核制度。导游人员必须参加年审。

国务院旅游行政管理部门负责制定全国导游人员年审工作政策，组织实施并监督检查。

省级旅游行政管理部门负责组织、指导本行政区域内导游人员年审工作并监督检查。

所在地旅游行政管理部门具体负责组织实施对导游人员的年审工作。

第二十三条　年审以考评为主，考评的内容应包括：当年从事导游业务情况、扣分情况、接受行政处罚情况、游客反映情况等。考评等级为通过年审、暂缓通过年审和不予通过年审三种。

第二十四条　一次扣分达到10分，不予通过年审。

累计扣分达到10分的，暂缓通过年审。

一次被扣8分的，全行业通报。

一次被扣6分的，警告批评。

暂缓通过年审的，通过培训和整改后，方可重新上岗。

第二十五条　导游人员必须参加所在地旅游行政管理部门举办的年审培训。培训时间应根据导游业务需要灵活安排。每年累计培训时间不得少于56小时。

第二十六条　旅行社或导游管理服务机构应为注册的导游人员建立档案，对导游人员进行工作培训和指导，建立对导游人员工作情况的检查、考核和奖惩的内部管理机制，接受并处理对导游人员的投诉，负责对导游人员年审的初评。

第五章　导游人员的等级考核

第二十七条　国家对导游人员实行等级考核制度。导游人员分为初级、中级、高级、特级四个等级。

第二十八条　初级导游和中级导游考核由省级旅游行政管理部门或其委托的地市级旅游行政管理部门组织评定；高级导游和特级导游由国务院旅游行政管理部门组织评定。

第二十九条　由省部级以上单位组织导游评比或竞赛获得最佳称号的导游人员，报国务院旅游行政管理部门批准后，可晋升一级导游等级。

导游等级评定标准和办法由国务院旅游行政管理部门另行制定。

第六章　附则

第三十条　本办法自2002年1月1日起施行。

第三十一条　本办法由国家旅游局负责解释。

国家旅游局关于修订《导游人员管理实施办法》的决定

2005.6.3　国家旅游局公布

为了适应行政审批制度改革后有关导游人员等级考核评定的需要，促进导游员队伍建设，经国家旅游局局长办公会讨论通过，决定对《导游人员管理实施办法》作如下修订，自2005年7月3日起施行：

一、第二十八条修改为：国家旅游局组织设立全国导游人员等级考核评定委员会。全国导游人员等级考核评定委员会负责全国导游人员等级考核评定工作的组织实施。

省、自治区、直辖市和新疆生产建设兵团旅游行政部门组织设立导游人员等级考核评定办公室，在全国导游人员等级考核评定委员会的授权和指导下开展相应的工作。

二、**第二十九条修改**为：参加省部级以上单位组织的导游技能大赛获得最佳名次的导游人员，报全国导游人员等级考核评定委员会批准后，可晋升一级导游人员等级。一人多次获奖只能晋一次，晋升的最高等级为高级。

附录C 中外互免签证协议一览表

（截至2010年5月24日）
发布单位：中华人民共和国外交部

目前，中华人民共和国与下列国家达成了互免签证协议。中国公民持有关护照前往下列国家短期旅行通常无需事先申请签证。

序号	协议国	互免签证的证件类别	生效日期
1	阿尔巴尼亚	外交、公务（特别）护照	1956.08.25
2	阿根廷	外交、公务（官员）护照	1993.08.14
3	阿塞拜疆	外交、公务、因公普通护照	1994.02.10
		团体旅游	1994.05.01
4	埃及	外交、公务（特别）护照	2007.01.27
5	巴哈马	外交护照	2009.06.15
6	巴基斯坦	外交、公务（官员）护照	1987.08.16
		因公普通护照	1988.04.30
7	巴西	外交、公务（官员）护照	2004.08.10
8	白俄罗斯	外交、公务护照；团体旅游	1993.03.01
9	保加利亚 *1	外交、公务、因公普通护照	1987.07.17
10	贝宁	外交、公务、因公普通、附有"公务证明"的普通护照	1993.11.06
11	秘鲁	外交、公务（特别）护照	2004.05.12
12	波黑 *2	外交、公务、因公普通护照、标有"因公"字样的普通护照	1980.01.09
13	波兰	外交、公务护照、海员证、机组人员证件	1992.07.27
14	玻利维亚	外交、公务（官员）护照	1987.11.15
		公务普通护照	2008.01.18
15	朝鲜	外交、公务护照	1956.10.01
		因公普通、因公团体护照	1965.01.01

（续）

序号	协议国	互免签证的证件类别	生效日期
16	赤道几内亚	外交、公务（官员）护照	2006.01.01
17	俄罗斯	团体旅游	2000.12.01
		外交护照，随车执行公务的国际列车乘务员、指定定期机组人员、持海员证执行公务船员	2001.05.25
18	厄瓜多尔	外交、公务（官员）护照	1987.07.11
		因公普通（特别）护照	1988.04.30
19	菲律宾	外交、公务（官员）护照（限临时访问人员）	2005.02.28
20	哥伦比亚	外交护照	1987.11.14
		公务（官员）护照	1991.11.14
21	格鲁吉亚	外交、公务、因公普通护照；团体旅游	1994.02.03
22	古巴	外交、公务（官员）、因公普通护照	1988.12.23
23	圭亚那	外交、公务（官员）、因公普通护照	1998.08.19
24	哈萨克斯坦	外交、公务护照	1994.02.01
25	黑山 *2	外交、公务、因公普通护照、标有"因公"字样的普通护照	1980.01.09
26	吉尔吉斯	外交、公务护照	2003.06.14
27	柬埔寨	外交、公务护照	2006.09.14
28	克罗地亚	外交、公务（官员）护照	1995.04.09
29	老挝	外交、公务、因公普通、加注有效公务签证的普通护照	1989.11.06
30	立陶宛	外交、公务护照、海员证（随船）	1992.09.14
31	罗马尼亚	外交、公务护照、海员证	1981.09.16
32	马尔代夫	外交、公务护照	1984.11.27
33	马其顿 *2	外交、公务、因公普通护照、标有"因公"字样的普通护照	1994.07.19
34	蒙古	外交、公务、因公普通护照	1989.04.30
35	孟加拉	外交、公务（官员）、因公普通、加注"政府公务"或"免费"字样的普通护照	1989.12.18
36	缅甸	外交、公务（官员）护照	1998.03.05
37	摩尔多瓦	外交、公务、因公普通、加注"公务"字样的普通护照；团体旅游	1993.01.01
38	墨西哥	外交、公务（官员）护照	1998.01.01
39	尼泊尔	外交、公务（官员）护照	2006.10.16
40	塞尔维亚 *2	外交、公务、因公普通、加注"因公"字样的普通护照	1980.01.09

（续）

序号	协议国	互免签证的证件类别	生效日期
41	塞浦路斯	外交、公务护照	1991.10.02
42	塞舌尔	外交、公务护照	1992.02.20
43	圣马力诺	外交、公务、普通护照	1985.07.22
44	斯洛伐克 *3	外交、公务（特别）护照	1956.06.01
45	斯洛文尼亚	外交、公务护照	1994.07.01
46	苏丹	外交、公务、特别、官员护照	1995.10.26
47	塔吉克斯坦	外交、公务、因公普通、加注"公务"字样的普通护照	1993.06.01
48	泰国	外交、公务（官员）护照	2003.10.18
49	坦桑尼亚	外交、公务护照	2005.07.11
50	特立尼达和多巴哥	外交、公务（官员）护照	2006.11.23
51	突尼斯	外交、公务（特别）护照	2006.09.29
52	土耳其	外交、公务（特别）、因公普通护照	1989.12.24
53	土库曼斯坦	外交、公务、因公普通、加注"公务"字样的普通护照；团体旅游	1993.02.01
54	委内瑞拉	外交、公务护照	1989.07.13
55	文莱	外交、公务（官员）护照	2005.06.18
56	乌克兰	外交、公务护照和海员证	2002.03.31
57	乌拉圭	常驻对方国家使领馆人员所持外交、公务（官员）护照	1988.11.07
		外交护照	1994.01.01
58	匈牙利	外交、公务护照	1992.05.28
59	牙买加	外交、公务（官员）护照	1995.06.08
60	亚美尼亚	外交、公务、因公普通、加注"因公"字样的普通护照	1994.08.03
61	伊朗	外交、公务护照	1989.07.12
62	印度尼西亚	外交、公务护照	2005.11.14
63	约旦	外交、公务（特别）护照	1993.03.11
64	越南	外交、公务、因公普通护照	1992.03.15
65	智利	外交、公务（官员）护照	1986.05.07
66	哥斯达黎加	外交、公务护照	2008.01.15
67	马耳他	外交、公务护照	2008.03.06
68	格林纳达	外交、公务（官员）护照	2010.01.17
69	阿曼	外交、公务、特别护照	2010.04.16

注：

*1　保加利亚于1999年取消了其因公普通护照。目前，我持外交、公务护照人员赴保仍可免签，但持因公普通护照人员需办理签证。

*2　目前适用中国与前南斯拉夫社会主义联邦共和国有关协议。

*3　目前适用中国与前捷克斯洛伐克共和国有关协议。

说明：

1. 根据2007年10月25日生效的《中英关于便利人员合法往来和打击非法移民活动谅解备忘录》之《实施细则》，双方给予所有持外交护照和部分持公务护照人员免签待遇。

2. 免签入境并不等于可无限期在协定国停留或居住，根据协定要求，持有关免签护照入境后，一般只允许停留不超过30日。持照人如需停留30日以上，按要求应尽快在当地申请办理居留手续。

附录D 中国驻外总领馆情况一览表

来源：中华人民共和国外交部网站

亚洲

驻迪拜总领事馆（阿联酋）

驻卡拉奇总领事馆（巴基斯坦）

驻清津总领事馆（朝鲜）

驻拉瓦格领事馆（菲律宾）

驻宿务总领事馆（菲律宾）

驻阿拉木图总领事馆（哈萨克斯坦）

驻釜山总领事馆（韩国）

驻光州总领事馆（韩国）

驻古晋总领事馆（马来西亚）

驻曼德勒总领事馆（缅甸）

驻长崎总领事馆（日本）

驻大阪总领事馆（日本）

驻福冈总领事馆（日本）

驻名古屋总领事馆（日本）

驻新潟总领事馆（日本）

驻札幌总领事馆（日本）

驻吉达总领事馆（沙特阿拉伯）

驻清迈总领事馆（泰国）

驻宋卡总领事馆（泰国）

驻伊斯坦布尔总领事馆（土耳其）

驻亚丁总领事馆（也门）

驻孟买总领事馆（印度）

驻加尔各答总领事馆（印度）

驻泗水总领事馆（印度尼西亚）

驻胡志明市总领事馆（越南）

非洲

驻亚历山大总领事馆（埃及）

驻杜阿拉领事馆（喀麦隆）

驻塔马塔夫领事馆（马达加斯加）

驻德班总领事馆（南非）

驻开普敦总领事馆（南非）

驻约翰内斯堡总领事馆（南非）

驻拉各斯总领事馆（尼日利亚）

驻朱巴总领事馆（苏丹）

驻桑给巴尔总领事馆（坦桑尼亚）

欧洲

驻圣但尼总领事馆（法国）

驻帕皮提领事馆（法国）

驻革但斯克总领事馆（波兰）

驻法兰克福总领事馆（德国）

驻汉堡总领事馆（德国）

驻慕尼黑总领事馆（德国）

驻哈巴罗夫斯克总领事馆（俄罗斯）

驻圣彼得堡总领事馆（俄罗斯）

驻叶卡捷琳堡总领事馆（俄罗斯）

驻伊尔库茨克总领事馆（俄罗斯）

驻里昂总领事馆（法国）

驻马赛总领事馆（法国）

驻斯特拉斯堡总领事馆（法国）

驻康斯坦察总领事馆（罗马尼亚）

驻哥德堡总领事馆（瑞典）

驻苏黎世总领事馆（瑞士）

驻敖德萨总领事馆（乌克兰）

驻巴塞罗那总领事馆（西班牙）

驻佛罗伦萨总领事馆（意大利）

驻米兰总领事馆（意大利）

驻爱丁堡总领事馆（英国）

驻曼彻斯特总领事馆（英国）

北美洲

驻多伦多总领事馆（加拿大）

驻卡尔加里总领事馆（加拿大）

驻温哥华总领事馆（加拿大）

驻旧金山总领事馆（美国）

驻洛杉矶总领事馆（美国）

驻纽约总领事馆（美国）

驻休斯敦总领事馆（美国）

驻芝加哥总领事馆（美国）

驻蒂华纳总领事馆（墨西哥）

南美洲

驻里约热内卢总领事馆（巴西）

驻圣保罗总领事馆（巴西）

驻圣克鲁斯领事馆（玻利维亚）

驻瓜亚基尔总领事馆（厄瓜多尔）

驻巴兰基亚领事馆（哥伦比亚）

大洋洲

驻布里斯班总领事馆（澳大利亚）

驻墨尔本总领事馆（澳大利亚）

驻珀斯总领事馆（澳大利亚）

驻悉尼总领事馆（澳大利亚）

驻奥克兰总领事馆（新西兰）

注：括号内为领事馆所在的国家。

参考文献

1. 甘朝有，齐善鸿. 旅游心理学. 天津：南开大学出版社，1995

2. 李光坚. 旅游学概论（第2版）. 北京：高等教育出版社，2001

3. 马勇. 旅游学概论. 北京：高等教育出版社，1998

4. 郭鲁芳. 旅行社经营与管理. 杭州：浙江科学技术出版社，1999

5. 徐堃耿. 导游业务. 北京：旅游教育出版社，1995

6. 林南枝. 旅游市场学（第2版）. 天津：南开大学出版社，2000

7. 周国忠. 导游业务. 北京：中国旅游出版社，2004

8. 国家旅游局人事劳动教育司编. 导游业务. 北京：旅游教育出版社，2000

9. 彭蝶飞. 导游实务. 长沙：中南大学出版社，2005

10. 杜炜，张建梅. 导游业务. 北京：高等教育出版社，2005

11. 阎纲. 导游实操多维心理分析案例100. 广州：广东旅游出版社，2000

12. 蒋炳辉. 导游带团艺术. 北京：中国旅游出版社，2001

13. 杜江. 旅行社管理. 天津：南开大学出版社，1997

14. 张践. 导游艺术. 上海：同济大学出版社，1990

15. 浙江旅游局导游考评办公室. 旅行社服务案例分析（试用）.

教辅产品及教师会员申请表

申请教师姓名				
所在学校		所在院系		
联系电话		电子邮件地址		
通信地址				
教授课程名称		学生人数		
您的授课对象	本科□ 研究生□ MBA□ EMBA□ 高职高专□ 其他□			
教材名称		作者		
书号		订购册数		
您对该教材的评价				
您教授的其他课程名称		学生人数		
准备选用或正在使用的教材 （教材名称　出版社）				
您的研究方向		是否对教材翻译或改编有兴趣	是□　否□	
您是否对编写教材感兴趣	是□　否□			
您推荐的教材是：＿＿＿＿＿＿＿＿＿＿＿＿＿＿＿＿＿＿＿＿＿＿				
推荐理由：＿＿＿＿＿＿＿＿＿＿＿＿＿＿＿＿＿＿＿＿＿＿				

为确保教辅资料仅为教师获得，请将此申请表加盖院系公章后传真或寄回给我们，谢谢！

教师签名：

院/ 系办公室公章

地　　址：北京市崇文区龙潭路甲3号翔龙大厦B06室
　　　　　北京普华文化发展有限公司
邮　　编：100061
传　　真：（010）67120121
读者热线：（010）67129879　67129872-818
网　　址：http://www.puhuabook.com.cn
邮购电话：（010）67129872-818
编辑信箱：puhuabook810@126.com